Rhetorik für die Uni

Gloria Beck

Rhetorik für die Uni

berufsstrategie

 Eichborn

Die Autorin
Gloria Beck war mehrere Jahre Lehrbeauftragte für Rhetorik an der Universität Koblenz und an den Fachhochschulen in Koblenz, Köln und Bonn. Sie ist Germanistin und Philosophin, Erwachsenenpädagogin und Arbeitswissenschaftlerin (Diplom). Sie ist heute freie Buchautorin und lebt in Zürich.

1 2 3 4   07 06

© Eichborn AG, Frankfurt am Main, Oktober 2006
Umschlaggestaltung: Christiane Hahn
Gesamtherstellung: Fuldaer Verlagsanstalt, Fulda
ISBN-10: 3-8218-5910-5
ISBN-13: 978-3-8218-5910-1

Verlagsverzeichnis schickt gern:
Eichborn Verlag, Kaiserstraße 66, D-60329 Frankfurt am Main
www.eichborn.de

Inhalt

Motivation

In diesem Buch geht es um Rhetorik. Es geht darum zu erlernen, wie Sie sich in Bewertungssituationen (mündliche Prüfungen, Referatsvorträge, Antworten auf Fragen der Dozenten im Seminar, Vorlesungs- und Tagungsbeiträge) geschickt verhalten. Da Sie sich in der Uni unter klugen Menschen bewegen, fallen banale rhetorische Tricks unangenehm auf. Deswegen ist mehr erforderlich, als nur zu tricksen. Es geht um taktisches Verhalten und das Erkennen von Mustern in der wissenschaftlichen Kommunikation, darum zu wissen, was gefordert ist und wie Sie es mit geringstem Einsatz erreichen. Dieses Buch ist kein Ersatz für Rhetorikseminare, vielmehr geht es weit über diese hinaus. Wer beim Üben der freien Rede stehen bleibt, der verkennt, dass es die alltägliche Kommunikation im Umgang mit Professoren und Seminarleitern ist, die einen Studierenden wirklich weiter bringt. Den entscheidenden Personen positiv auffallen und im Gedächtnis bleiben, kompetent wirken und nicht nur sein, das sind Erfolgsbausteine, die neben unverzichtbarer Fachkompetenz den Studienerfolg ausmachen. Das Wissen dazu lässt sich rasch aneignen. Das Training geschieht on the job, jeden Tag, und nach den Lehrveranstaltungen im Gespräch mit denjenigen, die über Ihren Studienerfolg zu entscheiden haben.

Viel Erfolg.

Gloria Beck

»Hauptsache, die Studierenden sagen überhaupt was!«
(Aussage einer Linguistik-Professorin, Uni Köln, WS 05/06)

»Worin bestehen Ihrer Erfahrung nach die häufigsten Fehler
bei mündlichen Beiträgen in der Lehrveranstaltung?«
»Sie nicht zu leisten.«
(Prof. Hebecker, Uni Heidelberg, WS 05/06)

»Malen Sie mal einen Zug an die Tafel. Danke.
So, der ist für Sie jetzt abgefahren.«
(Gerücht über die Aussage eines Medizinprofessors zu einem Studenten)

*»Ich habe Angst, dass der Prüfer merkt,
wenn ich irgendwo nichts weiß, und dann genau das fragt
und in Lücken stochert...«*
(Aussage einer Studentin vor einer mündlichen Prüfung, WS 05/06)

»Das Schweigen von gestern
rechtfertigt nie das Schweigen von heute.«
Unbekannt

»Universitäten sind schöne Misthaufen,
auf denen gelegentlich einmal eine edle Pflanze gedeiht.«
(Albert Einstein, Physiker)

»Man belohnt seinen Lehrer schlecht,
wenn man immer sein Schüler bleibt.«
(Friedrich Nietzsche)

»Mancher rührt im flachen Tümpel seines Geistes,
um durch Trübung Tiefe vorzutäuschen.«
*(Aussage einer Philosophie-Dozentin über die stud. Mitarbeit,
WS 05/06)*

»Wer ein Problem sichtbar besser löst als andere,
der kann seinen Erfolg nicht verhindern.«
(Prof. Weissmann, FH Regensburg)

Wie Rhetorik und Studienerfolg zusammenhängen

Man darf nicht hungrig und verträumt sein, wenn man tüchtig sein will, sondern muss Beefsteak essen und sich rühren. (Robert Musil, Schriftsteller)

Studienerfolg ist die Summe aus erlernter Fachkompetenz und deren Demonstration. Es reicht nicht, viel zu wissen, entscheidende Personen müssen davon überzeugt sein, dass Sie die Erfordernisse Ihres Studienfachs erfüllen. Zwei Wege führen dorthin. Der eine ist kurzfristig angelegt, nur auf den raschen Erfolg aus. Hier geht es darum, jemanden in kurzer Zeit von Ihrer Fachkompetenz zu überzeugen. Der andere verfolgt ein langfristiges Ziel, arbeitet sich Semester für Semester näher an entscheidende Personen (Prüfer, spätere Doktorväter, Betreuer von Bachelor-, Master- oder Diplomarbeiten bzw. die Korrektoren) heran. Nicht persönlich, das wäre abstoßend anbiedernd, sondern auf fachlicher Ebene, so wie es sich im akademischen Bereich gehört. Die Kompetenzdarstellung findet während der Lehrveranstaltungen statt. Sie erfolgt diffizil. Ein plumpes: »Ich bin gut in meinem Fach« ist weit unter Ihrem und dem Niveau derer, die Sie von sich überzeugen wollen. Mittel des taktischen Heranpirschens an die angemessene Kompetenzdarstellung der eigenen Person ist die mündliche Mitarbeit. Das klingt bieder, erinnert vielleicht an die Mitarbeitsnote der Schulzeit. Aber so weit davon entfernt ist es auch gar nicht. Bei welchen Gelegenheiten sonst lernt ein Hochschullehrer Sie kennen? Hier ist Ort und Zeit, um auf sich aufmerksam zu machen, den Weg ins Gedächtnis des Lehrenden zu suchen und sich darin einzugraben. Dabei legen sich auch Lehrende gerne fest, denken in Schubladen. Wer einmal als fachkompetenter Student eingestuft wurde, an dem bleibt diese Kategorisierung lange Zeit haften. Keine schlechte Voraussetzung für die mündliche Prüfung.

Jede mündliche Aussage in Lehrveranstaltungen wird immer auf die eine oder andere Weise bewertet. Häufig geschieht das unbemerkt, wenn der jeweilige Seminarleiter auf Sie aufmerksam wird und bei sich denkt: »Die ist ja gar nicht mal dumm!« oder »Nicht schlecht, was dem dazu eingefallen ist!«. Es gibt aber auch Dozenten, die die Kommentare ihrer Studenten sofort in eine Note übersetzen. Dann ist der eine eben »sehr gut«, der andere »gut« und der Dritte vielleicht nur »ausreichend« in der Qualität seiner Bemerkungen.

Formell zählt mündliches Verhalten entweder zu den sogenannten *üblichen Qualifikationsanforderungen*[1] (allgemeine mündliche Mitarbeit in den Lehrveranstaltungen) und/oder zu den *punktuellen* (mündliche Präsentation, mündlich vorgetragenes Referat). Je nach Studiengang fließt eine Bewertung der mündlichen Leistungen in die Abschlussnote ein.

Beispiel für eine Bewertung:
Teilmodul – Proseminar »Japanische Geschichte des 20. Jahrhunderts«, Ruhr-Universität Bochum, SWS: 2, Credit-Points: 4. Voraussetzungen, Inhalte und Lernziele interessieren hier nicht, wohl aber die Anforderungen, die lauten: »Übungsaufgaben, Teilnahme an einer argumentativen Auseinandersetzung über ein vorgegebenes Thema (mündlich oder schriftlich)«. Die Benotung erfolgt hier durch »50% Abschlussaufgabe, 50% mündliche Mitarbeit (!) + Übungsaufgaben«. (Aus: Studienführer B.A.-Studium: Japanologie mit Schwerpunkt Japanische Geschichte, Ruhr-Universität-Bochum, S. 6) Bei einem anderen Teilmodul dieses Studienfachs (»Lektüre von Quellen in Übersetzung«) findet die Benotung sogar zu »100% Mitarbeit/Hausaufgaben« statt! Ohne mündliche Mitarbeit erreichen Sie folglich noch nicht einmal 3 Credit-Points. (Aus: Studienführer B.A.-Studium: Japanologie mit Schwerpunkt Japanische Geschichte, Ruhr-Universität-Bochum, S. 7)

Im Zuge der Bachelor-Umgestaltungen und einer dringlichen Nachfrage der Wirtschaft nach sozial kompetenten Hochschulabsolventen (was immer das genau sein mag) wird selbst in den noch bestehenden Diplomstudiengängen verstärkt mündliche Mitarbeit in Lehrveranstaltungen gefordert.

So heißt es zum Beispiel in einem Hauptseminar des Fachbereichs Soziologie der Universität Bamberg: »Erstellen Sie eine Liste zentraler Fragen für die Diskussion im Seminar! Beantworten Sie die Fragen der Kommilitonen und des Dozenten! Nehmen Sie die Gestaltung der Seminarstunde selbst in die Hand oder beteiligen Sie sich zumindest an der Diskussion während der gesamten Sitzung!« (Hauptseminar »Organisation und Innovation«, Universität Bamberg, Fachbereich Soziologie, WS 04/05. Prof. Dr. Richard Münch)

Einige Fachbereiche veröffentlichen ihre Kriterien zur Bewertung mündlicher Mitarbeit, andere gehen damit lockerer um. Tatsächlich hängt die Bewertung von mündlicher Leistung (= mündliche Mitarbeit und mündliche Präsentation/Referatsvortrag) von den jeweiligen Seminarleitern und deren persönlichen Präferenzen ab. Ob das in Zukunft immer so bleiben wird (oder soll), ist eine andere Frage. Etliche Fachbereiche sind dabei, stärkere Transparenz zu schaffen, andere sehen noch keine Notwendigkeit dazu.

Prof. Dr. Joachim Löffler zum Beispiel (Studiengang Betriebswirtschaft und Unternehmensführung, Fachhochschule Heilbronn) beurteilt mündliche Mitarbeit nach folgenden Kriterien (und stützt sich dabei auf Empfehlungen des Fachbereichs): Wie ist mein persönlicher Eindruck von dem Studierenden? Wie engagiert ist er/sie? Wie häufig meldet er/sie sich freiwillig zu Wort? Und wie ist die Qualität der Beiträge? Meine ich, die Teilnehmerin verfügt über soziale Intelligenz? Wie ist sein Gruppenverhalten? Professor Löffler fordert darüber hinaus Kritikfähigkeit in zweierlei Hinsicht: austeilen und einstecken. Seine Auffassung ist: »Wer andere schont, um selbst von ihnen geschont zu werden, und deshalb nur völlig nichtssagende Kritiken abliefert, der wird von mir nicht geschont. Aktive und passive Kritikfähigkeit sind unerlässliche Eigenschaften im Berufsalltag.«[2]

Prof. Dr. Michael Dowling vom Lehrstuhl für Innovations- und Technologiemanagement an der Uni Regensburg setzt einen noch konkreteren Maßstab an die Bewertung an. Er sieht folgendermaßen aus:

- 0 Punkte: abwesend
- 1 Punkt: anwesend
- 2 Punkte: anwesend und mitgearbeitet, jedoch nur in Form von Wiederholung von Kommentaren anderer
- 3 Punkte: durchschnittliche Mitarbeit, z. B. gesprochen und sich selbst beeindruckt
- 4 Punkte: gute Mitarbeit, zum Beispiel ihren besten Freund beeindruckt
- 5 Punkte: ausgezeichnete Mitarbeit, zum Beispiel mich und alle anderen in der Gruppe beeindruckt

Jeder Teilnehmer bewertet sich nach der Stunde selber. Anschließend überprüft Professor Dowling und korrigiert, basierend auf seiner Einschätzung, entweder nach oben oder nach unten.

Aber selbst wenn Sie alle *Bewertungskriterien* der jeweiligen Dozenten kennen würden, was hilft es, wenn Sie die entscheidende Frage nicht beantworten können, die lautet: Wie wird mündliche Mitarbeit gut? Wie schafft man es, »den Dozenten, mich und alle anderen in der Gruppe« zu beeindrucken? Wann ist eine mündliche Bemerkung überhaupt beeindruckend? Neu? Spannend? Interessant? Wie fällt einem überhaupt eine so gute Bemerkung ein – und das nicht nur einmal, sondern reproduzierbar häufig? Der methodische Weg dorthin steht über allem, weil es der Weg zur guten Bewertung ist und damit zum erfolgreichen Studienabschluss. Dazu mehr in den nächsten Kapiteln.

Effizient studieren durch Rhetorik

Was man zur Effektivität braucht, ist eine durch Übung gewonnene Kompetenz. (Peter F. Drucker, Managementlehrer)

Wortmeldungen in der Lehrveranstaltung – zwischen Schleimen, wahrem Interesse und taktischer Rhetorik

Für viele ist es unerlässlich, sich am Seminargeschehen zu beteiligen, weil die Mitarbeitsnote Teil der Endnote sein wird. Dennoch fürchten viele, durch häufige mündliche Mitarbeit zu »schleimen«. Diese Befürchtung ist gar nicht aus der Luft gegriffen. Lehrende empfinden eine bestimmt Art und Weise von mündlicher Mitarbeit als unangenehm, sprechen von »Unterwürfigkeit« oder »Besserwisserei«. Es existiert also durchaus eine Grenze zum Schleimen und die gilt es nicht zu überschreiten. Das ist einfach. Denn die Klassifizierung eines Studierenden als Schleimer ist nicht die Regel und es gibt Verhaltensregeln, um ihr zu entgehen. Dazu sollte die Bemerkung im Seminar (a) eng am Thema bleiben; es sollte (b) vermieden werden, ähnliche Fragen der anderen noch einmal zu stellen oder dieselbe Bemerkung zu häufig zu wiederholen; zudem sollte die Bemerkung (c) an den geforderten Informationsstand anknüpfen (Vor- und Nachbereitung) und (d) notwendige Fachausdrücke oder eine präzise Ausdrucksweise beinhalten.

Die Häufigkeit mündlicher Beiträge ist also gar nicht der Punkt, an dem Schleimen von wirklich sehr guter Mitarbeit unterschieden wird. Zudem gibt es kein starres Maß, wie oft sich zu Wort gemeldet werden sollte. Sie kennen den Unterschied zwischen denen, die sich häufig zu Wort melden, und denen, die selten, dafür aber mit hochwertigen Bemerkungen auffallen. Neben diesen beiden Gruppen gibt es aber auch diejenigen, die häufig und zugleich mit sehr guten Anmerkungen beeindrucken. Auch das ist möglich, mehr noch: machbar, und sollte angestrebt werden.

Grundsätzlich gilt für die Häufigkeit mündlicher Mitarbeit in Lehrveranstaltungen: Je kleiner die Teilnehmerzahl, desto öfter zu Wort melden. Wer am Anfang noch verunsichert ist, weil ein mündlicher Kommentar auch immer bedeutet, für einen Moment im Mittelpunkt der Aufmerksamkeit zu stehen, beginnt am leichtesten mit unauffälligen Nachfragen, zum Beispiel nach dem organisatorischen Ablauf der Veranstaltung oder der Klausur (selbst wenn die Antwort eigentlich schon gekannt wird). Manchmal muss man sich eben erst an das Reden in der Öffentlichkeit gewöhnen und solche Tricks helfen dabei. In Managerseminaren und Kommunikationstrainings finden aus diesem Grund zu Beginn häufig Vorstellungsrunden statt. Dabei geht es weniger darum zu wissen, mit wem man es zu tun hat (sonst könnten ja auch Visitenkarten verteilt werden), sondern darum, Teilnehmer überhaupt zum Sprechen zu bewegen: Wer einmal etwas gesagt hat, sagt leichter auch ein zweites, drittes, viertes Mal etwas.

Tabelle: Einschätzungshilfe zur Frage:
Bei wem lohnt sich welche Form von mündlicher Mitarbeit

Name/ Beispiele	Relevanz	Vortragsstil	Charakter
Frau Prof. Müller	Könnte ich später in der mündlichen Prüfung wählen	Lehrergespräch, bezieht Teilnehmer in Gedankengänge mit ein	Nett, kritisiert nie, verstärkt positiv, freut sich über jede Frage, im Großen und Ganzen harmlos
Herr Dr. Kleinig	Einzig möglicher Prüfer für die Zwischenprüfung im Fach Germanistik/ Sprachwissenschaft	Stellt konkrete Fragen, erwartet (richtige) Antworten	Streng, stellt öffentlich bloß, kontert mit »falsch«, hohes Anspruchsdenken, Einschüchterung, arrogant und eitel
Prof. Rühmann	Könnte ich in der Abschlussprüfung als mündlichen Prüfer wählen	Alter Vorlesungsstil, dann und wann gemischt mit dem Bestreben, Allgemeinwissen zu vermitteln	Alter Professor, etwas schwerhörig, aber immer höflich, bekommt häufig nicht mit, wenn man sich meldet
Herr Dr. Kobald	Darf bei mündlicher Prüfung nur Beisitzer sein, kann aber Scheine und Credit-Points vergeben	Locker, fast nur Diskussion und Gruppenarbeit, legt Wert auf Teamverhalten	locker, aber distanziert

Wer will, kann zur Klärung der Frage nach der Häufigkeit mündlicher Mitarbeit eine Einschätzung vornehmen: Erwartet die Dozentin häufige Beiträge? Legt sie im Seminargespräch die Antworten eigentlich schon in den Mund? Freut sie sich über mündliche Beiträge und fordert in jeder Veranstaltung aufs Neue die Teilnehmenden auf, sich mit Wortmeldungen einzumischen? Oder erwartet ein Dozent zwar ausdrücklich Mitarbeit, ist dann aber doch pikiert, wenn man ihn in seinem Redefluss unterbricht? Hier ist Menschenkenntnis gefragt und rhetorische Beobachtung. Seine Einschätzung schriftlich festzuhalten, kann hilfreich sein (manche Manager führen solche Tabellen über ihre Mitarbeiter). So könnte eine Einschätzungstabelle aussehen:

Häufigkeit der mündlichen Mitarbeit	Angestrebte Qualität der mündlichen Mitarbeit
Ohne große Reflexion häufig antworten	Kann schülerhaft sein. Eigenes Ziel: durch außergewöhnliche Beiträge auffallen. Das sind hier: Beiträge, die nicht schülerhaft sind, sondern fachsprachlich, Wissen aus anderen Bereichen mit einbringen, Fragen stellen
Am besten in den Wiederholungen am Beginn der Lehrveranstaltungen häufig zu Wort melden, wenn er Fragen stellt, ansonsten nur dann antworten, wenn sicher ist, dass es richtig ist	Formulierungen verwenden, die auf Subjektivität hindeuten (meiner Ansicht nach, ich denke usw.), sowie Konjunktive (es könnte so und so sein). Exakt formulieren, Fachsprache anwenden
Lieber nach der Stunde Fragen stellen oder wenige in der Veranstaltung. Möglichst weit vorne sitzen, um gesehen zu werden	Vor allen Dingen Interesse bekunden mit vertiefenden Fragen. Möglichst wenig Kritik äußern oder Neues sagen und wenn, erst abschätzen, wie er damit umgeht
Um gutes Teamverhalten bemühen, bei Präsentationen von Ergebnissen oder Darstellung von Problemen von »wir« sprechen und gemeinsame Lösungen vorstellen, nicht zu häufig, nicht in den Vordergrund spielen	Mittlere Qualität, als fundierter Arbeiter auffallen, nur selten noch nach der Stunde Fragen stellen, außer, es tun viele

Je nachdem wie Ihr Urteil über den Dozenten und die Relevanz des Fachs ausfällt, entscheiden Sie sich, in der einen Lehrveranstaltung intensiver mitzuarbeiten (mit aller Vorbereitung, die dafür notwendig ist) und an einer anderen entspannter teilzunehmen. Schließlich sollten Sie Kräfte zielgerichtet einsetzen und sich nur bei denjenigen eine Schweigezeit gönnen, die das nicht negativ verbuchen (zum Beispiel weil sie sich selber gerne reden hören oder das Thema ein einseitiges Dozieren mit sich bringt). Das Ganze verliert seine Gültigkeit natürlich dann, wenn Sie von den Lehrinhalten so begeistert sind, dass Sie unbedingt grenzenlos mitarbeiten wollen. Wer darf Sie hier aufhalten!

Zu allem lässt sich etwas sagen – rhetorisches Agieren

Angenommen, Sie sitzen im Seminar, hören den Ausführungen des Dozenten zu und mögliche Fragen, Problemstellungen und Anmerkungen ergeben sich von selbst. Dann ist alles wunderbar. Überspringen Sie dieses Kapitel und gehen Sie direkt zur Dreierbeitragsstruktur (Seite 28) und der Frage: Wie formuliere ich, was mir eingefallen ist, rhetorisch geschickt? Wenn das aber bei Ihnen nicht immer so ist und Sie häufig genug Situationen erleben, in denen Ihnen einfach nichts einfällt, was Sie sagen könnten, dann setzen Sie das rhetorische Agieren früher an, nämlich genau in diesen Momenten.

Rhetorisches Agieren bedeutet hier: methodisches Vorgehen zur Ideenfindung mit dem Ziel »gelungener Beitrag« in der Absicht der Kompetenzdarstellung. Dazu gehören:

1. Distanz zu den Vortragsinhalten
2. Vor- und Nachbereiten
3. Zuhörverhalten verengen
4. Skizzieren des mündlichen Vorhabens

1. Distanz zu den Vortragsinhalten

Wer zu stark im fachlichen Thema involviert ist, erkennt häufig nicht, dass möglicherweise Argumentationsfehler der Lehrenden vorliegen, dass vorgetragene Sachverhalte auch komplett anders dargestellt werden könnten oder dass die Ausführungen alles in allem überaus problematisch, gar fragwürdig sind. Wer dagegen Distanz zu Vortragsinhalten hält, entgeht der Gefahr, kritiklos zu übernehmen, statt zweifelnd und mit starker Eigenposition an die Lehre heranzutreten. Denn genau das erwartet sie von Studierenden. Um *rhetorische Distanz* zu erreichen und im Verlaufe der Veranstaltung aufrechtzuerhalten, ist die Anwendung von *Questiones* geeignet. *Questiones* sind Fragen, die Sie sich während des Zuhörens in Lehrveranstaltungen selber stellen:

- *Wer* spricht? (Wie gut kennen Sie Ihre Dozentin? Was wissen Sie über ihre Forschungsschwerpunkte, Publikationen, Querverbindungen? Prüfungsberechtigt: ja oder nein? Akademische Persönlichkeit, Umgang mit Studierenden?)
- *Was* will er? (Was ist Ziel des Lehrvortrags? Was soll vermittelt werden? Schafft er das? Wenn nicht, warum nicht? Was will er von mir? Aktive Mitarbeit oder Fragen im Anschluss?)
- *Wie* wird begründet/argumentiert? (Trägt sie nur vor? Oder werden auch Belege angeführt, Begründungen gegeben, Quellenangaben gemacht? Welche Position nimmt sie ein?)
- *Wirklich*? (Stimmt das überhaupt? Kann ich das Gesagte als eigenes Wissen übernehmen?)

Wer gründlich vorgehen will, fertigt sich auch hier eine Tabelle an und bereitet sich vor dem Besuch von Lehrveranstaltungen nicht nur auf das Thema, sondern auch auf den jeweiligen Dozenten vor. Das ist sinnvoll, vor allem zu Beginn des Semesters, wenn alle Vorsätze frisch sind. Anmerkungen zum Erstellen dieser Tabelle finden Sie im Anhang. Eine Variante der Questiones stellen diese Fragen dar, die Sie sich vor Beginn einer Lehrveranstaltung stellen. Es genügen wenige Minuten des Rekapitulierens: (1) Was will ich heute erfahren/lernen? (2) Inwiefern soll mich der Vortrag weiterbringen? (3) In welches (prüfungsrelevante) Gebiet kann ich den Vortrag einordnen? (4) Was weiß ich selber vom Thema, und welche Meinung vertrete ich dazu? (5) Welches Vorwissen bringe ich mit? In der Pädagogik nennt man dieses Vorgehen *Vorprogrammieren*. Ziel ist Vorwissen zu aktivieren. Dadurch steigert sich die Behaltensfähigkeit (egal wie langweilig es anschließend werden wird), denn neues Wissen verbraucht weniger Speicherkapazität, wenn es an bereits bestehendes anknüpfen kann.

2. Vor- und Nachbereiten

Auch mit der *Vor- und Nachbereitung* von Lehrveranstaltungen lässt sich unter Einsatz minimalen Aufwands (wieder nur wenige Minuten Vorbereitung) viel bewirken. Wer es tut, verfügt über einen klaren Vorteil gegenüber denjenigen, die es nicht tun, und die Wahrscheinlichkeit, einen guten Beitrag abzuliefern, steigt. Wer effektiv vorgehen will, sollte sich durch Lesen des Skripts (kann man meist auf den Internetseiten des Fachbereichs herunterladen oder auch als Paper kaufen, wird zu Beginn jeder Lehrveranstaltung bekannt gegeben) oder entsprechender Kapitel in Fachbüchern vorbereiten. Das klingt zeitaufwendig, ist es aber dann nicht, wenn Sie realistisch sind und sich statt für »regelmäßig und gründlich« für »regelmäßig und oberflächlich« entscheiden. Dass neben regelmäßiger Oberflächlichkeit auch ausgewählte (prüfungsrelevante) Gebiete vertieft gelernt werden sollten, schließt sich ja nicht aus. Nehmen Sie sich im Zweifelsfall weniger vor, und Sie erreichen Ihr Ziel mit hoher Wahrscheinlichkeit.

Angenommen, Sie besuchen die Einführungsveranstaltung Informatik und die Dozentin spricht über »CTSS«. Dann fällt Ihnen bei dieser Gelegenheit ein, dass Sie gerade am Tag zuvor etwas darüber gelesen haben, weil Sie vor dem Schlafengehen noch einen Blick ins Skript geworfen und einer Fußnote in Wikipedia nachgegangen sind, bevor Sie den Computer ausgeschaltet haben. Jetzt zahlt sich dieser Minieinsatz von gestern aus und Sie können auf die Frage: »Wer weiß, was CTSS ist?«, antworten: »Compatible Time Sharing System« und auf Nachfrage, was Sie darüber hinaus wissen, können Sie ausführen: »Ziel des Projekts war, dass einer großen Benutzergemeinde Computing Power zur Verfügung gestellt werden sollte. Jeder sollte das Gefühl haben, dass er einen privaten Rechner hätte.« Wenn Sie Ihren Beitrag optimieren wollen, formulieren Sie das Ganze fachsprachlicher: »Jeder Terminalbenutzer sollte die Illusion eines nur ihm gehörenden privaten Rechners haben. Und das wurde durch das erste Timesharing-System realisiert.« – Klingt banal, aber mal ehrlich: Schauen Sie jedes Mal vor dem Schlafengehen noch kurz ins Skript?

3. Zuhörverhalten verengen

Manchmal ist die Stoffmenge zu kompliziert, zu umfangreich oder die Konzentration beim Anhören der Ausführungen lässt nach. Wer dennoch den Eindruck hat, dass es sinnvoll wäre, sich mit einer mündlichen Anmerkung am Geschehen zu beteiligen, der fragt sich zwangsläufig: Und was, wenn ich so wenig davon mitgekriegt hab, dass ich noch nicht mal eine Frage dazu stellen kann? Die rhetorisch methodische Antwortet lautet: Versuchen Sie es mit der *Verengung des Zuhörverhaltens*. Das bedeutet: Ab sofort entschließen Sie sich, nicht mehr länger »einfach nur so« zuzuhören, sondern konzentrieren sich bewusst auf bestimmte (Teil-)Aspekte des Vortrags: die Argumentation zum Beispiel oder darauf, welche Thesen aufgestellt werden, vielleicht auch darauf, Randbemerkungen zu finden, aus denen sich eine Frage oder Anmerkung gestalten lässt. Es kann auch bewusst eine ganz andere Zuhörperspektive eingenommen werden und sich selber die Frage gestellt werden: Wie würde das jetzt ein Praktiker finden, Kritiker, Laie, Vertreter einer anderen Lehrmeinung? Geben Sie in einer solchen Situation rechtzeitig den Vorsatz auf, das Gesamte des Vortrags verstehen zu wollen. Es gibt eben Tage, an denen das nicht geht. Aber die Konzentration auf viele Einzelteile des Gesagten führt dazu, dass zumindest diese verstanden werden. Das summiert sich mit der Zeit auch zu einem Gesamtverständnis.

4. Skizzieren des mündlichen Vorhabens

Mitschreiben, selbst wenn Sie eigentlich zu träge dafür sind, ist hilfreich, um Problemstellungen zu erkennen, Anschlussfragen zu finden, Inhalte zu verstehen. Schreiben Sie einfach irgendetwas mit, wenn Sie zu müde sind, um aufmerksam zuzuhören. Wer das tut, bekommt auf jeden Fall mehr mit, als derjenige, der nur aus dem Fenster sieht oder durch die Lehrende hindurch. Skizzieren Sie, zeichnen Sie kleine Männchen an den Papierrand – Hauptsache, dann und wann steht auch etwas Inhaltliches dabei. Kurz vor der Prüfung, wenn die Zeit nicht gereicht hat, sich auf jedes Fach gleich ausführlich vorzubereiten, ist man selbst für diese Minimalaufzeichnungen dankbar. Das können auch Fragen sein, Dinge, die nicht verstanden wurden, oder etwas Wichtiges, das später noch nachgearbeitet werden sollte. Es gilt: Je müder Sie sind, desto gründlicher mitschreiben und sich diese 90 Minuten darauf konzentrieren.

Vom Pech des guten Vortrags

Je spannender und unterhaltsamer Lehrinhalte vorgetragen werden, desto leichter fällt es mündlich mitzuarbeiten. Einen hohen Anteil an mitdenkenden und mitarbeitenden Studierenden wünscht sich jeder Dozent, und wer engagiert in der Lehre ist, bereitet seine Veranstaltungen entsprechend vor. Aus rhetorischer Sicht sind solch unterhaltsame Dozenten für Rezipienten (also studentische Zuhörer) nicht immer von Vorteil. Neben dem unbestreitbar hohen Lerneffekt (deswegen sollten solche Lehrveranstaltungen selbstverständlich nicht gemieden werden) besteht der Nachteil darin, dass Sie Ihre eigenen Anstrengungen verdoppeln müssen, um sich mit Ihren Gedanken und Ideen von der Menge der anderen rege mitarbeitenden Studienkollegen positiv abzuheben. Langweilige Vorträge dagegen können einen rhetorischen Glückstreffer darstellen. Denn bei schlechten Vorträgen darf man sich auch Anmerkungen minderer Qualität gönnen. Selbst solche Beiträge werden von einem monotonen Dozenten erfreut aufgenommen, vor allem, wenn dieser lange darauf warten musste, dass sich überhaupt einer der Teilnehmer zu Wort meldet. Sie bleiben dann diesem Dozenten als eine der wenigen Studierenden in Erinnerung, die »zumindest noch Interesse am Fach zeigen« (denn wie die meisten Menschen suchen auch viele Lehrende Fehler zuletzt bei sich selber). Wer sich also einen schlecht vortragenden, langweiligen, aber durchaus sympathischen Lehrenden aussucht, der hat es leichter, bei diesem zu punkten. Wenn das darüber hinaus noch der spätere Prüfer sein sollte, ist es auch kein schlechter Anfang.

Raus aus der Schülerrolle, hinein in die des kritischen Denkers

Typisches Kennzeichen schulischer Lehr-Lern-Situationen ist die einseitige Legitimation durch den Lehrenden. Lernende schreiben sich selber eine passive Rolle zu, in der maximal eine Reaktion produziert wird (durch direkte Aufforderung, eine bestimmte Frage zu beantworten). Selten wird die Initiative ergriffen. Es scheint eine verinnerlichte Regel zu sein, dass selbst in Diskussionen Schüler ihre Äußerungen selten auf andere Schüleräußerungen beziehen, sondern sich immer wieder an den Lehrer wenden.

Für das Studium bedeutet diese Erkenntnis: Sowohl die bekannte Lehrerzentriertheit beibehalten als auch ablegen. Klingt widersinnig, ist es auch und erklärt sich so: Mit Aufnahme des Studiums tauschen Sie die bisherige Schülerrolle gegen die des erwachsenen Studierenden ein. Das schafft Parität, denn was Studierende von Lehrenden unterscheidet, ist nur noch fachlicher Natur. Sie legen also die Schülerrolle ab und dürfen mit dem neuen Selbstbewusstsein des Studierenden in Lehrveranstaltungen auftreten. Auf der anderen Seite besteht eine starke Abhängigkeit von Professoren und Seminarleitern, die Ihre späteren Prüfer sind oder sein könnten und Scheine oder Credit-Points vergeben. Das ist eine spannungsgeladene Ausgangssituation. Sie stecken in einer Zwickmühle zwischen kritischem Selbstbewusstsein und bewertungsbedingter Abhängigkeit. Wie diese überwinden? Wo ist der Ausweg? Er liegt im taktischen Verhalten: Geben Sie sich kritisch, aber ohne eine Lehrperson zu attackieren (Rückzug auf reine Fachlichkeit, Verwenden von objektiven oder neutralen Beschreibungen und Vermeiden von emotionalen Ausbrüchen, wie zum Beispiel: »Aber das ist doch Unsinn, was Sie sagen!« Das sollten Sie auch im Eifer leidenschaftlicher Seminardiskussionen vermeiden). Demonstrieren Sie auf der anderen Seite fachliche Neugier, diskutieren Sie in den Lehrveranstaltungen mit Mitstudierenden, obwohl es Ihnen eigentlich darum geht, die Seminarleitung von Ihrer Fachkompetenz zu überzeugen (denn was bringt's, wenn nur Ihre Freunde oder Studienkollegen davon überzeugt sind).

Nicht selten liegt es an den Lehrenden selber, dass sich in ihren Veranstaltungen keine wirkliche Studierenden-Professoren-Beziehung entwickelt. Vor allem in Fachhochschulen, aber auch in Proseminaren (sogar in einigen Hauptseminaren oder Vorlesungen) versuchen manche Dozenten, durch motivierende Lehrer-Schüler-Gespräche die Mitarbeit anzuregen. Nicht immer ist das für Sie vorteilhaft. Einige setzen diese Gesprächsform nämlich so erfolgreich ein, dass sich eine rege mündliche Beteiligung in den Veranstaltungen entwickelt. Das ist gut, könnte man meinen, denn fast jeder Teilnehmer verbalisiert Gedanken, antwortet und ruft das eine oder andere Schlagwort zu. Die Dozentin strukturiert die einzelnen Einwürfe zu einem sinnvollen

Ganzen und das Veranstaltungsziel wird erreicht, indem sie positiv das Ergebnis der Stunde resümiert. Alle scheinen zufrieden.

Angenommen, Sie erleben eine solche Situation in einem germanistischen Proseminar, in dem es um die Interpretation eines literarischen Werkes aus dem Zigeunerumfeld geht, dann hört sich das folgendermaßen an: Dozentin: »Das hat doch eigentlich was mit dem höfischen Ideal zu tun?« Studentischer Einwurf 1: »Oder mit Keuschheit!« Dozentin nickt: »Fällt Ihnen noch was ein?« Studentischer Einwurf 2: »Grausam irgendwie, ist sie…« Dozentin strukturiert lenkend: »Ja, man könnte sie auch in einem gewissen Sinne angepasst nennen, also angepasst an die sie umgebende Gesellschaft der Zigeuner.«

Solche oder ähnliche Veranstaltungsformen bringen weder Lehrende noch Studierende wirklich weiter. Sie als Teilnehmer verharren in kindlicher Antwortposition und wähnen sich im Glauben, mit solchen Einwürfen oder Sequenzen gut mitzuarbeiten. Außer dem Eintreten eines Wohlfühlfaktors ist aber nicht viel gewonnen. Es bringt Ihnen auf Dauer keine Kompetenzerweiterung, wenn jemand anderer für Sie Ihre Gedanken strukturiert. Den ersten Schritt heraus aus kindlichen und hinein in wissenschaftliches Reden gehen Sie dann, wenn Sie selber versuchen, sich während des Sprechens in wissenschaftlichere Ausdrucksweise »hineinzureden«. Wie das geht? Beginnen Sie damit, unbefangen draufloszureden, halten Sie dann aber inne und wiederholen sich noch einmal, diesmal präziser als zuvor.

Sie befinden sich wieder in der erwähnten Germanistik-Veranstaltung und es wird noch immer über den Protagonisten eines literarischen Werks gesprochen. Die Dozentin fragt in die Runde: »Fällt ihnen sonst noch was ein?« Dann werfen Sie nicht nur Gedankenfetzen ein wie »Er benutzt keine Schimpfworte…« und warten darauf, dass die Dozentin Ihre Bemerkung fachsprachlich übersetzt, so wie hier: »Richtig, Vulgarismen sind in seiner Gegenwart nicht möglich. Er übt einen Einfluss auf die ihn umgebende Umwelt aus.« Sondern Sie formulieren vielmehr in ganzen Sätzen und versuchen sich ins Fachsprachliche durch exaktere Ausdrucksweisen hineinzureden: »Mir fällt auf, dass er keine Schimpfworte verwendet und auch die anderen Figuren das nicht tun. Es werden also keine Vulgarismen gebraucht und damit übt er einen in gewissem Sinne heilenden Einfluss auf seine Umwelt aus.«

Sie werden es bei leidenschaftlichen Didaktikern nicht einfach haben, zu Wort zu kommen. Dennoch sollten Sie immer wieder den Versuch unternehmen und sich nicht unterbrechen lassen. Bestehen Sie sehr höflich darauf, auch auszureden. Nehmen Sie Redezeit in Anspruch.

In obiger Lehrveranstaltung unternehmen Sie den Versuch, sich in die Fachsprache hineinzureden, und beginnen mit: »Eigentlich ist die Figur eher dem unteren Milieu zuzuordnen, weil...« Die Dozentin unterbricht, erfreut über Ihren Gedanken, nimmt Ihnen den Beitrag weg und führt ihn selber aus: »Richtig, genau so! Die Figur stammt aus dem unteren Milieu und schafft daher den spannungsreichen Gegensatz zu ...« Sie hätten noch viel sagen können und wollen, sind aber nicht dazu gekommen. Zeigen Sie in solchen Situationen mimisch und gestisch, dass Sie gerne zu Ende ausführen wollen, oder haken anschließend wieder ein: »Ich würde gerne noch begründen, warum die Figur dem unteren Milieu zuzuordnen ist.«

Gutmeinende Lehrende bemerken dann und wann nicht, wenn Studierende bereits über ausreichende Verstehenstiefe verfügen und genügend Fachbegriffe zur Verfügung haben, um dem Seminar auf einem höheren Niveau folgen zu können. Nach wie vor werden laienhafte Umschreibungen verwendet, um Inhalte zu veranschaulichen. Solche kann man in Erstaunen versetzen, indem man den Spieß umdreht. Während der Dozent in Alltagssprache Inhalte vermittelt, kontern Sie mit exakter (Fach-)Sprache.

Angenommen, Sie nehmen heute an einer Vorlesung über Rhetorik an der Uni Hamburg teil, und der ältere Dozent führt ein Beispiel an, um eine rhetorische Figur zu erklären. Er sagt: »Also, der Verstand ist ein Messer in uns oder er ist ein Fuchs.« Und fragt anschließend die Teilnehmenden: »So, und was ist das Dritte?« Sie melden sich und präzisieren: »Also das Tertium comparationis? Das ist...« Damit machen Sie klar: Sie sind unterfordert, wollen mehr von dieser Veranstaltung. Dozenten benötigen solche Rückmeldungen, um das Veranstaltungsniveau bestimmen zu können. Ziehen Sie diese auf Ihr Niveau, damit Sie optimalen Nutzen von der Veranstaltung haben. Das erreichen Sie auch, indem Sie fachsprachliches Paraphrasieren, bisher Domäne des Lehrenden, vorwegnehmen:
Sie befinden sich nun wieder in der germanistischen Lehrveranstaltung, in der es um die Interpretation des literarischen Werks geht, und die Dozentin fragt diesmal: »Inwiefern ist die Nebenfigur anders?« Dann passen Sie sich bewusst

nicht dem alltagssprachlich ausgerichteten Seminarniveau an, antworten also nicht: »Sie sieht das Stehlen und so als nicht so toll an«, sondern nehmen in Ihrer Antwort die fachsprachliche Paraphrasierung der Dozentin vorweg. In diesem Fall etwa so: »Sie stellt sich außerhalb geltender Normen, wenn auch nur dadurch, dass Sie sozial übliches Vorgehen in Frage stellt.«

Abstrakter, präziser, höher

Niemand erwartet Studienanfänger, die sich von Beginn an fachsprachlich ausdrücken können. Aber es wird vorausgesetzt, dass sie sich darum bemühen. Viele Dozenten sind erschöpft, sich immer wieder darüber zu ärgern, dass Studierende »nicht in der Lage« seien, korrekt zu formulieren und sich genau auszudrücken, genau zu antworten oder genau zu fragen. Dabei ist die geforderte »Sprache der Lehrveranstaltungen« wie jede andere Sprache erlernbar. Sie beginnt mit der *gedanklichen Entfernung* vom eigentlichen Gegenstand. Hierzu ein Beispiel:

Stellen Sie sich vor, Sie besäßen einen kleinen Foxterrier namens Max und Sie erzählten eines Mittags in der Mensa einer Freundin: »Du, das ist total süß, Max spielt jedes Mal mit meiner alten Socke, wenn er merkt, dass ich mit ihm Gassi gehen will.« Dann haben Sie eine Alltagsbeobachtung wiedergegeben und Ihre Freundin findet das sicher niedlich. Sie können dieselbe Beobachtung aber auch verwissenschaftlichen. Dafür schieben Sie verschiedene imaginäre Filter zwischen Beobachtung und Verbalisierung derselben: Abstrahieren Sie von der Einzelbeobachtung »Ihres« Hundes und setzen ihn als Beispiel für die Spezies »Hund«. Nehmen Sie weiterhin eine Interpretation mit hinein (warum könnte das Tier das tun?) und fassen Sie die Situation anschließend nicht als typisch für Max, sondern als Verhaltensbeobachtung auf, aufgrund derer Sie eine These aufstellen können. Als Ergebnis hören sich Ihre Formulierungen nun zum Beispiel so an: »Immer, wenn ein Hund Spielverhalten zeigt, könnte das Ausdruck von Freude sein.« Oder: »Ein Hund empfindet scheinbar Freude, denn immer wenn er eine Erwartungshaltung einnimmt, zeigt er Spielverhalten.« Oder: »Hunde können, wie es scheint, Freude äußern durch Spielverhalten.« Solche Aussagen passen dann in den Rahmen von Lehrveranstaltungen.

Wann immer Sie sich während des Seminars zur Wort melden, um eine Frage zu stellen oder auf eine Frage zu antworten, versuchen Sie eine Ebene abstrakter, exakter und höher als sonst im Alltag zu formulieren. Das soll auf keinen Fall gestelzt klingen, denn wer genau beschreibt, schildert oder fragt, klingt nicht eigenartig, sondern passt sich wissenschaftlicher Ausdrucksweise an (in Hausarbeiten formulieren Sie ja auch exakt, korrekt und genau). Setzen Sie sich in Vergleich zu den anderen Teilnehmenden. Auf keinen Fall dürfen Sie schlechter formulieren als diese.

Abstrakter

Der Begriff abstrakt stammt von dem lateinischen *abstrahere* mit der Bedeutung abziehen, wegschleppen, entfernen, trennen. Wer abstrakter formuliert, verzichtet auf individuelle oder zufällige Einzelheiten zugunsten eines allgemeineren Blickwinkels. Dabei wird Wesentliches von Unwesentlichem getrennt. Es wird nicht pauschal verallgemeinert und dennoch versucht, vieles in einem zusammenzufassen, um möglichst allgemein gültige Aussagen zu finden. Wer Mathematik studiert, der wird diese geforderte Abstraktionsleistung bereits von Beginn an mitbringen. Geisteswissenschaftler stecken meistens noch mehr in den Einzelheiten und sollten also besonders darauf achten, das Gesetzmäßige, Allgemeingültige und Übertragbare nicht aus den Augen zu verlieren.

Statt: »Goethe hat ja immer gefeiert und war überall bekannt!«
Abstrakter (vom Einzelfall abgehoben): »Goethe gehörte ja offensichtlich zu den Autoren, die durch intensive soziale Eingebundenheit schon zu Lebzeiten gesellschaftlichen Einfluss ausübten.«

Exakter

Wer bewusst seinen Wortschatz erweitert und exakte Beschreibungen für das Gemeinte verwendet, kommt der Wissenschaftssprache schon nahe. Keiner wandelt sich von einem Tag auf den anderen vom Laien zum eloquenten Wissenschaftler. Auch nicht durch Rhetorik. Aber durch stetiges Einüben jedes Mal, wenn Sie sich zu Wort melden, bleiben erkennbare Fortschritte nicht aus. Durch häufige Äußerungen in Lehrveranstaltungen wachsen Sie in die *scientific community* und deren typische Sprachgewohnheiten hinein – allerdings nicht ohne aktives Zutun. Nur das Kleinkind lernt Sprachen, ohne sich über grammatikalische Strukturen und Vokabeln den Kopf zu zerbrechen. Präzise zu formulieren lässt sich ständig üben, nicht nur in der Veranstaltung. Gewöhnen Sie sich an, Dinge und Vorgänge auch in alltäglichen Sprechsituationen sehr genau zu um- und beschreiben. Wenn Sie einen alten Mann auf der Straße sehen, dann könnten Sie ebenso gut sagen, es handelt sich um einen Senior, einen grauhaarigen älteren Pensionär, einen Mitsechziger, einen nicht mehr rüstigen Rentner, ein norddeutsches Original mit dunkelblauer Schiebermütze und schleifendem Gang usw. Wer im Alltag präzise ist, dem fällt es auch im akademischen Umfeld leichter.

Statt: »Vielleicht vom Text selber her mal nachschauen, ob ...«
Exakter (treffendere Wortwahl): »Textimmanent meine ich, dass ...«

Höher

Sich auf einer höheren Ebene zu unterhalten bedeutet im Unterschied zur gewöhnlichen Alltagssprache vor allem die Verwendung von *Fachbegriffen.* Wer diese einsetzt, dem wird zunächst einmal Fachkompetenz unterstellt (gleich ob er sie besitzt oder nicht). Um keine unangenehmen Überraschungen zu erleben, sollten nur diejenigen Fachworte verwendet werden, deren Bedeutung Sie genau kennen. Die Anschaffung eines Fachwörterbuchs zu Beginn des Studiums (wenn versäumt, dann spätestens jetzt) ist unerlässlich. Warten Sie nicht so lange damit, bis Sie in den letzten Semestern merken, dass es richtig gewesen wäre, sich in den ersten systematisch den Fachwortschatz seines Studeinfachs zu erarbeiten. Viele meinen, diesen bekämen sie automatisch in den Lehrveranstaltungen vermittelt, zum Beispiel durch fachsprachliche Paraphrasierungen der Lehrenden. Aber das genügt nicht. Vormachen allein bewirkt nicht, dass es schon gelernt ist. Das Selberausprobieren gehört dazu, ist notwendig, wie bei jeder Sprache, die neu erlernt wird.

In diesem Zusammenhang bitte nicht Fach- mit Fremdwörtern verwechseln. Fachwörter sind die in einem bestimmten Fachbereich üblichen Bezeichnungen für Inhalte, die in anderen Fachbereichen keine genaue Bezeichnung haben. Fremdwörter dagegen haben auch in anderen Fachbereichen dieselbe Bedeutung, wurden anderen Spra-

chen entnommen und finden sich in Fremdwörterbüchern. Fremdwörter erwecken häufig den Eindruck, auf höherer Ebene zu sprechen. Allerdings kommt das nur dann gut an, wenn Sie auch verstanden werden. Bei Personen, die weniger wissen als Sie, ist die
Verwendung viele Fremdwörter geeignet, einen Expertenstatus zu
begründen. Nichtverstandenwerden ist dann Teil der rhetorischen
Absicht. Bei all denen, die Ihnen gegenüber einen deutlichen Wissens-
vorsprung haben (Dozenten) oder über den gleichen oder sehr ähnlichen Informationsstand verfügen (Kommilitonen), sollte dieser Versuch nicht unternommen werden.

Wer aktiv an seiner wissenschaftlichen Ausdrucksweise arbeiten
will, der kann sich von Beginn an Fachbegriffe aus Lehrbüchern,
Skripten, Fachaufsätzen herausschreiben und nötigenfalls wie Vokabeln lernen. Genaues Hinhören, wenn der Dozent die Alltagssprache
von Studierenden in Fachsprache übersetzt, und Notieren der neuen
Wendungen ist ebenso zielführend.

Statt: »Sie benutzt keine Schimpfworte und das ärgert die anderen ...«
Fachbegriffe verwenden: »Also in Gegenwart von Christine sind keine Vulgarismen möglich, weder sie noch andere in ihrer Gegenwart verwenden sie. Sie
übt damit einen ziemlichen Einfluss auf die sie umgebende Gesellschaft aus.«

Ersetzen Sie mit der Zeit immer mehr Umgangssprachliches durch
wissenschaftstypische Wendungen, wenn Sie sich im Seminar äußern.
Auch die Arbeit an Hausarbeit und Referat ist ähnlich: Zuerst den
Text so verfassen, wie er sich rasch in den Computer tippen lässt, und
anschließend das Alltagsprachliche darin streichen und durch passende wissenschaftliche Ausdrucksweisen über- und ersetzen. Im Anhang
dieses Buchs steht übrigens eine exemplarische Auflistung von Wörtern, die typisch für wissenschaftliche Formulierungen sind. Wer will,
kann diese als Grundstock für eine eigene Sammlung fachspezifischer
Wendungen nehmen.

Einige Studierende machen sich Gedanken darüber, ob Dialekt in
der Hochschule angebracht sei oder nicht. Dialektale Färbungen, vor
allem, wenn sie als regionale Anhängsel wie »gell?«, »nicht wahr?«,
»oder?« usw. vorkommen, schaden nicht. Im akademischen Umfeld
zählen Inhalte und passgenaue Formulierungen. Ob das auf Schwä-
bisch oder in Plattdütsch geschieht, ist zunächst zweitrangig.

Wie man vermeidet, Falsches zu sagen

Die Angst, etwas Unpassendes oder gar Falsches zu sagen oder unbeabsichtigt zu wiederholen, was kurz zuvor von jemand anderem
bereits gesagt wurde (zum Beispiel, weil man selber so intensiv mit der
Vorbereitung eigener Anmerkungen beschäftigt war), überkommt
jeden, der vor oder innerhalb einer mehr oder weniger unbekannten
Gruppe etwas äußern will. Diese Angst zu überwinden ist das eine
(siehe Kapitel Redeangst), aber durch einen bestimmten Aufbau seiner
Sätze das Risiko zu minimieren etwas anders. Um Letzteres geht es
jetzt, um die »sichere« Anmerkung.

Die Dreierbeitragsstruktur

Eine *sichere Anmerkung* ist eine mündliche Äußerung, die eine
bestimmte Reihenfolge einhält und Gedanken in immer gleich blei-
bender Struktur zum Ausdruck bringt. Diese Struktur wird *Dreierbeitragsstruktur* genannt. Wer sich in seinen mündlichen Äußerungen an
diese hält, klingt schon mal wissenschaftlich und vermindert das Risiko, sich zu blamieren. Sie besteht, wie der Name sagt, aus drei Teilen:
einem Paraphrasen-, einem Neu- und einem Frageteil. Der Paraphrasenteil ist notwendig, der Neu- und Frageteil optional, je nach Beitragsform (siehe Kapitel Beitragsformen). Die Struktur also lautet:

1. Teil: Paraphrase: »Sie sagten eben A.«
2. Teil: Neues, Infos, Input: »Ich denke, dass B ...«
3. Teil: Frage: »Stimmt das?«

Welchen Sinn hat es, eine Bemerkung mit einer Paraphrase einzuleiten,
und was heißt in diesem Zusammenhang Paraphrase?

Paraphrase

Eine *Paraphrase* ist eine Wiederholung mit dem Ziel einer antizipato-
rischen (vorwegnehmenden) Absicherung. Paraphrasierend zu beginnen, hat für Sie zwei Vorteile. Erstens, es werden mögliche Fehler, die
auf einem Fehlverständnis beruhen, vermieden. Damit entgehen Sie
dem »Na, da haben Sie aber nicht aufgepasst!« oder »Da haben Sie
mich aber eben gründlich missverstanden!« oder »Nein, das haben Sie

leider ganz falsch verstanden.« Nicht häufig, aber häufig genug sind Äußerungen von Dozenten unsensibel. Auf Tagungen klingt das Ganze etwas höflicher, eher wie: »Ich glaube, Ihrer Bemerkung liegt ein Missverständnis zugrunde.« Zweitens, es wird wissenschaftliches Kommunikationsverhalten demonstriert. Denn Paraphrasen stellen kein einfaches Wiederholen dar, sondern sind anspruchsvolle Wiedergaben aus subjektiver Sicht. Ausgehend vom Inhalt unterscheidet man folgende Paraphrasierungsformen: (1) einfach wiedergebende Paraphrase, (2) Thesen-Paraphrase, (3) kurze Paraphrase, (4) Zitat-Paraphrase, (5) verkürzte Paraphrase, (6) ausführliche Paraphrase, (7) mittellange, kurze, sehr kurze und Miniparaphrase.

(1) Bei der **einfach wiedergebenden Paraphrase** wird ein Teil der Ausführungen des Lehrenden so objektiv wie möglich wiederholt. Bleiben Sie sachlich. Das ist nicht immer einfach, weil Sie ja im Folgenden auf etwas anderes hinauswollen. Aber Sie benötigen diese Einführung, um präzise vorzugehen (zu sein und zu erscheinen). Angenommen, Sie beginnen mit einem ungenauen Paraphrasieren, wie zum Beispiel mit »Sie haben gesagt, Goethe sei schöner als Schiller gewesen«, dann fällt alles, was Sie daran anknüpfend bemerken wollten, weg, wenn der Dozent verneint: »Nein, ich sagte, dass die Zeitgenossen Goethe schöner fanden als Schiller!« Deswegen auf Genauigkeit Wert legen: »Sie haben eben gesagt, dass die Zeitgenossen Goethe schöner fanden als Schiller.« Einfache Paraphrasen können sowohl umgangssprachlich als auch elaboriert (lateinisch: *elaboratus*, sorgfältig ausgearbeitet) wissenschaftlich formuliert werden.

Umgangssprachlich: »Eben ging's um den Zusammenhang zwischen A und B. C zeigte dann ja auch, dass A erfolgreich in D eingegliedert werden kann.« Wissenschaftlicher: »Sie wiesen in Ihrem Vortrag deutlich auf den Zusammenhang zwischen A und B hin. Am Beispiel von C an E demonstrierten Sie anschließend, wie A nach F erfolgreich in C eingegliedert werden kann.«

(2) Bei einer **Thesen-Paraphrase** wird, wie der Name nahe legt, eine These des Vortragenden wiederholt, die Anknüpfungspunkt für sich daran anschließende Bemerkungen sein soll. Weil die Thesen eines Vortrags nicht immer offensichtlich sind, ist es sinnvoll, sich fragend zu vergewissern, ob Sie den Dozenten richtig verstanden haben. Erst

wenn der Dozent durch Nicken, Schweigen oder mündliches Bejahen zugestimmt hat, fahren Sie fort:»Habe ich Sie richtig verstanden, dass Sie A meinen?«, »Stimmt es, dass Sie davon ausgehen, dass A?«, »Ihre These lautet also, A ohne B?«, »Das Problem, das Sie hier sehen, könnte man also beschreiben als AB?«

(3) In eiligen Seminarzeiten bleibt nicht immer Raum, um gründlich zu paraphrasieren. Dann kann man **kurze Paraphrasen** verwenden, wie »A als B?«, »Also A als Folge von B?«, »Eine AB-Interpretation hier?«

(4) Wer Redeinhalte wortwörtlich wiedergibt, der betritt mit der **Zitat-Paraphrase** sicheres Terrain. In Fällen, in denen jemand bereits eine gute Widerlegung parat hat (zum Beispiel einen Widerspruch in der Argumentation entdeckt), sind zitierende Einleitungen eine gute Wahl, die flüchtige Worte des Dozenten zu zementieren: »Sie sagten eben, ›A ohne B geht nicht‹« oder »Kurz zu Ihrer Aussage, dass A ohne B nicht geht …« Bei Kleinigkeitenbeiträgen – das sind Beiträge, die sich nur auf eine bestimmte Wortwahl des Dozenten beziehen – zitieren Sie lediglich wenige Worte, um anschließend eine andere, bessere Wortwahl vorzuschlagen, zum Beispiel: »Sie sagten eben A. Ich dagegen würde eher sagen AB.«

(5) Bei einer **verkürzten Paraphrase** werden mehrere Aspekte des Vortrags in wenigen oder sogar in einem einzigen Satz zusammengefasst:»Sie sagen – im Endergebnis – dass Projektmanager in der Regel die am schlechtesten ausgebildeten Mitarbeiter Ihres Unternehmens sind?« Im Allgemeinen sind Verkürzungen dann sinnvoll, wenn allen Anwesenden die beitragsrelevanten Zusammenhänge bekannt sind. Auf diese Weise können Sie Ihre Aussagen auch zuspitzen und ein wenig provozieren.

(6) Eine **ausführliche Paraphrase** besteht in einer sehr genauen Wiedergabe der Vortragsinhalte des Dozenten. Allerdings weckt diese Paraphrasenform die Erwartung, dass nun auch etwas besonders Interessantes folgt, zum Beispiel eine Gegenposition, eine spannende Literaturmeinung, Forschungsansicht, eine aufregende Frage oder überraschend neue Informationen. Wenn Ihnen ein derart guter Beitrag gelingt, wird das lange nachwirken. Allerdings sind auch verpuffende Beiträge legitim, bei denen mit einer ausführlichen Paraphrase begonnen wird, alle warten gespannt, was nun folgt, und es

kommt nur ein: »Sehe ich das so richtig?« oder »Stimmt das so?« Hier
erschöpft sich der Sinn einer Paraphrase ausschließlich in seiner eigenen Äußerung. Verpuffende Paraphrasen findet man nicht selten auf
wissenschaftlichen Tagungen (und sie haben als wissensabsichernde
Beiträge (S. 71 ff.) auch in Lehrveranstaltungen ihre Berechtigung).
Grundsätzlich sollten Sie aber nicht zu häufig Spannung aufbauen
und anschließend Hörer und Dozentin entäuschen. Gehen Sie am
besten umgekehrt vor: Zuerst wissen Sie genau, was Sie fragen wollen. Dann setzen Sie eine ausführliche Paraphrase vor.

Beispiel für eine ausführliche Paraphrase: »In Ihrem Vortrag haben Sie ja eine
Rede von Meister Eckhardt herausgegriffen und aufgezeigt, wie der Aufbau
einer Predigt erfolgt. Das haben Sie verdeutlicht anhand der literam punctare,
also der drei Predigtpunkte medium, silentium und verbum abscondium, wenn
ich mich nicht täusche. Sie erwähnten auch den Unterschied zwischen esse und
hic et hoc ens, also der einen Wahrheit, veritas, und dem Seienden (Ende
Paraphrasenteil).«
Fortsetzung durch Anknüpfen des Frageteils: »Dazu jetzt meine Frage: Der
Begriff Seiender bzw. Seiendes ist ja ein Heidegger'scher Begriff. Sehen Sie
Parallelen zu Heideggers Philosophie und wenn ja, wo?«

Achten Sie auf das Timing. Wenn nach Ihnen noch zehn andere etwas
sagen wollen, können Sie sich kürzer fassen, müssen es aber nicht.
Erstaunlicherweise bleibt nämlich derjenige, der sich um die drei oder
vier anderen, die seit langem mühsam die Hand zur Wortmeldung
hochhalten, nicht kümmert und ausführlich Stellung nimmt, tatsächlich eher in (positiver) Erinnerung als die anderen. Nach einigen
Monaten erinnern sich Anwesende nicht mehr daran, dass sich ein
Sprecher höflich in seinen Ausführungen kurz gehalten hat. Aber an
thematisch außergewöhnliche (zum Beispiel sehr lange) Beiträge dagegen schon. (In diesem Sinne kann eine gewisse Rücksichtslosigkeit
erfolgreich sein – vorausgesetzt, diese Unhöflichkeit wird als fachliche
Leidenschaft, die alle Konventionen vergessen lässt, getarnt.)

(7) Bei **mittellangen Paraphrasen** liegt die Sprechzeit etwa zwischen zwei und zehn Sekunden: »Sie haben eben den Unterschied zwischen A und B erwähnt und in diesem Zusammenhang den Begriff C
eingeführt.« Bei **kurzen** unter fünf Sekunden: »Sie sagten eben C im
Zusammenhang AB.« **Sehr kurze Paraphrasen** bestehen aus nur

wenigen Worten: »C im Zusammenhang mit AB?« und **Minipara-phrasen** nur aus einem Wort: »C?« Letztere ist so kurz, dass sie nicht mehr als Einleitung verstanden wird. Aber sie schafft Anknüpfung und macht schlagwortartig deutlich, zu welchem Aspekt man etwas sagen möchte.

Im Paraphrasen-Teil des Wortbeitrags steht nur eine begrenzte Auswahl von Wörtern zur Verfügung. Dennoch kann ein »*Sie sagten eben*« oder »*Sie erklärten*« durch vielerlei andere Verben ausgedrückt werden. Da wären:

Sie schilderten oder formulierten, erzählten, führten aus, legten dar, entwickelten, zeigten auf, entfalteten, machten klar, rekonstruierten, exemplifizierten, demonstrierten, verdeutlichten, veranschaulichten, beleuchteten, führten vor Augen, visualisierten, konkretisierten, verdinglichten, interpretierten, kommentierten, arbeiteten heraus, führten ein, machten vertraut mit, brachten nahe, deklarierten, schilderten, etikettierten, äußerten, bezeichneten, nannten, erwähnten, meinten, trugen vor und andere mehr[3].

Es ist zwar nicht weiter tragisch, wenn eine Paraphrase überwiegend mit »Sie sagten« eingeleitet wird, aber je häufiger Sie sich kurz hintereinander zu Wort melden, desto variantenreicher sollten auch die ersten Worte sein.

Nach erfolgreicher Einleitung vergewissern Sie sich verbal oder gestisch durch Blickkontakt mit der Dozentin, ob diese Ihnen zustimmt. Erst wenn die Inhalte der Paraphrase absegnet sind, fahren Sie fort mit dem **Neu-**, anschließend dem **Frageteil**. Das alles spielt sich innerhalb weniger Sekunden ab. Dennoch sind diese Schritte notwendig, um sich mit einem sicheren Gefühl zu Wort zu melden. Sie sichern sich mit einer Paraphrase ab, ebnen den Weg für Ihre Frage oder die neuen Informationen, die nun von Ihnen eingebracht werden. Was »neu« ist, bestimmt sich aus der Perspektive desjenigen, den Sie von etwas überzeugen wollen. Hier ist es die Sicht des Dozenten. Inhaltlich besteht der Neuteil eines Wortbeitrags aus interessantem Zusatzwissen, spannenden Verknüpfungen, Aufzeigen von Argumentationsfehlern, praktischen Auswirkungen und vielem mehr. Fachwissen, über das jeder Lehrende selber verfügt, beeindruckt nur dann, wenn es für diesen unerwartet ist. Das ist der Fall, wenn der Seminarleiter nicht damit rechnet, dass jemand die richtige Antwort kennt, oder wenn einer Wissen in einem speziellen Zusammenhang nennt, anwendet, ausführt, das der Dozent selber so nicht verknüpft hätte (z.B., weil er daran nicht gedacht hat).

Als abschließendes Element rundet der Frageteil den mündlichen Beitrag ab. Entweder handelt es sich um eine echte Frage (*Fragebeitrag* [S. 79 ff.]) oder die Frage wird nur der Form halber benutzt (wie beim *wissensabsichernden Beitrag* [S. 71 ff.]). Bei einem *Statement* (S. 81 f.) schließlich kann ein Frageteil auch komplett wegfallen. Ob Sie eine Frage anschließen, hängt also im Wesentlichen davon ab, für welche Beitragsform Sie sich entscheiden. Beim Fragenstellen kann nicht mehr viel falsch gemacht werden. Alle Formulierungen sind möglich, außer die nach der privaten Meinung des Dozenten. Das wäre unwissenschaftlich und es könnte der Anschein entstehen, dass Sie mehr an seiner Person denn am Fachlichen interessiert sind. Dagegen ist eine Frage zu der persönlichen Auffassung eine bestimmte Sachfrage betreffend durchaus erlaubt: »Was ist denn Ihre Auffassung zum Problem des A?«, »Wie würden Sie B anpacken?«, »Mit Ihrer Theorie von A wenden Sie sich im Ergebnis doch gegen B, oder?« Gezierte Fragestellungen provozieren gezierte Antworten (was aber nicht weiter tragisch ist): »Sind Sie vielleicht so nett und zeigen noch einmal A?« Antwort: »Klar bin ich so nett!«

Vom Nachteil, es anders zu machen

Wer sich spontan und ohne Vorbereitung zu Wort meldet, ist mutig – vor allem dann, wenn der Beitrag vorher nicht, zumindest gedanklich, vorstrukturiert wurde und nun der Versuch unternommen wird, während des Denkens zu sprechen und umgekehrt. Das kann sich dann folgendermaßen anhören:

»Wenn aber so lange die Bedeutung der Vitamine unentdeckt war, also wenn keiner die Versuche zu deuten wusste, äh, wenn man dann aber annimmt, dass Funk schon 1911, also schon 1911 den Namen gab, dann kann man ihn vielleicht doch als Entdecker der Vitamine sehen.«[4]

Keiner versteht dann so ohne weiteres, was der Sprecher eigentlich sagen will. Diese Art des Formulierens, bei der deutlich wird, dass sich während des Sprechakts das Denken vollzieht, wird als *Sprechdenken*[5] bezeichnet. Die Fähigkeit dazu geht einher mit dem Spracherwerb beim Kind und teilweise wird angenommen, dass »die egozentrische Sprache ein Übergangsstadium in der Entwicklung vom äußeren zum inneren Sprechen darstellt«[6]. Im Studium sollten Sie das Sprechdenken vorsichtig anwenden und nur dann, nachdem Sie sich ausdrücklich für diese besondere Form des mündlichen Beitrags entschieden haben. In Teams (Gruppenarbeit) und bei allen Studienfächern, die denkendes Nachvollziehen erfordern, kann gekonntes Sprechdenken sinnvoll sein. In allen anderen Situationen stellt ein sprechdenkerischer Beitrag ein erhöhtes Risiko dar. Je nachdem, in welche Richtung Sie Ihre Gedanken führen, kann am Ende etwas Vernünftiges oder etwas (für andere) Sinnloses herauskommen. Wem so ein Sichverheddern in der Veranstaltung passiert, der winkt meist selber ab, ergänzt durch: »Ach, Quatsch« oder »Vergesst es«. Von anderen einschließlich der Dozenten wird es meist humorvoll aufgenommen. Aber auf eine Häufung sollten Sie es nicht ankommen lassen. In aller Regel ist es gekonnter, wenn Gedanken zuerst im Stillen geordnet werden und dann den anderen der Hörluxus eines wohlstrukturierten Beitrags[7] gegönnt wird.

Alle anderen unstrukturierten mündlichen Anmerkungen haben zwei mögliche negative Folgen. Schlimmstenfalls outen Sie sich als Laie oder Student, der im vierten Semester noch immer kein wissenschaftliches Denken äußern kann. Das macht, zum Beispiel wenn es kurz vor der Abschlussprüfung passieren sollte, nicht den besten Eindruck und lässt sich schon allein aus Zeitgründen nicht mehr revidieren. Günstigenfalls treten Sie als Einzelperson in den Hintergrund. Wenn Sie Fragen stellen wie: »Was ist denn A?«, »Woher kommt B?«, »Was bedeutet C?« und ähnliche, dann haben diese Fragen keinen Neuigkeitswert für den Dozenten und Sie als studentischer Sprecher verschwinden selber ganz hinter ihrer eigenen Frage. Kein Dozent wird sich mehr daran erinnern, welcher seiner zahlreichen Studenten Inhaltsfragen dieser Qualität wann und in welchem Zusammenhang gestellt hat. So erstrebenswert und notwendig Fachlichkeit ist, so wenig darf vergessen werden, dass es (auch) immer darauf ankommt, als Urheber seiner Äußerungen positiv aufzufallen. Denn Sie sind es ja, der bewertet wird, oder? Seien Sie egoistisch und denken an Ihren Studienerfolg. Nehmen Sie sich Zeit für eine Paraphrase. Verlieren Sie ein paar Worte mehr, breiten Sie Ihre Gedanken einen Tick ausführlicher aus, als es Ihr Mut sonst erlauben würde, und bleiben so länger im Fokus der Aufmerksamkeit. Dozenten benötigen Gründe, um sich an Sie positiv zu erinnern.

Um Dozent und Teilnehmer auf den beabsichtigten Beitrag vorzubereiten (Absichtserklärung), kann ein **Vorruf** vor die Dreierbeitragsstruktur gesetzt werden. Das sind Ankündigungen wie: »Eine Frage!« oder »Kurze Frage!« oder »Andere Meinung!«, aber auch Ausrufe des Zweifelns »Da kann doch was nicht stimmen!« oder des Einhaltens »Moment, dazu will ich mal was sagen!«, »Stopp, kurze Zwischenbemerkung!«. Je nach Situation sind solche Zwischenrufe gar nicht schlecht. Ohne Zweifel ist dieses Vorgehen besser, als sich schüchtern in der hinteren Reihe zu melden und von der Dozentin ganz unbemerkt die Hand wieder zu senken, weil man nicht aufgerufen wurde.

Und nun doch ganz anders: Paraphrasenteil am Ende des Beitrags

Oben haben Sie den normalen Dreieraufbau kennen gelernt: Jede mündliche Anmerkung zuerst mit einer längeren oder kürzeren Paraphrase beginnen, dann mit einem Neu- oder Infoteil anreichern und anschließend mit dem Frageteil schließen. Aber keine Regel ohne Ausnahme, so auch hier. Es kann angebracht sein, von der Dreierbeitragsstruktur abzuweichen, teilweise oder auch ganz. Es ist möglich, dass es bei Ihnen natürlicher klingt, wenn Sie zum Beispiel den Paraphrasenteil nach dem Frageteil einfügen[8] oder die Elemente Anschlussfrage – Paraphrase in gewürfelter Reihenfolge verwenden[9]. Das ist in den meisten Fällen nicht ratsam, kann aber dennoch in einigen, vor allem den dialogisch geprägten Seminarsituationen angemessener sein. Auch bei *Motivationsbeiträgen* kann mal eine Ausnahme gemacht werden:

»Was mich an dieser Ringvorlesung interessiert, ist die Frage, welchen Stellenwert Wissen in der Gesellschaft hat und inwiefern man von einer Wissensgesellschaft, die auf einem Weg in die Zukunft sein kann, überhaupt sprechen kann.« (Neuteil, hier eigene Motivation) »Sie sprachen jetzt von der Bedeutung des Wissens im historischen Überblick.« (Paraphrasenteil) »Was aber sind Ihre Aussichten für die Zukunft?« (Fragenteil)

Was in Lehrveranstaltungen sagen und wann besser schweigen?

Es ist nicht genug, dass man rede. Man muss auch richtig reden.
(William Shakespeare, Dramatiker)

Grundsätzlich freut sich jeder Hochschullehrer, wenn in seinen Lehrveranstaltungen mitgearbeitet wird. Verständnisfragen sind willkommen. Sogar während einer Vorlesung sind viele Dozenten angenehm überrascht, wenn Fragen gestellt werden[10]. Diejenigen, die das nicht möchten, kündigen es in der Regel bei Vorlesungsbeginn an. Negativ fällt auf, wenn Sie auf die eine oder andere Weise stören. Dass Rascheln, Handyklingeln oder Privatgespräche mit dem Nachbarn keinen guten Eindruck hinterlassen, ist klar. Auch wiederholtes Zuspätkommen wird bemerkt. Unterschätzen Sie das nicht. Lehrende erinnern sich an die, die aus der Reihe fallen, sowohl im Positiven wie im Negativen. Überschätzen Sie diese Gegebenheit aber auch nicht. Falls Sie bisher ein Störer waren, heißt das nicht, dass es keinen Sinn mehr hat, nun die Fronten zu wechseln und als versierter Denker die Veranstaltungen zu bereichern. Vermutlich finden die Ergebnisse der Werbewirkungsforschung auch hier Anwendung, die besagen, dass die Erinnerung an jemand oder etwas länger anhält als der Grund, warum man sich an jemanden oder etwas erinnert.

Wie man auf Fragen gut antwortet

Die einfachste Form der Mitarbeit ist das Beantworten von Fragen, sofern man die Antwort kennt. Aus rhetorischer Sicht gibt es aber außer dem Inhalt noch anderes zu perfektionieren. Daraus folgt die Überlegung: Wie sollte eine gute Antwort sein? Nur richtig? Selbstverständlich richtet sich die Qualität einer Antwort nach der Frage. Auf manche Fragen gibt es nur eine einzige richtige Antwort. Wer die nicht kennt, sagt etwas Falsches. Um sicherzugehen, diese einzig richtige Antwort gefunden zu haben, vergewissern Sie sich kurz beim Nachbarn, bevor Sie sich melden (aber Vorsicht: nicht alle Dozenten haben dafür Verständnis). Einige Dozenten klagen, dass man doch nur auf die Kopie schauen müsste, die gerade vor einem liegt, da stünde doch die Antwort. Wenn Sie solche Hilferufe wahrnehmen, dann tun Sie dem Dozenten den Gefallen, werfen einen kurzen Blick auf das Paper und melden sich zu Wort. Solche Fälle sollten Sie darüber hinaus ausnutzen, um sich auch in anderen Formen mündlicher Mitarbeit zu üben. Niemals finden Sie bessere Bedingungen, als wenn Lehrende Sie beinahe anflehen, sich doch einmal zu Wort zu melden.

Vor allem in Proseminaren gibt es viele Dozenten, die regelmäßig zu Beginn der Stunde die Essenz der letzten Sitzung wiederholen. Nutzen Sie diese eher langweilige Zeit für eine Art Redetraining. Schlagen Sie Ihre Aufzeichnungen auf und melden sich mit dem einen oder anderen Gedanken zu Wort. Denken Sie an Ihren Vorsatz: »Mindestens einmal pro Stunde (irgend-)etwas Inhaltliches sagen!«

Zögern Sie nicht zu lange, bevor Sie sich melden. Selbstverständlich gehen Sie damit das Risiko ein, einen Fehler zu machen und einige unbedachte Worte über das Wohlüberlegte hinaus zu sagen. Aber es wird Ihnen keiner krumm nehmen, denn Sie besitzen den Status eines bzw. einer Lernenden, dessen Charakteristikum darin besteht, etwas noch nicht zu können. Sie würden also unnatürlich erscheinen, wenn Sie tatsächlich niemals eine falsche Antwort geben.

Um dennoch auf Nummer sicher zu gehen, sollten Sie eine bestimmte Art und Weise der Formulierung wählen, die Ihre Aussagen durch unauffällige Absicherungen unangreifbarer macht und damit das direkte »Nein!«, »Falsch!« unwahrscheinlicher macht. Wenn Sie Antwortspielraum haben, dann formulieren Sie am besten aus *subjektiver Perspektive*. Denn keiner kann sagen, dass das, was Sie aus Ihrer Sicht bewerten, falsch ist. Jeder kann nur aus seiner eigenen Subjektivität heraus argumentieren. Setzen Sie vor Antworten deswegen ruhig ein »*Ich* denke, dass ...« oder »*Meiner Ansicht* nach ist es so ...« voraus und verwenden objektive Formulierungen nur dann, wenn Sie wirklich sicher sind, dass Sie auch Recht haben.

Eine weitere Möglichkeit ist die *Verwendung des Konjunktivs*. Wenn gefragt wird »Was meinen Sie (zu dem und dem)?«, dann antworten Sie: »Ich *könnte* mir vorstellen, dass es (so und so ist)«. Viele Studierende formulieren intuitiv vorsichtig und arbeiten mit dem Wörtchen »vielleicht«, beispielsweise: »Vielleicht meinen Sie, dass ...« oder »Vielleicht könnte man sagen, dass ...«. Diese Formulierungen wirken immer etwas unsicher. Selbst wenn Sie es sind, sollte es ja nicht auffallen. Souveräner ist es, wenn Sie »vielleicht« einfach weglassen und durch andere Wendungen ersetzen. Statt »Vielleicht meinen Sie ...?« besser »Meinen Sie, dass ...?« oder statt »Vielleicht könnte man sagen, dass ...?« besser »Könnte man sagen, dass ...?«. Selbstverständlich sollten Sie in diesem Zusammenhang auch vermeiden, in der alltagssprachlich beliebten »man«-Form zu sprechen. Zwar ist Distanz zu Inhalten vorteilhaft in der Wissenschaft, aber durch Formulierungen wie »man sagt ja, dass das so nicht stimmt« oder »man ist ja der Meinung, dass ...« wird diese Distanz nicht deutlich. Hier verstecken Sie Ihre Subjektivität hinter einem scheinbar neutralen Wort und müssen zudem mit der genervten Frage der Dozenten rechnen: »Wer um Gottes willen ist denn ›man‹?« Gewöhnen Sie sich also das »man«-Sprechen in Lehrveranstaltungen ab und ersetzen es durch Exaktheit. Sagen Sie statt »Man sagt ja, dass ...« lieber »Die herrschende Literaturmeinung sagt ja, dass ...« oder »Viele Vertreter des russischen Formalismus sind ja der Meinung, dass ....«.

Wie man zeigt, dass man mitdenkt

Es wird vor allem geschätzt, wenn Sie demonstrieren, dass Sie in Lehrveranstaltungen mitdenken. Das mimische und gestische Zuhörverhalten ist dabei gar nicht mal so unwichtig. Aufmerksam den Dozenten anschauen, heftig im Skript blättern oder mal was mitschreiben wird (postiv) registriert. Wer vorne doziert, greift sich gerne mal einen aus der Zuhörerschaft heraus, meist den, der interessiert dreinblickt, und sucht seinen Blickkontakt, während ein Satz oder Gedanke zu Ende ausgeführt wird. Automatisch merken sich Dozenten die Studenten, deren Blick sie während der Veranstaltung am häufigsten auffangen. Es kostet nichts und erfordert noch nicht einmal wahre Aufmerksamkeit, wenn man sich also im »Interessiert-Gucken« übt (übrigens lassen japanische Managementtrainer Führungspersonen das »Böse-Gucken« üben. Was japanische Mitarbeiter in Schrecken versetzen soll, sollten Sie natürlich nicht zur Verunsicherung der Dozenten einsetzen. In Bezug auf verbale Äußerungen ist es zwar perfekt, fertig zu Ende Gedachtes zu präsentieren, aber es wird auch positiv vermerkt, wenn Sie Gedankengänge verbalisieren. Dabei interessiert es, wie Sie eine Idee, Gegenauffassung, Argumentation und so weiter entwickeln und welche Schritte dorthin führen. Das ist wie eine Quizshow auf akademischen Niveau: »Ich gehe mal von A aus. A bedeutet ... und steht im Zusammenhang mit B. Und B heißt ja nichts anderes als C und D. Also kann ich mir vorstellen, dass ein Zusammenhang zwischen D und A besteht. Dieser könnte so sein, dass ...«

Angenommen, Sie besuchen ein Komparatistik-Seminar und die Dozentin fragt nach der Übersetzung eines Fremdwortes: »Wie übersetzt man Discrepito?« (frei erfundenes Wort, dient lediglich der Demonstration). Versuchen Sie nun nicht, möglichst unauffällig zu erscheinen, weil Sie die genaue Antwort nicht kennen, sondern melden Sie sich zu Wort, weil Sie den Weg kennen, wie man zu der richtigen Übersetzung gelangen könnte. Beginnen Sie ruhig mit einer Paraphrase (verlängert den Zeitraum des verbalisierten Denkvorgangs): »Discrepito?« und fahren dann in einem ganzen Satz (nicht in zeitsparenden Schlagworten) fort: »Ich denke, dass das vielleicht etwas mit Falsch zu tun haben könnte.« Und argumentieren: »Denn dis ist ja die Vorsilbe von ... Und könnte also zusammengesetzt sein durch dis und crepito, das wahrscheinlich herrührt von ...« Wenn die Dozentin nickt, wissen Sie, Sie haben Recht, und beenden: »Aha, also es heißt ...«

Auf Aktualität bestehen

Nichts ist schlimmer als überholtes Wissen. Das ist in der Uni nicht anders als mit alten Zeitungen, die auch nur noch die Historiker interessieren. Aktuelles Wissen zu besitzen ist unumgänglich, um das Studium sehr erfolgreich zu absolvieren. Sparen Sie nicht am falschen Ende, indem Sie sich die alten liegen gebliebenen Lehrbücher aus dem Semesterapparat ausleihen, sondern geben Sie so viel Sie können für aktuellste Lehrbücher und Fachzeitschriften aus. Wissenschaft soll Fortschritt bringen, zu dem Sie nur dann beitragen können, wenn Sie über zeitgemäßes Wissen verfügen. Fordern Sie dieses Wissen auch in der Lehrveranstaltung ein. Hinterfragen Sie in Seminar oder Vorlesung das Gesagte unter dem Aspekt der Aktualität: Sind die Thesen des

Vortrages gültig? Welche anderen, neueren Ansichten gibt es dazu? Unterliegen die Thesen des Vortrags einer Entwicklung? Wann sind die Aussagen des Lehrvortrags aktuell? Heute? Morgen? Übermorgen?

Selbst in Studiengängen, die eher rückwärts gerichtet zu sein scheinen, wie Geschichts- oder Literaturwissenschaft, Philologie oder Philosophie, gibt es neueste Ansätze. Beschäftigen Sie sich zunächst mit diesen, noch bevor Sie sich älteren oder klassischen Lehrmeinungen, Ansätzen oder Strömungen zuwenden. Es ist wichtig, von der heutigen Warte aus zu studieren, um morgen etwas Neues beitragen zu können. Aus dieser Haltung heraus sollten die Lehrveranstaltungen besucht werden. Im Hinterkopf der Gedanke: »Wie ist der Bezug zu heute – zu morgen?« Vor dieser Kulisse lassen sich hochwertige Beiträge entwickeln.

Angenommen, Sie hören eine rechtsgeschichtliche Vorlesung, dann hören Sie nicht »nur« aus historischer Neugier hin, sondern ziehen die Inhalte in die heutige Realität. Wenn von der Entstehung des Artikels 3 des Grundgesetzes gesprochen wird, dann fragen Sie, inwieweit denn auch noch heute die römischen Ursprünge der »nicht gleichen Gleichheit« vorhanden seien und wie es sich in der heutigen Rechtsprechung auswirke. Wenn Sie in einer anderen historischen Lehrveranstaltung bei den Historikern so einiges über Kolumbus erfahren und wie er die besonderen Windrichtungen des Atlantiks berechnete, dann lassen Sie es nicht als verkümmertes Geschichtswissen stehen, sondern stellen aktuelle Bezüge her: »Wie ist es denn heute in der Nautik? Hätten die Berechnungen eines Kolumbus heute noch Sinn?«

Allaussagen vorsichtig rügen

Lehrenden unterlaufen, wie allen anderen Sprechern auch, Ungenauigkeiten. Das geschieht zum Beispiel dann, wenn der Dozentin unüberlegt eine alltagssprachliche Allaussage herausrutscht. Wer will, kann sich an dieser Stelle sofort mit einer Anmerkung melden. Denn eine Allaussage (zum Beispiel: »*Alle* Kranken kosten Geld«, oder: »*Wir alle* sind doch faul und wollen am liebsten nur durch das Fernsehprogramm berieselt werden«) ist häufig einfach nur falsch. Wenn es sich nicht um Aussagen der Gattung »Alle Menschen sind sterblich« handelt (die im Bereich der Theologie durchaus auch bezweifelt werden könnte), genügt in vielen Fällen zur Widerlegung nur ein einziges Gegenbeispiel. Allaussagen entschlüpfen vorwiegend Praktikern jenseits des Hochschulbetriebs, weil im Alltag leicht Urteile über »alle« gefällt werden, ohne zu bedenken, dass man selber gar nicht »alle« Fälle aufzählen oder gar beurteilen kann. Was im Alltäglichen anerkannt ist, kann im wissenschaftlichen Bereich angezweifelt werden.

Falls Sie einen Dozenten oder eine Referentin darauf aufmerksam machen möchten, gehen Sie umsichtig vor, denn Sie wollen auf einen Fehler hinweisen. Da sind ja bekanntlich die meisten empfindlich. Falls der Lehrende gleichzeitig späterer Prüfer ist oder sein könnte oder Ihre Hausarbeit zu bewerten hat, heißt es, besonders umsichtig zu formulieren. Weil Lehrende es schätzen, wenn diese von Studierenden auf Fehler aufmerksam gemacht werden (zumindest behaupten das die meisten), melden Sie sich ruhig zu Wort. Wägen Sie in der jeweiligen Situation ab, berücksichtigen Sie die Persönlichkeit des Dozenten, seine Kritikfähigkeit und Kommunikationsfreude. Dann entscheiden Sie, ob ein Hinweis wirkungsvoll ist oder lieber für den Moment zurückgehalten werden sollte.

Angenommen, Sie besuchen eine Philosophie-Veranstaltung und die Dozentin sagt: »Alle Menschen sind Philosophen. Sie wissen es nur manchmal nicht.« Sie merken, dass es sich dabei um eine Allaussage handelt, und denken bei sich: Wie kann sie sagen, dass alle Menschen Philosophen sind, wo sie doch noch nicht einmal genau definiert hat, was einen philosophischen Menschen ausmacht! Sie notieren sich diesen Gedanken kurz in Stichworten und melden sich dann zu Wort, wobei Sie Ihre Bemerkung in eine Frage kleiden, die so lauten könnte: »Sie meinten, alle Menschen seien Philosophen. Was macht Ihrer Ansicht nach den philosophischen Menschen aus? Wie würden Sie diesen definieren?«

Stellen Sie sich vor, Sie würden BWL studieren und das Institut hätte den Personalentwickler des Unternehmens XY eingeladen, der nun eine sehr schön vorbereitete Präsentation über die internen Fortbildungsprogramme seines Unternehmens hält. Er erwähnt, während er mit seinem Textmarker spielt, nicht ohne Stolz, dass »alle« Mitarbeiter seines Unternehmens an den internen Weiterbildungsveranstaltungen teilgenommen hätten. Ihnen erscheint es jedoch ziemlich unwahrscheinlich, dass jeder der weit über 1000 Mitarbeiter des Unternehmens tatsächlich an den erst seit kurzer Zeit stattfindenden Veranstaltungen teilgenommen hat. Nun überlegen Sie, ob es sinnvoll ist, sich dazu zu äußern, oder lieber zu schweigen. Es wäre gut, dem Referenten aufzufallen; Sie möchten ihn nach der Stunde nach seiner Visitenkarte fragen, um möglicherweise in seinem Unternehmen einen Praktikumsplatz zu bekommen. Jetzt neigt sich die Präsentation aber bereits dem Ende zu und Sie konnten noch durch keine mündliche Anmerkung auf sich aufmerksam machen. Also entschließen Sie sich, die Gelegenheit doch zu nutzen. Dazu formulieren Sie Ihren Beitrag so umsichtig wie möglich, und, weil Sie zu einem Praktiker sprechen, in erlaubter Umgangssprache:»Sie meinten, alle Mitarbeiter hätten teilgenommen. Ich kann mir nun durchaus vorstellen, dass doch der eine oder andere nicht teilnehmen konnte oder wollte. In diesem Zusammenhang würden mich die Gründe interessieren … Gibt es dazu vielleicht Evaluationen?«

Analogien bilden

Analogie nennt man in der Logik eine Form der Beweisführung. Sie besagt Folgendes: Wenn zwei oder mehrere Größen in einer oder mehreren Hinsichten einander ähnlich sind, dann könnten sie auch in anderen Hinsichten einander ähnlich sein.[11] Analogien zu bilden ist relativ einfach und Sie können dadurch zu erstaunlichen Beitragsideen gelangen. Es ist keine großartige Vorbereitung erforderlich: Sie sitzen im Seminar und hören zu. Der Dozent spricht über etwas und ordnet daraufhin Kennzeichen und Merkmale zu. Diese notieren Sie sich. Dann erfinden Sie eine vergleichbare Größe und wenden ebenso vergleichbare Kennzeichen und Merkmale darauf an.

Angenommen, Sie befinden sich in einer kunsthistorischen Lehrveranstaltung und der Dozent sagt in seinen Ausführungen zum Beispiel:»Also, die Kunstproduktion im Mittelalter fand ja nicht durch Einzelkünstler statt, so wie man heute eben das Bild vom schaffenden Künstler im Kopf hat, sondern durch Künstlergemeinschaften, das Genie des Einzelnen zählte nicht.« Ihnen fällt auf, dass der Dozent sehr stark betont, dass dies im Mittelalter so war, als ob das heute nicht mehr gelten würde. Damit haben Sie bereits automatisch eine Analogiebildung vorgenommen, aus der Sie zum Beispiel folgende Anmerkung generieren könnten:»Die Kunstproduktion heute findet auch nicht immer nur durch Einzelkünstler statt. Mir fällt auf Anhieb das Cyber-Book ein, eine Kunstform, an der viele gemeinschaftlich produktiv tätig sind.«

Im Folgenden das Vorgehen noch einmal in Tabellenform.

	Größe	Kennzeichen/Merkmal
Dozentenaussage	Kunstproduktion Mittelalter	Ergebnis von Gemeinschaftsproduktionen
Analogiebildung	Kunstproduktion heute	Ergebnis von Gemeinschaftsproduktionen, z.B. in der Medienkunst, Filmkunst, Literatur (Cyber-Book)
Möglicher Kreativ- bzw. Fragebeitrag	»Sie sagten, dass es bei der Kunstproduktion des Mittelalters ebenso wie auch heute bei der Kunstproduktion im Cyber Space eine Art Teamwork gab. Bestand dann in der damaligen Zeit ebenfalls das Problem, wie man Teamwork optimiert? Gab es im Hochmittelalters ebenfalls Auseinandersetzungen innerhalb der Gruppen? Wenn ja, gibt es Überlieferungen dazu?«	

Dozentenausführungen analysieren und synthetisieren

Lehrende freut es, wenn sie aus mündlichen Anmerkungen herauszuhören glauben, dass Studierende den Ausführungen konzentriert gefolgt sind. Das wird als respektvolle Auseinandersetzung mit den fachlichen Inhalten positiv registriert und ist ein Kompliment für jede Lehrperson. Was sich aber anhört wie eine mündliche Bemerkung, die durch intensive Auseinandersetzung mit hohem geistigen Aufwand entstanden ist, kann Ergebnis ganz simpler rhetorischer Konstruktion sein. Kern ist eine Analyse und Synthese von Vortragsinhalten während des Zuhörens. Doch zunächst zur Klärung der Begrifflichkeiten.

Das Wort *Analyse* stammt von dem altgriechischen *ana* und *lyein* mit der Bedeutung *auflösen*. Das ursprünglich Ganze wird aufgelöst und in seine Einzelteile zergliedert. Das Wort Synthese von *syn* zusammen und *thesis* das Setzen, Stellen, Legen.

Jetzt zur Seminarsituation: Während des Zuhörens lösen Sie einzelne Aspekte aus den Gesamtausführungen des Dozenten heraus, fragen nach deren Relation zueinander oder zu anderen Bereichen, thematisieren, problematisieren oder ergänzen die Einzelteile im anschließenden mündlichen Beitrag.

Stellen Sie sich vor, Sie befinden sich heute in einer Lehrveranstaltung über forensische Psychiatrie und der Dozent spricht 1. über die Beurteilung von Schuldfähigkeit, 2. Glaubwürdigkeit, 3. verschiedene psychotische Krankheitsbilder. Dann notieren Sie sich diese Punkte mehr oder weniger gründlich auf ein Blatt Papier und kreisen nun einzelne mit Ihrem Stift ein. Das sind Einzelaspekte. Nun können Sie diese in beliebige Relation zueinander setzen. Beispiel: »Wie hängt denn die Beurteilung von Schuldfähigkeit (1.) mit der Glaubwürdigkeit (2.) zusammen?« Möglich ist auch, einen Einzelteil herauszupicken und nur diesen zu thematisieren: »Wie ist denn Ihre Erfahrung mit der Schizophrenie (3.)? Wie häufig ist diese bei der Anwendung des § 63?« Oder Sie ergänzen einen Einzelteil, wie zum Beispiel hier: »Wie ist es denn mit der Psychose (3.)? Kommt diese in der Praxis häufig vor?«

Es ist gut, wenn Sie analysierend differenzieren und Inhalte gegebenenfalls anders bewerten. In Seminarsituationen dürfen Sie sich jederzeit mit einem Beitrag zu Wort zu melden, der darauf aufmerksam macht, dass etwas nicht pauschal gesehen, sondern unterschieden werden muss. Typische Satzanfänge sind: »Müsste man hier nicht unterscheiden zwischen …?«, oder: »Hier könnte man eine Differenzierung vornehmen, nämlich …«

Wer schon einmal eine Fachtagung besucht hat, weiß, dass jeder Zuhörer dann und wann »aussteigt« und nur noch so tut, als würde er konzentriert zuhören. Dennoch werden am Ende des Vortrags Fragen gestellt und es wird lebhaft diskutiert – häufig geht es allerdings nicht mehr um das eigentliche Thema. Der Grund liegt auf der Hand: Auch wenn Teilnehmer nicht durchgängig aufmerksam waren, wollen sie dennoch mitreden. Warum auch nicht? Das stärkt die Präsenz, macht also auf sich und sein Forschungsgebiet aufmerksam und schafft die Voraussetzung dafür, in der Pause mit dem einen oder anderen ins Gespräch zu kommen. Selbstverständlich hinterlassen Sie einen viel besseren Eindruck, wenn Sie mit thematisch wertvollen Anmerkungen die Diskussion lenken. Das kann sogar dann klappen, wenn auch Sie Zuhör- und Konzentrationslücken während des Vortrags hatten. Das rhetorische Vorgehen für eine mündliche Anmerkung, ohne richtig zugehört zu haben, ist Folgendes: Sie picken sich aus dem Vortrag einen ganz kleinen Einzelaspekt heraus, zu dem Sie etwas sagen können, und melden sich damit zu Wort (*analysierendes* Vorgehen).

Angenommen, Sie besuchen als Studierender die Gastvorlesung einer ausländischen Psychologieprofessorin. In der vordersten Reihe sitzen Ihre späteren Prüfer und einige Lehrpersonen, die Hauptseminare leiten, und Sie entscheiden sich, im Anschluss an den Vortrag auch etwas zu fragen, um positiv aufzufallen. Sie selbst wissen, dass Sie noch nicht alles verstanden haben, deswegen picken Sie sich zum Beispiel den Begriff des »Unbewussten« heraus, mit dem Sie sich schon einmal beschäftigt haben, und formulieren allein damit eine Frage, die lauten könnte: »An einer Stelle sprachen Sie von dem Unbewussten. Jetzt ist es ja strittig, ob es das Unbewusste überhaupt gibt. Könnten Sie dazu etwas sagen?«

Synthetisierend gehen Sie vor, wenn Sie größere Abschnitte eines Vortrags betrachten und diese in Zusammenhang bringen. Wählen Sie Teile aus, die auch tatsächlich in Beziehung zueinander gesetzt werden können! Es klappt, solange Sie nur danach suchen. Ergebnis dieses Vorgehens sind strukturierende Beiträge (S. 83 f.).

Stellen Sie sich vor, Sie besuchen eine Fachtagung über Franz Kafka, ausgerichtet vom Fachbereich Komparatistik. Sie verstehen die Vortragsinhalte der jungen Referentin, aber Ihnen fällt dennoch kein vernünftiger Beitrag ein. Vielleicht war der Vortrag zu glatt ist oder so wohl begründet, dass er einfach keinen Anhaltspunkt für Fragen oder Auseinandersetzung lieferte. Dennoch wollen Sie sich ins Spiel bringen, vor allem deswegen, weil sich nach der eingeleiteten Fragestunde kein anderer Teilnehmer zu Wort meldet und das Schweigen für alle unangenehm ist. Also melden Sie sich zu Wort, indem Sie synthetisierend Passagen des Vortrag zueinander in Bezug setzen, und äußern sich ungefähr so: »Sie zeigten am Anfang die Umstände auf, die zu Kafkas Verhalten führten. Dann gingen Sie dazu über, Interpretationen bekannter Literaturwissenschaftler auszuführen. In Ihrem Schlussteil stellten Sie fest, dass Kafka krank im pathologischen Sinne war. Wie sehen Sie den Zusammenhang zwischen den von Ihnen beschriebenen Umständen, den unterschiedlichen Interpretationsmöglichkeiten und der Feststellung, dass Kafka an einer psychischen Krankheit litt?«

Der gesamte (Lehr-)Vortrag kann auch als Teil eines noch größeren Ganzen gesehen und in Beziehung gebracht werden. Vergleichen Sie mit anderen Vorträgen, Lehrmeinungen, Auffassungen, Tendenzen in der Forschung.

Sie hören die Antrittsvorlesung eines jungen Soziologiedozenten, der seinen Vortrag mäßig spannend hält. Dennoch fällt Ihnen auf, dass er heute etwas ganz anderes sagt als noch vor einigen Wochen in einer seiner ersten Proseminar-Veranstaltungen. Sie spannen nun den großen Bogen vom Wissen aus dem Proseminar zu den Inhalten des heutigen Vortrags und melden sich im Anschluss mit folgender Bemerkung zu Wort: »Sie thematisierten die Wissensgesellschaft und bemängelten den geringen Bildungsstand der deutschen Abiturienten (Wissen aus dem Vortrag). Dennoch liegt Deutschland doch an der Spitze der Erfindungen weltweit (Wissen aus dem Proseminar). Wie ist denn das zu erklären?« Oder: »Beck und Hartmann sehen aber das Potenzial der deutschen Bildung weitaus positiver (Wissen aus dem Proseminar). Vielleicht könnten Sie darauf noch einmal eingehen?« Oder: »Ich weiß, dass Professor Meier im letzten Semester von den großen Chancen der Wissensgesellschaft gesprochen hat (Wissen aus dem letzten Semester), Sie dagegen zeichnen ein eher düsteres Bild. Wäre nicht auch eine optimistischere Sichtweise angebracht?«

Argumentation auseinander nehmen

Harald Wohlrapp bemerkt in *Zur Rolle der Logik im Argumentieren*, dass Argumentation und Logik nicht so einfach gleichzusetzen seien. Das Verhältnis zwischen Logik und Argumentation formuliert er folgendermaßen:

»... im Argumentieren (also in Begründungs- und Widerlegungsversuchen) sind wir mit den Möglichkeiten und Schwierigkeiten des methodischen Aufbaus befasst. Das findet sozusagen auf der Bühne statt. Und hinter den Kulissen wirken die logischen Strukturen. Diese sind in einer besonderen Weise stabil gegenüber den Inhaltsmodellierungen des Argumentierens.«[12]

Hinsichtlich der Uni-Rhetorik lässt sich folgende Erkenntnis gewinnen: Es gibt argumentative Strukturen innerhalb eines Vortrags und logische außerhalb davon. Auf den ersten Blick mag es in Lehrveran-

staltungen so aussehen, als würde die Lehrende gar nicht argumentieren, sondern beinahe objektiv erläutern, zeigen oder vorführen.
Jedoch steckt allein in der Auswahl der Lehrinhalte bereits Subjektivität. Welchen Schwerpunkt legt die Seminarleiterin auf welches Thema?
Wieso gerade auf dieses und nicht auf ein anderes? Warum empfiehlt
sie gerade diese Literatur zu einem Lehrgebiet und nicht andere?

Ähnlich ist es auch mit den *Argumentationsmustern*. Sie sind häufig vielschichtig versteckt und erst nach sehr exaktem Hinhören wird
erkannt, dass gar nicht neutral, sondern aus subjektiver Perspektive
heraus argumentiert wird, gegebenenfalls versteckt hinter monotoner
Tonmelodie, humorvollen Anmerkungen, lapidaren Handbewegun-
gen oder ritualisierter Deixis (griechisch: *deiknynai* hinweisen, zeigen,
vorführen). Gerade lustige Bemerkungen von Dozenten, die den Hör-
saal zum Lachen bringen, enthalten hinter all dem Humor manchmal
Aussagen kaum glaublichen Inhalts. Pointiert werden Elitegedanken,
Allgemeinplätze, Vorurteile oder Anti-Feminismus-Bemerkungen
geäußert. Nicht häufig ist das der Fall, aber auch nicht selten. Lehrende können fachlich hervorragend sein, aber politisch oder persönlich
komplett andere Positionen vertreten als Sie selber. Bewahren Sie sich
rhetorische Distanz und hören genauer hin. Wenn alle lachen, kann
das der Zeitpunkt sein, um zu überdenken, ob Lachen in diesem
Moment überhaupt angebracht ist. Hochschullehre wünscht ausdrücklich kritische Studierende, ist aber noch nicht gewohnt, auch
welche vorzufinden.

Sie befinden sich heute in einem Seminar über Führungstheorien und der ältere
Dozent bemerkt, während er leger auf dem Tisch sitzt und locker mit dem Bein
wippt, dass es eben einfach Menschen gebe, die der Führung bedürfen, und
andere, die von Natur aus zur Führung bestimmt seien. Sie stocken innerlich
und denken: »Was für ein Scheiß Elitedenken …!« Dabei erinnern Sie sich an
die jüngere Zeitgeschichte und durchbrechen die zuhörende (zustimmende?)
Passivität der anderen Teilnehmer, indem Sie bemerken: »Zu der Verwendung
des Begriffs Führernatur möchte ich gerne was sagen!« Der Dozent nickt, vorsichtig erfreut. Sie fahren fort: »Auch, wenn Sie sagen, dass es endlich eine
Neubewertung des Begriffs geben müsse, finde ich, dass eine Rückkehr zum
Glauben von angeborenem Führertum in der Wirtschaft bedenklich ist. Denn
Sie sprachen ja eben davon, oder?« Dozent muss bejahen, denn er tat es ja.
»Sie sagen, dass Wirtschaftsunternehmen, die hierarchielos organisiert sind,

wenig leistungsfähig sind. Das ist nicht wahr! Es gibt gute Konzepte der Unternehmensführung, die auf Mitbestimmung, Mitarbeiterbeteiligung oder gar unternehmerische Mitarbeiter ausgerichtet sind ...«

Offensichtliche Argumentationen anzugreifen erfordert noch keine intensive Analysearbeit – anders bei *versteckten Argumentationen*. Dazu benötigt man ein bisschen Übung. Sehen Sie sich bei Gelegenheit einmal einen Lehrvortrag mehrmals hintereinander auf DVD an, und Sie merken, dass einzelne Argumente nicht immer hörbar, sondern Teil einer komplizierten Argumentationsstruktur sind. Diese Struktur kann von den gesprochenen Worten abgezogen und wie ein Netz aufgezeichnet werden. Eine anschließende mündliche Bemerkung, die sich auf das so gewonnene Argumentationsgerüst des Referenten stützt, stellt eine qualitativ hochwertige rhetorische Leistung dar. Und wie ist das Vorgehen, um versteckte Argumentationen sichtbar zu machen?

Der erste und einfachste Weg besteht darin, jedem Da-stimmt-doch-was-nicht-Impuls beim Anhören von Lehrinhalten nachzugehen. Viele stutzen innerlich, wenn etwas nicht ganz folgerichtig zu sein scheint. Die meisten gehen darüber hinweg, weil dieser Moment nur sehr kurz ist, die Ausführungen fortschreiten und man den Anschluss nicht verlieren will. Verweilen Sie aber dennoch bei diesem innerlichen Stutzen und verschwenden einige Gedanken daran, ob das auch wirklich so stimmt, was da vorne gesagt wurde. Wenn Sie sich nicht sicher sind, stellen Sie eine Frage. Wenn Sie glauben, einen Argumentationsfehler ermittelt zu haben, dann verbalisieren Sie Ihre Vermutung. Packen Sie diese der Höflichkeit halber in eine Frage, zum Beispiel: »Mir ist etwas nicht ganz klar geworden. Nämlich: Eben sagten Sie A, dann aber AB. Wie gehört das zusammen?« Oder: »Könnten Sie noch einmal deutlich machen, wieso A aus B folgen soll?«

Sie besuchen heute eine Lehrveranstaltung der Philosophen, es handelt sich um das Proseminar »Vorsokratiker«, geleitet von einem grauhaarigen Mitfünfziger. Er spricht darüber, dass Homers Werk lyrisch sei. Dann, zehn Minuten später, qualifiziert er Homers Werk als die Geburtsstunde der Philosophie. Sie stutzen und fragen sich: Was denn nun, ist Homers Werk jetzt lyrisch also poetisch oder philosophisch? Sie melden sich zu Wort und fragen: »Homers Werk ist also,

Ihrer Ansicht nach, beides, Poesie und Philosophie?« Wenn Sie sich und Ihren Beitrag optimieren möchten, dann denken Sie weiter und verbalisieren Ihre Gedankengänge. Das könnte sich dann so anhören: »Eigentlich stand ja dann am Anfang der Philosophiegeschichte ein lyrisches Werk. Also könnte man sagen, dass der Beginn der Philosophie ästhetisch war, alle Philosophie wurzelt also im Ästhetischen.« (Ästhetik ist eine philosophische Richtung, die sich mit Kunst und sich daraus ergebenden philosophischen Fragestellungen beschäftigt.)

Der zweite Weg besteht darin, sich Passagen stichwortartig zu notieren und dann anhand von Symbolen die Beziehungen zwischen diesen Teilen aufzuzeichnen. Am Ende entsteht so ein für andere wirres Bild, das für Sie aber selber lesbar ist. Es zeigt Ihnen auf, welche Folgerung der Vortragende aus welcher Tatsache gezogen hat und wie er darauf gekommen ist. Verwenden Sie der Einfachheit halber Symbole, deren Bedeutung Sie selber festlegen.

Gehen Sie nicht zu perfektionistisch vor, denn die gesamte Argumentationsstruktur kann nur selten mitgeschrieben werden. Aber Teile daraus genügen bereits, um ein tieferes Verständnis für die Ausführungen einiger Dozenten zu erreichen.

Angenommen, Sie befinden sich in einer Lehrveranstaltung im Fach Linguistik. Die Dozentin in mittleren Jahren ist eine nette Person, aber häufig verhaspelt sie sich in ihren Ausführungen. Selten wird auf Anhieb klar, was sie überhaupt meint. Sätze wie diese sind typisch für sie: »In der Linguistik wird ja schon seit langem, äh, werden ja schon seit längerem so genannte Wortschatzuntersuchungen, also man zählt Wörter in Texten, um die Autoren charakterisieren zu können. So kann man zum Beispiel herausfinden, ob ein Autor oder eine Autorin einen großen oder einen kleinen Wortschatz hat oder ob sie eher, also, umgangssprachlich oder im gehobenen Stil schreiben...« Viele Teilnehmer haben es schon aufgegeben, der Dozentin zu folgen, aber Sie erkennen, dass dahinter eine Argumentationsstruktur stecken könnte. Also nehmen Sie das Gehörte auseinander und erfassen es mit Symbolen verkürzt auf einem Blatt Papier: »Wortschatzuntersuchungen = Wörter zählen Texte → Autor hat großen / kleinen Wortschatz«. Dann wird die These der Dozentin deutlich: Wenn ein Autor viele differenzierte Wörter verwendet, verfügt er über einen großen Wortschatz, wenn nur wenig ausgefeilte, dann über einen kleinen. Nun können Sie überlegen, ob diese These auch stimmt. Allein der Zweifel genügt schon, um sich zu Wort zu melden, vielleicht so: »Kann man

denn wirklich auf den Wortschatz des Autors schließen, indem man die
Wortvielfalt in seinem Werk analysiert? Viele Autoren verwenden doch absichtlich nur wenige einfache Worte, obwohl sie selber über einen viel breiteren
Wortschatz verfügen!« Oder vielleicht so: »Dann schließt man also vom
Wortschatz des Textes auf den des Autors? Aber das ist ja nur eine von vielen
möglichen Gründen, wieso der Autor einen bestimmten Wortschatz verwendet,
oder?«

Die dritte Vorgehensweise funktioniert folgendermaßen: Sie hören die
Ausführungen durch den Filter folgender Fragen: (1) Was wird
behauptet?[13] (2) Überzeugt die Begründung? (3) Überzeugen Sie die
Folgerungen? (3) Überzeugen Sie die angeführten Ursachen? (4) Sind
es wirklich Ursachen, die der Dozent nennt, oder sind es nur Gründe,
also nur mögliche Begründungen für aufgezeigte Folgen? (5) Welche
Fragen stellen sich Ihnen?

Das klingt zunächst einfach, ist aber sehr anstrengend. Denn Sie
dürfen sich nicht ablenken lassen und beim Zuhören nicht von den
Fragen abweichen. Manchmal würden Sie vielleicht lieber einen anderen Gedanken weiterverfolgen oder Sie finden die Ausführungen so
spannend, dass sich Ihnen ganz andere Fragen stellen. Nur Letzteres
ist ein akzeptabler Grund, um von den Leitfragen abzuweichen. Alle
anderen Gründe sollten aber erst dann gelten gelassen werden, wenn
bereits eine mündliche Anmerkung gemacht oder ausreichend Ideen
dafür notiert wurden. Bei all dem geht es nicht darum, logisch korrekt
konsequente Unterscheidungen zwischen Ursache und Wirkung zu
treffen. Dieses Vorgehen soll beim Zuhören lediglich auf die Sprünge
helfen. Am Ende kann ein vollkommen anderer mündlicher Beitrag
herauskommen, der mit Ursache und Wirkung im logischen Sinne
nichts mehr zu tun hat. Das ist vollkommen in Ordnung. Nicht der
Weg zählt in diesem Fall, sondern das Erreichen des Ziels.

Eine weitere Variante des Vorgehen besteht darin: Machen Sie sich
beim Zuhören auf die Suche nach Aussagen, die eine Ursache für
irgendetwas sein könnten, und fragen anschließend nach den Folgen.
Das hört sich dann an wie: »Ich frage mich, was A wohl bei B auslö-
sen könnte?«, oder: »Welche Folgen würde denn die Realisation Ihrer
These nach sich ziehen?« Sie können auch mögliche Wirkungen
behaupten und daraus eine Anmerkung machen: »Das, was Sie vorstellen, hätte aber die Folge, dass …. Das wiederum zieht (das und das)

nach sich.« Bei Vorträgen, die etwas Neues vorstellen (neuere Lehr-meinungen, neue Studien, neue Thesen), ist es üblich, zuerst die Fol-gen zu thematisieren, wie hier:»Für mich stellt sich die Frage, was die neuen Anforderungen Ihres Konzepts bei A bewirken.« Sie können auch im Konjunktiv fragen:»Was könnten denn die Folgen der These von A sein?« Oder:»Ich könnte mir vorstellen, dass es auf Widerstand stoßen wird, würde man die Annahme des A realisieren.« Auf der anderen Seite kann bei Ausführungen, deren Inhalte in der Vergangen-heit liegen, rückwärts gefragt werden, zum Beispiel:»Was hat eigent-lich die These des Kopernikus für Auswirkungen gehabt?« Oder: »Waren denn die Konstruktivisten in ihrer Zeit schon so einfluss-reich?« Oder:»Welche Auswirkungen auf A hatte denn die Einfüh-rung von B im betrieblichen Umfeld?«

Wer will, kann auch noch genauer hinhören, um herauszufinden, wo argumentative Schwachstellen sein könnten. Überlegen, was im Folgenden falsch sein könnte:»Alle Bäume sind Reptilien. Alle Gän-seblümchen sind Bäume. Also sind Gänseblümchen Reptilien.« Dass Gänseblümchen Reptilien sind, ist eine offensichtlich falsche Aussage. Dennoch ist der Aufbau der Argumentation, logisch gesehen, richtig. Denn Logik beschäftigt sich nicht mit der Haltbarkeit von Prämissen, sondern nur mit deren Relevanz. Die aller Wahrnehmung entgegenste-hende Aussage ergibt sich aus dem Umstand, dass die beiden ersten Sätze (Prämissen) bereits falsch sind. Das heißt für die Uni-Rhetorik: Achten Sie beim Zuhören darauf, ob die Annahmen korrekt sind (ob Sie bereits diesen zustimmen). Sind diese nicht wahr, sind alle daraus gezogenen Schlüsse auch nicht wahr.

Angenommen, Sie besuchen eine Seminarveranstaltung in Ästhetik. Die Rede ist von Künstlern und der Frage, ab welchem Zeitpunkt ein Künstler ein solcher ist. Der bärtige Dozent vertritt die Auffassung, dass ein Schaffender erst mit Veröffentlichung seiner Werke Künstler ist. Ihnen kommt das nicht ganz richtig vor, und Sie notieren sich zunächst die Aussage:»Künstler sind die, die veröf-fentlicht haben.« Diese setzen Sie nun als Annahme 1. Die zweite Annahme wäre: Günter Grass hat veröffentlicht, mit der Folge: Also ist Günter Grass ein Künstler. Wenn Sie aber einsetzen: Kollegin Müller vom Fachbereich Elektrotechnik hat veröffentlicht. Dann wird die Aussage, dass Frau Müller also eine Künstlerin ist, unwahr. Sie könnten daraufhin bemerken:»Nicht jeder, der veröffentlicht, ist Künstler. Nach welchen weiteren Kriterien grenzen Sie ein?«

Sie können weiterhin eine Konsequenz der Annahme aufzeigen, zum Beispiel: »Ich weiß, dass Kafka ja lange gar nichts veröffentlicht hat. Müsste man also sagen, er sei kein Künstler gewesen?«

Wer auf eventuelle Widersprüche in den Ausführungen von Lehrenden achten will, kann das tun und wird früher oder später fündig werden. Beim Formulieren von *entlarvenden Widersprüchlichkeiten* sollten Sie allerdings besonders vorsichtig vorgehen. Keiner wird gerne auf Widersprüchlichkeiten in seiner Argumentation aufmerksam gemacht. Merken Sie sich Folgendes: Ein Widerspruch in einer Argumentation liegt vor, wenn X die Eigenschaft Y aufweist, dann kann X nicht zugleich und im selben Zusammenhang die entgegengesetzte Eigenschaft Y aufweisen. Ein Beispiel: »Sie meinten eben, Stahl sei hart, dann aber erwähnten Sie, Stahl sei elastisch. Beziehen Sie sich auf unterschiedliche Zustände?«

Aber auch andere Ungereimtheiten, die nicht streng als logischer Widerspruch klassifiziert werden können, sind einen Beitrag wert: »Sie haben eben das Thema Nullebene der Kapitalunternehmer angesprochen. Hat nicht gerade das Beispiel von dem Verbund gezeigt, dass er risikotragfähig ist?« Oder: »Sie sagten eben, die Mongolei sei erst 1992 demokratisch geworden. Wie konnte das vor sich gehen, wenn doch die Bevölkerung so wenig einheitlich ist, wie Sie sagten?«

Wer über einen langen Atem verfügt, den Ausführungen der Lehrperson folgen kann und wem dennoch nichts dazu einfällt, der kann unter Zuhilfenahme der *Probationes* weiterkommen. In der nachklassischen Rhetorik bezeichnete der Begriff (*probatio, -ionis*, lateinisch nachklassisch Beweis, Beweisführung) die Beweisarten. Hier sollen damit vier Schlussfolgerungstypen benannt werden. Vor allem bei geisteswissenschaftlichen Vorträgen (auch auf Tagungen, in Vorlesungen, bei Kolloquien) sind diese als Ideenfindungshilfe nützlich – erfordern allerdings eine kleine Vorbereitung. Notieren Sie sich die folgenden Sätze am besten auf eine Karteikarte und legen diese während des Zuhörens in den Lehrveranstaltungen neben sich. Dann und wann werfen Sie einen Blick darauf und vergleichen das Gehörte mit den Beweisarten. Wenn der Kontext es erlaubt, lässt sich auf diese Weise eine gute Idee für eine Anmerkung finden. Die vier Sätze lauten:

1. Weil etwas ist, ist etwas anderes nicht.
2. Weil etwas ist, ist etwas anderes auch.
3. Weil etwas nicht ist, ist etwas anderes.
4. Weil etwas nicht ist, ist etwas anderes auch nicht.

Angenommen, Sie befinden sich jetzt in einem Germanistik-Proseminar, in dem es um Friedrich Schiller geht. Ganz allgemein können Sie sich nun anhand dieser Fragen überlegen: (1) Weil es Schiller gab, gab es keine anderen berühmten Dichter. (2) Weil es Schiller gab, gab es auch Goethe. (3) Weil es so wenig andere erfolgreiche Dichter gab, gab es Schiller. (4) Weil Schiller so früh gestorben ist, deswegen konnte er seine Werke nicht vollenden. Auf der Grundlage dieser zuerst recht banal erscheinenden Sätze können Sie anknüpfend weitere Gedanken spinnen, hier zu (1): Neben Schillers überragenden Leistungen konnten andere Dichter nicht bestehen. Vielleicht waren diese aber gar nicht so schlecht? Was weiß man über sie? Zu (2): Stimmt es, dass Goethe von Schiller zu Höchstleistungen angeregt wurde? Oder inspirierten sie sich gegenseitig? Wäre der eine ohne den anderen nicht so erfolgreich gewesen? Welches Konkurrenzverhältnis herrschte, falls es eines gab? Zu (3): War Schiller vielleicht nur deswegen so berühmt, weil alle anderen schlechter waren als er? Wie bemisst sich der Wert eines Künstlers? Zu (4): Woran starb Schiller wirklich? Wie erfolgreich wären seine letzten Werke gewesen? – Ergebnis dieses Vorgehens ist, dass Sie jetzt über eine Fülle von guten Ansätzen für eine weiterführende Frage verfügen. Jetzt müssen Sie nur noch eine davon auswählen und äußern.

Assoziationen bilden

Während des Zuhörens stellen sich häufig Assoziationen ein. Eine Assoziation besteht in folgender durch ein Reproduktionsgesetz ausgedrückter Tatsache: Wenn seelische Gebilde (a und b) einmal gleichzeitig oder in naher Folge bewusst waren, so ruft später die Anwesenheit der früheren Erlebnisse a auch die Vorstellung der Erlebnisse b wach, ohne dass die früheren Ursachen von b tätig sind. Assoziation ist also das Band, das die Überbleibsel von a und b aneinander knüpft. Nutzen Sie das Potenzial von Assoziationen für ungewöhnliche Anmerkungen, die das Seminargeschehen vorantreiben können.

Angenommen, Sie befinden sich in einer juristischen Lehrveranstaltung und der Dozent, der außerdem Richter am Landgericht ist, erläutert das Siezen beziehungsweise Duzen vor Gericht. Er führt aus, dass es in Deutschland üblich sei, Kinder vor Gericht zu duzen. Plötzlich fällt Ihnen ein, dass in den täglichen Gerichtsshows auf den Privatsendern sogar ältere Jugendliche geduzt werden. So banal diese Assoziation sein mag, sie taugt allemal für eine mündliche Anmerkung, vor allen Dingen dann, wenn sich seit einer dreiviertel Stunde noch keiner mehr zu Wort gemeldet hat und alle anderen vor sich hin dümpeln. Dann weckt es jeden im Raum auf, wenn Sie zum Beispiel fragen: »Mir fallen in diesem Zusammenhang die Gerichtsshows der Privatsender ein, in denen auch Personen über 15 Jahren geduzt werden. Ich könnte mir vorstellen, dass sich durch diese Medialisierung auch die Praxis vor Gericht ändern könnte. Haben Sie das schon bei Kollegen festgestellt oder hat das Ihrer Erfahrung nach keine Auswirkungen?«

Auf Definitionen bestehen

Dozenten als etablierte Mitglieder der *scientific community* verwenden in Lehrveranstaltungen Fachbegriffe. Meistens werden die fremdsprachlichen erläutert. Anders verhält es sich bei Begriffen, die zwar Fachbegriffe sind, deren Sinn Sie aber glauben, sich bereits erschlossen zu haben. Wenn zum Beispiel in einer Linguistikveranstaltung der Begriff »Intertextualität« genannt wird, dann wissen Sie, was *Text* ist, und *inter* leiten Sie möglicherweise aus Ihrem Bildungswissen als *dazwischen*[14] her. Aber häufig ist eine solche Herleitung nur zum Teil richtig, denn in den einzelnen Disziplinen haben sich ganz bestimmte Bedeutungen eingebürgert, die nicht mehr so ohne weiteres aus dem Alltag ableitbar sind. Deswegen gilt: lieber einmal zu oft als zu wenig nachfragen.

In der eben angesprochenen Linguistik-Lehrveranstaltung könnten Sie sich mit folgender Frage zu Wort melden: »Intertextualität, heißt das zwischen dem Text stehend, also von inter und Text hergeleitet?« Die Dozentin kennt Ihre Herleitung, freut sich über diesen Gedanken, den sie selber im Studium auch hatte, und wird anschließend berichtigen, dass Wissenschaft als Gesamtheit im Wesentlichen aus den Texten besteht, die von ihr handeln, und man sich in seiner wissenschaftlichen Argumentation stets auf schon bestehende oder gedachte (mögliche) Texte bezieht. Außerdem weist sie darauf hin, dass eine Simulierung von Dialogstruktur stattfindet, sowohl in der Kommunikation als auch in monologischen wissenschaftlichen Texten. »Es sind gerade die schon existierenden oder gedachten Texte, die in fiktiver Weise die Stelle der Äußerungen eines Dialogpartners einnehmen«, fährt sie fort und verweist dann auf Julia Kristeva[15], die diesen Bezug auf kopräsente Texte oder Textstücke mit dem Begriff der Intertextualität belegt hat. So oder so ähnlich rücken Dozenten alltagssprachliches Verständnis von Studierenden in fachsprachliche Ordnungen. Durch genaues Nachfragen und Einhaken setzen Sie diesen Prozess in Gang und erhöhen dadurch sowohl Ihre eigene als auch die Verstehenstiefe der anderen Seminarteilnehmer.

Grundsätzlich gilt: Fragen Sie bei jedem nicht vollständig verstandenen Begriff, jeder nur angedeutetenThese, jeder zu schwach erläuterten Definition nach. Nur ein Dozent, der alles so erklären kann, dass Ihnen keine einzige Verständnisfrage offen bleibt, versteht sein Fach.

Sie besuchen heute die Veranstaltung des Theologen Herrn Maier, der die lateinischen Begriffe *intellectus agens* und *possibiles* zwar an die Tafel schreibt, aber ohne weitere Erläuterung fortfährt. Unterbrechen Sie, falls es für das Verständnis von Bedeutung ist, und fragen: »Was bedeuten die beiden Begriffe auf Deutsch?« Falls daraufhin Herr Maier bemängelt, dass Sie das doch wissen müssten, weil Latein in der Zwischenprüfung Voraussetzung sei, dann lassen Sie sich davon nicht beirren. Es kommt darauf an, dass Sie für den Moment Ihre Verstehenstiefe erweitert haben und wahrscheinlich auch die aller anderen, die erst nächstes Semester den Lateinkurs belegen werden.

Dozenten prägen sich ein, wenn jemand sein vorhandenes Wissen über einen Begriff demonstriert. Geschieht so etwas häufiger, wird ein Student als »der weiß ganz schön viel« gekennzeichnet (vor allem dann, wenn die anderen eher schweigsam sind). Zurückhaltung ist also der falsche Weg, Bescheidenheit in der Rhetorik keine Tugend. Dabei kommt es nicht darauf an, tatsächlich ein breites Wissen zu haben, sondern darauf, das vorhandene im geeigneten Moment zu demonstrieren. Lehrende können Sie nur nach dem einschätzen, was sie von Ihnen lesen und hören. Also steuern Sie das.

Sie befinden sich in einer Veranstaltung, in der es um metaphorische Prozesse geht. Plötzlich erinnern Sie sich daran, einmal viel über Metaphern gelesen zu haben, und vor allen Dingen kommt Ihnen wieder die Definition eines gewissen Johnson in den Sinn. Also melden Sie sich: »Weil jetzt gerade so viel von metaphorischen Prozessen die Rede ist. Zur Metapher kenne ich die Definition, ich glaube von Johnson 1987: ›einverleibte vorbewusste image schemata‹. Aber das hat nichts mit diesen Prozessen zu tun, oder doch?«

Wer nichts Genaues weiß, darf sich dennoch melden und Vermutungen anstellen – schließlich geht's darum, fachliches Interesse immer wieder nach außen zu tragen: »Soweit ich weiß, ist eine Metapher ein Vergleich ohne Vergleichswort. Aber was sind dann metaphorische Prozesse?«, oder: »Kurz zu den metaphorischen Prozessen. Wenn ich jetzt Metapher definieren müsste, würde ich sagen, dass es etwas mit Bild zu tun hat, also einer Art Ersatz für das Schriftliche. Geht das in die richtige Richtung, also meinen Sie das, wenn Sie von metaphorischen Prozessen sprechen?«

Etymologische Kenntnisse einfließen lassen

Eine gute mündliche Anmerkung gründet nicht selten auf etymologischen Kenntnissen. Etymologie ist die Lehre von der Sprachwurzelforschung. Es genügen schon geringe lateinische oder altgriechische Kenntnisse, um Fremdwörter herleiten zu können. Die Anschaffung eines etymologischen Lexikons empfiehlt sich, vor allem auch deswegen, weil Fachbegriffe, deren Wortgeschichte bekannt ist, besser erinnert werden.

Beim Nacharbeiten von Lehrveranstaltungen, Lernen von Prüfungsstoff oder Verfassen von Hausarbeiten sollten Fremdwörter nicht überlesen, sondern bei jeder Gelegenheit nachgeschlagen werden. Das ist mühselig am Anfang und vielfach stört es auch den Lernfluss. Aber nur kurzzeitig, bis Sie sich einen Stammwortschatz erarbeitet haben. Fremdwörter und Fachbegriffe, die auf diese Weise verstanden, statt wie Vokabeln gepaukt wurden, bleiben deutlich länger im Gedächtnis. Zudem bauen Sie sich nach und nach ein breites *Verknüpfungsnetz* auf, das Sie dazu befähigt, auch bisher unbekannte Fremdwörter neu zu erschließen.

Angenommen, Sie befinden sich heute in einer Lehrveranstaltung der Psychologen und es ist die Rede von der Psyche. Vor einiger Zeit haben Sie ein-

mal nachgeschlagen, woher der Begriff Psyche eigentlich stammt, und herausgefunden, dass er von dem altgriechischen *psyche* herrührt mit der Bedeutung
Hauch (der sich vom toten Körper löst und in die Lüfte aufsteigt), können Sie
sich nun mit einem Wissensbeitrag zu Wort melden: »Mir scheint, dass die
Menschen unter *soma* nur den toten Körper verstanden, aus dem die Psyche
herausfliegt, quasi flattert wie ein Schmetterling, wenn man die Wort-
bedeutung hernimmt. Übrig bleibt dann der *soma*, also der tote Leib. Psyche
scheint also das gewesen zu sein, was den Körper am Leben hält, oder?«.

In der bereits erwähnten Veranstaltung über metaphorische Prozesse können
Sie auf diese Art und Weise ebenfalls glänzen: »Wenn ich es jetzt am Begriff
festmachen wollte, würde ich sagen *meta* und *pherein*, also *nach ... hin* und
tragen, also etwas wird woandershin getragen. Ein Prozess selber beinhaltet ja
auch wieder ein bewegendes Element, *processus* ist ja der Fortgang ... Also
eigentlich doppelt gemoppelt, oder?«

Auf Exaktheit bestehen

Lehrende wünschen sich genaues Zuhören und denkerisches Nachvollziehen dargelegter Gedankengänge. Sie sind angetan, wenn sich
jemand zu Wort meldet, »bei dem man merkt, dass er genau zugehört
hat«[16]. Auf der anderen Seite können feinsinnige Fragen und Anmerkungen von Studenten die Lehrenden ganz schon unter Druck setzen.
Je anspruchsvoller die Teilnehmer im Seminar sind, desto besser muss
sich ein Dozent vorbereiten. Als Lehrender einfach mal ins Unreine
sprechen geht nicht und könnte für diesen dann peinlich werden,
wenn jemand nicht aufhört nachzufragen, einzuhaken und zu problematisieren. Wer Dozenten keine Schwäche durchgehen lässt, erhöht
das Seminarniveau. Gehen Sie aber dennoch rücksichtsvoll dabei vor,
denn vor allem unerfahrene wissenschaftliche Mitarbeiter kommen bei
solchen als bohrend empfundenen Nachfragen ins Straucheln. Aber
das sollen sie ja auch. Schließlich sollte jeder besser werden, Lehrende
und Lernende.

Angenommen, Sie hören in einer Lehrveranstaltung die Aussage: »Jeder, der
auf den Bermudas geboren ist, ist automatisch britischer Staatsbürger.« Sie denken bei sich: Na, das stimmt doch nicht ganz, denn wenn zwei deutsche

Urlauber dort Eltern werden, hat das Kind ja dennoch die deutsche Staats-
bürgerschaft. Nicht jeder, der in einem Kuhstall geboren wird, ist auch eine
Kuh. Nun wägen Sie ab: Lohnt es sich, darauf hinzuweisen? Oder sollte man
den Dozenten lieber nicht mehr unterbrechen, weil jedem im Raum klar geworden sein muss, was er damit meint? Machen Sie es in solchen Fällen von der
Situation abhängig. Wenn sich eine kurze Pause einstellt, dann merken Sie
ruhig an: »Kurz zu den Neugeborenen auf den Bermudas – dies gilt aber nicht
für Kinder deutscher Staatsbürger, die dort Eltern werden?«

Die Grenze des Nachhakens liegt im Übergenauen (»Korinthen-
kackertum«). Jenseits dieser Grenze gleiten Sie vom anspruchsvollen
Studenten zum pedantischen Eiferer. Wer jedoch wahrhaft interessiert
ist und bestimmte weitergehende Infos zum Beispiel für Haus- oder
Masterarbeiten benötigt, der sollte es erwähnen. Das können Sie übrigens auch dann tun, wenn es nur ein vorgeschobener Grund ist, der
einfach nur höflicher wirkt.

Gegenbeispiele und Gegensätze anführen

Je häufiger Lehrende Vorträge durch Beispiele illustrieren, desto eher
fallen Ihnen als Zuhörer andere Beispiele ein, die das genaue Gegenteil
veranschaulichen. Es gibt zu fast jedem Beispiel auch immer das entsprechende Gegenbeispiel. Aus Sicht des vortragenden Dozenten ist es
also eher nachteilig, mit Beispielen zu arbeiten. Aus Ihrer Sicht handelt
es sich um einen Vorteil, denn daraus lassen sich gute Beiträge herstel-
len: »Sie nannten eben das Beispiel des … Das genaue Gegenteil ist
natürlich auch denkbar, nämlich, dass …« Aber Vorsicht: Wer sich zu
häufig mit Gegenbeispielen zu Wort meldet, kann unter Umständen
den Verlauf der Veranstaltung behindern. Viele Lehrende beklagen,
dass einige Studenten nur reden würden, um sich selbst darzustellen.
Diesen Eindruck sollten Sie niemals erwecken.
   Ähnlich funktioniert auch die Anmerkung, die Gegensätze beinhaltet. Zu fast allem und jedem können Sie einen Gegensatz finden.
Was jemand klein findet, können Sie, relativ gesehen, groß finden. Was
kalt ist, kann auch warm sein. Was gut, auch schlecht. Wenn eine
Dozentin von der Vergangenheit spricht, dann sprechen Sie von der
Zukunft, wenn sie eine bestimmte Methode bevorzugt, dann favorisie-

ren Sie den gegenteiligen Ansatz, wenn von ihr das Einzelne in den Vordergrund gerückt wird, dann thematisieren Sie das Ganze. Ein solches Vorgehen ist legitim, bringt Diskussionen in Gang und ebnet den Boden für fruchtbare wissenschaftliche Auseinandersetzungen: »Eben wurden die Theorien von Schumann genannt, aber die von Isolde Paperback sind auch nachhaltig, wenn wir auch von einer ganz anderen Richtung das Problem angehen.« (Gegenteilige Forschungsansätze, Theorien, Thesen) Oder: »Ich sehe immer gerne den Bezug zur Praxis. Welche praktischen Voraussetzungen müssten vorliegen, damit man die Theorie des A umsetzen kann?« (Gegensatz Theorie – Praxis) Oder: »Welche organisatorischen Lösungen wurden denn bereits in der Vergangenheit für ähnliche Problemstellungen vorgeschlagen?« (Gegensatz Vergangenheit – Gegenwart) Oder: »Vielleicht hat der Autor dies gar nicht beabsichtigt.« (Gegensatz beabsichtigt – unbeabsichtigt)

Halten Sie vor allem die zwei Worte *Theorie – Praxis* im Hinterkopf. Bei theorielastigen Studiengängen wirken praktische Umsetzungsgedanken ungewöhnlich und damit »neu«. Bei praktischen Studiengängen, in denen vorwiegend Fertigkeiten vermittelt werden, erweckt derjenige Aufmerksamkeit, der theoretische Aspekte in die Diskussion einbringt. Beiträge, die von echten Fällen aus Praktikum, Volontariat oder Semesterjobs berichten, stellen eigentlich immer gute Ergänzungen der Seminarinhalte dar: »Zur Öffnungsklausel kann ich sagen, dass wir im Verband Anrufe bekommen haben, da war von Öffnung nichts zu merken.« Oder: »Meine Erfahrungen aus dem Praktikum bei A waren anders«, oder: »Mitarbeiterbefragungen sind sicher gut, aber gibt es keine Studien darüber?«

Hypothesen bilden

Ein Kennzeichen wissenschaftlichen Denken ist es, *Gesetzmäßigkeiten* finden zu wollen. Achten Sie darauf, ob Sie während des Zuhörens Einzelaussagen des Referenten in eine Gesetzmäßigkeit fassen können oder ob es möglich ist, daraus eine Gesetzmäßigkeit abzuleiten. Notieren Sie sich dafür ausgewählte Sätze aus dem Lehrvortrag und bringen diese anschließend in eine Wenn-dann-Struktur.

Angenommen, Sie befinden sich in einer Psychologie-Lehrveranstaltung und die junge Dozentin erzählt, dass viele Menschen beim Nachsinnen nach rechts oder links oben blicken. Dann notieren Sie sich diese Aussage in Wenn-dann-Struktur: »Immer wenn Menschen über etwas nachdenken, blicken Sie nach rechts oder links oben« und schon haben Sie eine Hypothese, die Sie aufstellen können: »Eine Frage, könnte man sagen, dass immer wenn Menschen über etwas nachdenken, sie unbewusst nach rechts oder links oben blicken? Ist das also eine Gesetzmäßigkeit?« Die Dozentin registriert den Versuch Hypothesen zu bilden positiv, würde aber hier antworten: »Tja, man hat sehr häufig beobachtet, dass das so ist, und dieses Phänomen deliberatives Wegblicken genannt. Schauen Sie doch mal bei Konrad Ehlich und Jochen Rehbein nach.«

Oder: Sie besuchen ein Proseminar in Politikwissenschaft. Warten Sie, bis Sie Aussagen hören, die Sie in Wenn-dann-Struktur umschreiben können. Stellen Sie eine Hypothese auf und fragen Sie nach beziehungsweise stellen Sie die Hypothese vor. In diesem Fall sagt der Seminarleiter: »Bei der Wahl am 4. Januar haben die rechtsradikalen Parteien deutlich zugelegt und mehr Stimmen erhalten als bei der letzten Wahl.« Notieren Sie und formen anschließend in Wenn-dann-Struktur um: Immer wenn die Arbeitslosigkeit zunimmt, gewinnen die Rechtsradikalen Stimmen. Anschließend stellen Sie Ihre Hypothese zur Disposition: »Könnte man sagen, dass immer bei steigender Arbeitslosigkeit auch die rechtsradikalen Parteien an Stimmen gewinnen?«

Wer während des Zuhörens eine inhaltliche Idee hat, wie man seiner Meinung nach etwas besser machen könnte, der sollte sich melden. Stellen Sie Hypothesen auf, bringen Sie sich mit Ideen und eigenen Ansätzen ein. Trauen Sie sich selber Großes zu und wagen Bemerkungen dieser Art. Um nicht besserwisserisch zu erscheinen, formulieren Sie im Konjunktiv: »Könnte man nicht vielleicht …?«, oder: »Wäre nicht auch möglich, dass …?«, oder: »Wie wäre es denn, wenn man … das und das… tun würde?«, oder: »Welche Folgen hätte es denn, wenn wir anstatt dieses jenes … tun würden?« Vermeiden Sie subjektive Aussagen wie: »Ich finde es aber besser, wenn …«, oder: »Ich meine, man muss das so und so machen …«, denn im Bereich der Wissenschaft geht es um den wissenschaftlichen Gegenstand, nicht um einzelne Personen (zumindest vordergründig).

Sie befinden sich in einem BWL-Blockseminar. Es wurde eine junge Personalentwicklerin im dunkelblauen Kostüm als Referentin eingeladen. Sie erzählt nicht ohne Stolz während ihrer perfekten Power-Point-Präsentation, dass ihre Abteilung verschiedene Anreize zur Mitarbeitermotivation entwickelt hätte, die anschließend auch umgesetzt worden seien. Sie denken bei sich, dass das gut und schön ist, aber es letztlich bestimmt kostengünstiger und wahrscheinlich auch effizienter gewesen wäre, wenn man die Mitarbeiter selber gefragt hätte, welche Motivationsanreize das Unternehmen einführen sollte (Weiterbildung, Lohnerhöhung, bessere Büroausstattungen, gleitende Arbeitszeiten, verlängerte Urlaubszeiten, Weihnachtsgeld). Mit diesem neuen Ansatz melden Sie sich im Anschluss zu Wort und formulieren höflich, wobei Sie mit einer Paraphrase einleiten: »Sie sagen, dass Ihre Personalabteilung selber Motivationsanreize in der Personalabteilung entworfen hat.« Die Referentin nickt. Dann fahren Sie fort: »Wenn nun die Anreize aber aus der Reihe der Mitarbeiter selber kämen, dann könnte ich mir vorstellen, dass diese noch zielgerechter ausfallen und deswegen mit noch höherer Wahrscheinlichkeit die Produktivität erhöhen.«

Marginalien thematisieren

Manchmal findet das Interessante nicht *im,* sondern *neben* dem Dozentenvortrag statt. Es sind die Randbemerkungen das eigentlich Interessante. Warum ist das so? Lehrenden fällt während des Sprechens oft selber auf, dass sie das ein oder andere noch verdeutlichen müssten oder bestimmte Aspekte bereits Studierenden früherer Seminare unklar waren, oder sie spüren kleinste mimisch-gestische Veränderungen ihrer Hörer, die den Anstoß dazu geben, Sachverhalte zu ergänzen. Viele Studierende nehmen an, dass zu den manchmal leise gemurmelten Randbemerkungen lieber nichts gesagt werden sollte, weil das vom Thema wegführen könnte. Auf der anderen Seite haben die Dozenten diese im Moment des Aussprechens selber zum Thema erhoben. Wenn Ihnen etwas zu einer solchen Marginalie einfällt (was womöglich darüber hinaus prüfungsrelevant ist oder Verstehen fördert), dann fragen Sie oder machen eine andere angemessene Bemerkung.

Heute sind Sie in einer juristischen Lehrveranstaltung, einem Proseminar mit wenigen Teilnehmern in einem großen Seminarraum. Der Dozent, klein und untersetzt, mit wenig mündlicher Mitarbeit seiner Studierenden gestraft, trägt seine Inhalte in monotoner Sprachmelodie vor und lächelt bei einigen seiner Bemerkungen still in sich hinein. Er kommt auf den Aufbau von Genossenschaften zu sprechen. In einem Nebensatz sagt er: »Es kommt dann das Kontaktstreben hinzu und das Machtstreben ... aber na ja«, winkt ab und fährt weiter im Stoff fort. Sie merken, dass es jetzt endlich einmal interessant werden könnte, denn neben der stumpfen Darstellung rund um das Genossenschaftswesen (kann man überall nachlesen) interessieren Sie vor allem die Einwürfe aus der Praxis. Also melden Sie sich zu Wort: »Was meinen Sie denn damit?« Der Dozent, überrascht, dass jemand überhaupt etwas fragt, fängt an, ausführlicher aus seinem juristischen Alltag zu erzählen, was für jeden Teilnehmer des Seminars eine interessante Abwechslung darstellt.

Manche Studierende haben es sich zur Angewohnheit gemacht, ihren Einwürfen Entschuldigungen voranzusetzen, so wie: »Entschuldigung, ich weiß, das gehört eigentlich nicht zum Thema, aber mich interessiert doch ...«, oder: »Tut mir sehr leid, ich will auch wirklich nicht aufhalten, aber wieso ...« Wenn es Sie beruhigt, dann tun Sie es. Sie können aber auch selbstbewusster auftreten und anders formulieren: »Nur weil Sie es eben erwähnt haben, was bedeutet ...« oder: »Sie haben ja eben die Frage ins Spiel gebracht ...«

Es stört Lehrende übrigens überhaupt nicht, wenn Sie Ihre Frage, die sich aus einer Randbemerkung ergeben hat, nach der Stunde stellen. Im Gegenteil, meist erkennen Dozenten an, dass Sie während der Stunde nicht zu weit vom Thema fortführen wollten, und beantworten Ihre Frage bereitwillig.

Ausnahmen gibt es natürlich ebenso; Besonderheiten einzelner Dozenten sollten beachtet werden. Wenn Sie einen hektischen Dozenten haben, der sich nach der Stunde kaum fünf Minuten Zeit nimmt, weil er noch zu einer Tagung nach Berlin fahren muss, dann bleibt Ihnen nichts anderes als die Frage dennoch in der Stunde zu stellen. Der eigene Lernfortschritt besitzt absolute Priorität. Lassen Sie sich durch genervte Reaktionen von Dozenten, deren gehetzte Blicke auf die lange Reihe anderer Fragender hinter Ihnen verbunden mit einer so kurzen Antwort, dass sich Ihre Frage gar nicht gelohnt hat, niemals, wirklich niemals abschrecken. Denken Sie daran, dass Sie interessant sind, Sie und Ihr Studienerfolg.

Angenommen, Sie sind in einer psychologischen Lehrveranstaltung und die ältere Dozentin erwähnt in einem Nebensatz: »Ach ja, es ist ja so, dass 40 Prozent der Frauen an Minderwertigkeitsgefühlen im Zusammenhang mit ihrem körperlichen Aussehen leiden. Aber das ist ein anderes Thema, nun zurück zum Ablauf des ...« Sie merken, das könnte eine wertvolle Information sein,und würden gerne mehr darüber wissen, welche Studie das belegt hat, wo man diese nachlesen kann. Aber die Dozentin ist bereits bei Gliederungspunkt vier auf dem Skript, der nun keinen Zusammenhang mehr mit der Randbemerkung hat. Weil Sie die Erfahrung gemacht haben, dass Ihnen auf diese Weise schon so viel Wissen verlorenen gegangen ist, beziehungsweise Sie nun lediglich wissen, dass es da etwas gibt, mehr aber auch nicht (Halbwissen), melden Sie sich dennoch in der Veranstaltung kurz zu Wort: »Nur kurz eine Nachfrage zu eben. Welche Studie hat das Ergebnis von 40 Prozent der Frauen mit Minderwertigkeitskomplexen herausgefunden? Wo ist das nachzulesen?« Die Dozentin kostet es nur einen kurzen Blick auf ihr Skript (sofern diese gut vorbereitet ist) und Ihnen erspart es mühselige Recherchearbeit auf der Suche nach der Quelle dieser Studie.

Probleme anführen

Beinahe jedes Vorgehen, jede Sichtweise oder Darstellung kann Probleme aufwerfen. Behalten Sie diesen Gedanken während des Zuhörens und achten Sie darauf, welche Punkte des Vortrags problematisch sind oder von Ihnen problematisiert werden können. Auf diese Weise entstehen sinnvolle Beiträge (wenn sie nicht zu häufig hintereinander gemacht werden).

Angenommen, heute besuchen Sie eine Vorlesung über Organisationsentwicklung und der Dozent spricht über Anreizsysteme. Sie stutzen, überlegen kurz und bemerken: »Ja, dabei ist doch sicher problematisch, dass Arbeitnehmer sich bei austauschbaren Aufgaben für die lohnmaximierendste entscheiden!« Der Dozent lacht erfreut, denn dieses Problem hat er auch schon mal angedacht, und geht auf Ihre Frage näher ein.

Die Bandbreite der Formulierungsmöglichkeiten ist groß: »Könnte nicht problematisch sein, dass ...«, oder: »Ist nicht problematisch, dass ...«, oder: »Sehen Sie es als problamtisch an, dass ...«; oder: »Ich sehe als problematisch an, dass ...«, oder: »Folgert nicht aus den Ausführungen die Problematik, dass ...«

Nach Quellen fragen

Quellenangaben sind das A und O wissenschaftlicher Arbeit. Nur wer Quellen nennt, macht Wissen zugänglich und ermöglicht so dessen Fortentwicklung. Gewöhnen Sie sich für Ihr Studium an, stets den Quellen nachzugehen. Aussagen, die Sie von einer Lehrperson hören und die Ihnen im Gedächtnis haften bleiben, bringen nur wenig, wenn Sie in einer Prüfung danach gefragt werden. Denn Prüfer fragen immer: Wer behauptet das? Wie belegen Sie das? Wie kommen Sie darauf? Antworten wie: »Das sagte Dr. Meier im letzten Semester«, oder: »Weil es Prof. Regenhart in der Vorlesung sagte«, sind inakzeptabel. Anders dagegen: »Weil es die Studie von Meier/Müller 1989 belegt«, oder: »Weil bereits Heraklit den Begriff logos verwendet«, oder: »Weil Müller/Schonach bereits 1934 in einem Aufsatz in der Fachzeitschrift für Kommunikation darauf hingewiesen haben, dass ...« Deswegen sollte bereits ab dem ersten Semester Quellenstudium betrieben und Informationen aus Lehrvorträgen mit gesunder Skepsis beäugt werden. Erst wer anschließend die Quellen studiert hat (die Studien nachgelesen, die Voraussetzungen überprüft, den Beweis vollzogen), kann sich darauf verlassen, gefestigtes Wissen zu besitzen, das auch später wieder verwertbar ist (um in Hausarbeiten, Referaten, Abschlussarbeiten wieder aufzutauchen).

»Richtige« Warum-Fragen stellen

»Why do you?«- und »Why don't you?«-Beiträge nennt man im englischen Sprachraum die Warum-Fragen von Studierenden in Lehrveranstaltungen. Es ist legitim und Grundlage von Wissenschaftlichkeit, nach dem Grund oder der Ursache für etwas zu fragen, allerdings kommt es auf die richtige Formulierung an. »Warum?« oder »Wieso denn?« können Sie durchaus ein- oder zweimal pro Lehrveranstaltung fragen. Je nach Thema kann es allerdings nicht schaden, sich um variantenreichere Formulierungen dieses Fragetyps zu bemühen, um weniger schülerhaft zu wirken[17].

Zum Vorgehen: Sie verpacken Ihre Warum-Frage in die Dreierbeitragsstruktur oder schließen das Fragewort »warum« erst hinter einer präzisen Beschreibung an. Sie können auch statt »warum« nach den Gründen, Ursachen, Voraussetzungen, nach dem Weg der Argumentation, Belegen oder Quellen fragen.

Angenommen, Sie sind heute in einem Proseminar, in dem es um die Beschreibung von Architektur geht, und der schneidige Dozent plaudert in rasanter Geschwindigkeit, dass die Dynamik einfacher Modelle für das ideotypische Netzwerk allesamt zum »Wegwerfen« seien und vor allem Kehn und Liggert total daneben lägen. Sie verstehen nur Bahnhof. Jetzt könnten Sie einfach fragen: »Warum?« oder versierter mit einer Miniparaphrase vorweg: »Kehn und Liggert – warum?« Sie könnten die flapsigen Aussagen des Dozenten auch im Gesamten paraphrasieren, wodurch diesem dann seine sprachlichen Wendungen vor Augen geführt werden (nicht immer wird das einem Redner im Moment des Sprechens selber bewusst): »Aus welchem Grund meinen Sie, dass die Dynamik einfacher Modelle für das ideotypische Netzwerk alle zum Wegwerfen seien?« Statt des einfachen Warums bietet sich auch die Umschreibung an: »Wie kommen Sie darauf?«, oder: »Wie kommen Sie denn zu dieser Folgerung?« Verbinden bzw. verpacken Sie das Warum mit der Quellenfrage: »Welchen Text von Kehn und Liggert meinen Sie denn?«, oder: »Wo kann man das denn nachlesen?«

Zweifel verbalisieren

Sie besuchen Lehrveranstaltungen, um etwas zu lernen – versteht sich von selbst. Das schließt aber nicht aus, dass Sie während des Zuhörens an dem einen oder anderen Aspekt zweifeln. Im Gegenteil, es soll ja gezweifelt und Informationen als Angebot betrachtet werden. Selektieren Sie, was Sie als Wissen übernehmen möchten, und betrachten Sie Sachverhalte, Thesen, Ergebnisse von Experimenten oder Studien mit gesunder Skepsis. Aber Äußern und Denken sind zwei paar Schuhe. Auch in lockerster Seminarstimmung mit supernettem Dozenten sollten Sie das »Echt, das glaube ich nicht!« oder »Das kann ich mir nicht vorstellen!« besser anders formulieren. Solche Äußerungen können von Lehrenden zu leicht als Besserwissereien missverstanden werden. Dabei kommt es nur auf die Wahl der Worte an. Fragen Sie deswegen lieber nach den *Gründen* (»Wie kommen Sie auf diese These?«, oder: »Wie kommen Sie darauf?«, oder: »Wie kommt es dazu?«), der *Argu-*

mentation/Begründung (»Welche Argumentation steht denn dahinter?«, oder: »Wie wird das begründet?«, oder: »Wie begründen Sie das?«), nach den möglichen *Folgen/Wirkungen* (»Ich kann mir vorstellen, dass die Auswirkungen folgenschwer wären«, oder: »Folge davon wäre … Das scheint mir zu extrem im Zusammenhang mit …«), oder: *problematisieren* Sie (»Problematisch daran könnte sein, dass …«, oder: »Hier sehe ich ein Problem, nämlich dass …«, oder: »Könnte bei dieser Herangehensweise nicht problematisch sein, dass …«)

Ergebnisse müssen übrigens nicht wahr sein, nur weil eine Studie sie belegt zu haben vorgibt. Fragen Sie nach der Validität, nach der Anzahl der Befragten (sind es 1000 oder nur drei gewesen?), nach der Aktualität. Entweder Sie notieren sich die Studien und recherchieren in der Bibliothek (Anmerkung am Anfang der nächsten Stunde) oder fragen sofort nach.

Sie nehmen an einem Proseminar zum Spracherwerb teil und der Dozent führt eine Studie zum Begründungsverhalten von Kleinkindern an. Sie interessiert das Thema und im Anschluss an die Stunde finden Sie den Weg in die Fachbereichsbibliothek, spüren die Zeitschrift mit dem Fachaufsatz über diese Studie auf und stellen fest: Die Untersuchung führte ein Linguist einer rheinland-pfälzischen Uni mit seinem Team durch und »befragte« in diesem Zusammenhang vier kleine Kinder. Ihnen erscheint eine Befragung von lediglich vier Kleinkindern reichlich zweifelhaft. In der nächsten Seminarstunde melden Sie sich zu Beginn zu Wort: »Sie führten letzte Stunde die Studie von … an. Aber ich hab mal nachgelesen, es wurden nur vier Kleinkinder dafür befragt. Da frage ich mich, inwieweit diese Ergebnisse verallgemeinerbar sind!«

Inhaltliche und rhetorische Mitschriften

Wer nur das tut, was er schon immer getan hat, wird auch nur das ernten, was er schon immer geerntet hat. (Trainerspruch)

Inhaltliche Mitschriften

In Lehrveranstaltung legen die meisten ein Blatt Papier vor sich auf den Tisch und versuchen das eine oder andere mitzuschreiben. Innovative und (noch) exotische Geister klappen zu diesem Zweck ihr Notebook auf. Was bringen solche inhaltlichen Mitschriften? Bis vor wenigen Jahren dienten sie der *Informationsspeicherung*. Heute gibt es Skripte und Texte zum Downloaden oder Kauf auf CD-ROM beim Fachbereich oder den Dozenten selber. Dennoch kann Mitschreiben in der Lehrveranstaltung sinnvoll sein. Wer mitschreibt, profitiert auf andere Weise: Er selektiert. Um sich die Wissensaufnahme der selektierten Infos zu erleichtern, kategorisieren Sie am besten. Notieren Sie sich Neues, Nachzuarbeitendes, halb Bekanntes, aber noch nicht Fundiertes, Interessantes, Prüfungsrelevantes, Nichtverstandenes (mit großen Fragezeichen am Rand) und Fragen, die Sie an die Leherende stellen möchten. Im Anhang dieses Buches finden Sie einige Beispiele in Form eines Formularvordrucks, die dazu anregen sollen, je nach Vortragsform eine geeignete Mitschriftenstruktur zu wählen. Überlegen Sie, ob diese Vorlage nützlich ist, und variieren Sie diese nach Ihren individuellen Bedürfnissen unter dem Aspekt der Effizienz und der möglichst raschen unkomplizierten Aufnahme der Lerninhalte. Ziel ist immer, angebotenen Lehrstoff (Lehrvortrag) effektiv zu selektieren und rasch abzuspeichern (zeitsparendes Lernen).

Zweierlei rhetorische Mitschriften

Von den inhaltlichen sind die rhetorischen Mitschriften zu unterscheiden. Diese dienen nur in zweiter Linie dem Ziel, sich Fachwissen anzueignen. Paradoxerweise geschieht es dennoch häufig, dass bei dieser Art des Mitschreibens am Ende des Semesters mehr gewusst wird, als wenn mit inhaltlichen Mitschriften gearbeitet worden wäre. Bei einer rhetorischen Mitschrift verfolgen Sie das Ziel: Notizen machen, um aus diesen im Anschluss einen mündlichen Beitrag zu entwerfen (Argumentationsskizzen, Thesenskizzen, Quellenfragen, Widerspruchsskizzen usw.).

Es werden selektive rhetorische Mitschriften von interessegeleiteten rhetorischen Mitschriften unterschieden. Bei der *interessegeleiteten Mitschrift* machen Sie deswegen Notizen, weil sich daraus vielleicht später einmal ein guter Beitrag ergeben könnte. Zwar rechnen Sie damit, sich in dieser Stunde zu Wort zu melden, gehen die Sache aber locker an. Das Vorgehen ist also interessegeleitet und nicht derart planmäßig wie beim *selektiven Mitschreiben*, bei dem Sie ausschließlich das mitschreiben, was später als Grundlage für den mündlichen Beitrag benötigt wird. Bei Letzterem agieren Sie streng taktisch, bei erstem fachlich-neugierig.

Selektive Mitschrift

Für eine gute selektive Mitschrift ist das Vorgehen folgendermaßen: Erstens: Vorsatz. Fassen Sie den Vorsatz, in dieser Lehrveranstaltung, komme was wolle, zumindest einmal eine Anmerkung über »irgendetwas« zu machen (*rhetorischer Minimalvorsatz*). Falls es Sie hohe Selbstüberwindung kostet, in aller Öffentlichkeit etwas zu sagen, und Sie bis kurz vor Ende noch immer kein Wort herausgebracht haben, dann erfüllen Sie Ihr Muss zur Not mit einer ganz banalen Nachfrage (»Könnten Sie das noch einmal wiederholen? Ich hab das hier hinten nicht richtig verstehen können!«). Verlassen Sie keine Lehrveranstaltung, ohne Ihr selbstgestecktes Ziel erreicht zu haben – und sei es, in letzter Minute den Dozenten nach der Stunde noch etwas zu fragen. Das klingt akribisch, dient aber der Selbsterziehung. Selbstgesteckte Ziele müssen immer erreicht werden.

Zweitens: Zuhörverhalten. Hören Sie den Vortrag nicht »einfach so« an, sondern bewusst. Dafür verengen Sie Ihr Zuhörverhalten (*selektives Zuhören*). Das heißt, dass Sie alles, was der Dozent erzählt, durch einen Filter anhören, den Sie selber für sich festlegen. Das kann zum Beispiel die Argumentation sein (Wird korrekt argumentiert? Werden richtige Annahmen gemacht oder sind diese bereits unrichtig?) oder die Praxisnähe (Wie funktioniert die Umsetzung? Welche

Probleme ergeben sich daraus?), eine kritische Haltung (Stimmt das denn überhaupt? Bin ich einverstanden?) oder die Prüfungsrelevanz (Was brauche ich davon für die Prüfung? Was für meine Hausarbeit? Könnte sich ein Hausarbeitsthema ergeben?). Selektive Mitschriften sind Ergebnis dieses verengten Zuhörens, denn sämtliche so zustande gekommenen Notizen dienen als Grundstoff für die spätere Anmerkung. Aufzeichnungen sind Entscheidungshilfen und Gedächtnisstützen. Das funktioniert nur, wenn Sie nicht alles mitschreiben wollen. Unterschätzen Sie diese Verführung nicht. Es fällt schwer, zu selektieren. Die Konzentration auf ein rhetorisches Ziel erfordert auch die Entscheidung gegen alle anderen interessanten Informationen. Das heißt nicht, dass Sie keinerlei andere Inhalte mehr mitbekommen. Es heißt nur, eine Reihenfolge einzuhalten. Je rascher Sie zu einer guten Beitragsidee gekommen sind, desto eher kann die rhetorische Perspektive aufgegeben werden. Im Anschluss entspannen Sie und hören aus reinem Interesse weiter zu. Mit anderen Worten: Wenn Sie dann weiterhin mitschreiben, dann tun Sie es interessegeleitet.

Interessegeleitete Mitschriften

Wer möchte, kann sich auch von Anfang an für das interessegeleitete Mitschreiben entscheiden und vermeidet damit, sich durch den eigenen Vorsatz, rhetorisch agieren zu wollen, unter Druck zu setzen. Hier gehen Sie unbeschwerter an die Sache heran und besuchen die Lehrveranstaltung aus Spaß und in Bezug auf das rhetorische Agieren mit dem kleinen Hintergedanken: »Alles kann, nichts muss.« Sie setzen sich entspannt hin und hören sich an, was der Dozent zu sagen hat. Ab und zu schreiben Sie etwas Interessantes auf. Während des Notierens ergeben sich Fragen oder weiterführende Gedanken. Genau diese Inhalte skizzieren Sie anschließend kurz in bekannter Dreierbeitragsstruktur. Auf diese Weise können respektable Beiträge entstehen. Voraussetzung für interessegeleitete Mitschreiber ist Selbstvertrauen und rhetorische Souveränität. Denn Sie verlassen sich hier inhaltlich nicht mehr auf Plan- und Vorhersehbares, sondern überlassen es dem Zufall, ob Ihnen etwas einfällt oder nicht. Für Fortgeschrittene ist dieses Vorgehen okay. Anfänger sollten sich besser eine Zeit lang dem Korsett des selektiven Mitschreibens überlassen und erst nach einiger Übung interessegeleitet vorgehen.

Beiträge – gute und solche, die man sich verkneifen sollte

Wenn man nichts tut, fühlt man sich für alles verantwortlich. (Jean-Paul Sartre, Philosoph)

Auf Fragen antworten und Fragen stellen – das sind die häufigsten Formen der mündlichen Mitarbeit. Daneben gibt es aber noch eine Fülle anderer Beitragsmöglichkeiten. Ein und derselbe Gedanke kann sowohl als Frage gestellt wie auch als Statement formuliert, kann als Wissen eingefügt oder als Grundlage genommen werden, um vorsichtig Kritik zu üben. Das Erstaunlichste bei alldem ist, dass Sie aus nur wenigen Sätzen, die ein Lehrender äußert, einen vielfältigen Strauß von Bemerkungen kreieren können, von denen Sie möglicherweise einen auswählen und anwenden. Im Folgenden ist demonstriert, wie aus nur zwei Sätzen eines 90-minütigen Vortrags 14 (!) verschiedene Anmerkungsmöglichkeiten entstehen können.

Dozent: »Die jüngere Forschung hat gezeigt, dass die Konstitution der modernen Wissenschaft nicht zu trennen ist von der Konstitution spezifischer Formen der wissenschaftlichen Persuasion. Zwar ist es nicht zuletzt die Wissenschaft, die im klassischen Zeitalter mit ihrem Anspruch auf ein radikal unrhetorisches, nur der Wahrheit und nicht der sprachlichen Form verpflichtetes Sprechen den universellen Geltungsanspruch der traditionellen Rhetorik in Frage stellt, dennoch bildet gerade der Anspruch auf die reine unvermittelte Wahrheit (...) eine rhetorische Strategie, die ein ganz neues Potenzial der Persuasion ausschöpft.« [18]

Motivationsbeitrag
»Im Zusammenhang mit der Persuasionsforschung interessieren mich vor allem die spezifischen Formen der Persuasion, die Sie angesprochen haben. Welche Dimensionen halten Sie im Zusammenhang mit Wissenschaftskommunikation für besonders relevant?«
   Ein Motivationsbeitrag zeichnet sich dadurch aus, dass Sie in Ihrer Äußerung erwähnen, warum Sie etwas fragen. Dafür geben Sie den (wissenschaftlichen) Grund an, der Sie zu einer bestimmten Frage (-stellung) motiviert hat (»Warum mich diese Ringvorlesung beson-

ders interessiert, ist die Problematik des Stellenwerts von … In diesem Zusammenhang meine Frage: Wie sehen Sie … ?«) Motivationsbeiträge sind für Fachtagungen und Kolloquien typisch, aber auch bei Gastvorträgen gut einsetzbar. Es sind wirkungsvolle Wortbeiträge, die Sie als Fachperson kennzeichnen und deutlich machen, dass Sie zum Kreise derer gehören, die sich am wissenschaftlichen Disput beteiligen dürfen.

Absichernder Beitrag

»Mit dem klassischen Zeitalter meinen Sie aber die Mitte des 18. Jahrhunderts (nicht etwas das klassische Zeitalter, also die Zeit 500 bis 300 vor Christus)?«

Diese Beitragsform ist angebracht, wenn nicht richtig verstandene Informationen vom Dozenten noch einmal bestätigt werden sollen. Es spielt keine Rolle, ob die Ursache dafür beim Dozenten lag oder in Ihrer mangelnden Aufmerksamkeit. Mit absichernden Beiträge zeigen Sie auf jeden Fall Interesse an den Inhalten. Es sind unauffällige vielseitig einsetzbare Präsenzmacher: »Was genau verstehen Sie unter A?«, »Ich habe das eben nicht richtig mitbekommen, meinen Sie A im Sinne von B?«, »Mit A meinen Sie aber B?«, »Eben sagten Sie A. Dafür existieren ja verschiedene Auslegungen. Meinen Sie A1?« usw.

Wissensabsichernder Beitrag

»Sagen Sie, dass es unvermeidbar ist, dass Wissenschaftskommunikation rhetorisch ist? Sind also, trotz allen Bemühungen, Neutralität und objektive Darstellung von Sachverhalten gar nicht möglich?«

Der wissensabsichernde Beitrag ist die rhetorischste aller Beitragsformen. Es ist kaum eigenes Vorwissen erforderlich, denn die Anmerkung selber besteht aus einer Wiedergabe des bereits Gesagten. Er gleicht im Grunde der sehr ausführlichen Paraphrase, die zu einer eigenen Beitragsform geworden ist. Keine Sorge, das ist nicht zu banal. Im Gegenteil, in wissenschaftlichen Kolloquien wird diese Beitragsart häufig angewendet. Offensichtlich sind die meisten Anwesenden dankbar, wenn sie einen Gedankengang aus einer anderen Perspektive oder mit anderen Worten (die den eigenen vielleicht näher stehen) noch einmal hören.

In Lehrveranstaltungen fundieren wissensabsichernde Beiträge den

Kenntnisstand aller und werden daher von Dozenten gerne gehört. Wer meint, als Einziger etwas nicht richtig verstanden zu haben, sollte eine gewisse Hemmungslosigkeit an den Tag legen. Kurz vor Prüfungen, bei wichtigen Themen, bei relevanten Inhalten (für Klausuren, Hausarbeiten, Magister-, Master-, Diplomarbeiten usw.) oder für Sie besonders interessanten Informationen ist gesunder Egoismus die treibende Kraft für diese Beitragsart: »Hab ich richtig verstanden, dass A?«, oder: »Ich habe eben verstanden, dass A? Ist das so richtig?«, oder: »Mir kam es eben so vor, als hätten Sie A von B abgegrenzt. Stimmt das?« Es ist auch nicht falsch, in eigenen Worten kleinere Passagen oder ganze Gedankengänge des Dozenten zu wiederholen, um sich zu versichern, eine Information auch vollkommen richtig verstanden zu haben. Gut kommt an, wenn Sie einleiten mit: »Weil es so wichtig ist, würde ich gerne noch einmal wiederholen. Wenn also A, dann B?«, oder: »Was Sie eben gesagt haben, ist Prüfungsstoff. Deswegen würde ich gerne noch einmal wissen, wie genau funktioniert, dass A ...«, oder: »Sie sagen A. Meinen Sie damit, dass B?«

Angenommen, Sie studieren Jura und besuchen ein Proseminar. Die junge Dozentin ist nervös und neigt ehdem dazu, schnell zu sprechen und den Stoff in viel zu kurzer Zeit durchzuziehen. Sie referiert heute über Tipps und Tricks, wie Sie im Staatsexamen möglichst effektiv die Lösungen der Fälle erarbeiten. Weil das besonders wichtig für Sie ist, melden Sie sich trotz ungeduldiger Blicke der Dozentin bei jedem Punkt, der Ihnen nicht ganz klar ist, zu Wort, zum Beispiel so: »Stimmt das, beziehungsweise habe ich richtig verstanden, dass wir zuerst eine Skizze des Sachverhalts anfertigen sollten und dann erst die Anspruchsgrundlagen überprüfen?«

Taktisch betrachtet dienen wissensabsichernde Beiträge nicht nur der eigenen Wissenssicherung, sondern sind geeignete Lückenfüller. Wem sonst wenig Innovatives einfällt, kann mit dieser Beitragsform seine fachliche Neugier demonstrieren. Es ist ja im Grund ein unspektakulärer Beitrag, der nur durch sehr häufiges Hintereinander unangenehm auffällt. Je komplizierter übrigens die Ausführungen des Dozenten waren, desto berechtigter Ihr Beitrag. War ein Vortrag für jedermann leicht zu verstehen, wirken wissensabsichernde Beiträge natürlich weniger kompetent. Das perfekte Forum für diese Beitragsart ist die komplizierte Lehrveranstaltung mit Prüfungsrelevanz. Eine solche lässt sich ja nicht allzu schwer finden …

Kreativbeitrag

»Weil Sie eben den Begriff der ›Persuasion‹ verwendet haben … Wissenschaft kann überzeugen oder überreden, denn der Begriff persuadere beinhaltet vom Ursprung her ja beides. Aber – sollte Wissenschaft jemals überreden? Das ist ja eine ethische Frage mit politischer Dimension …«

Durch einen Kreativbeitrag werden Inhalte des Vortrags mit eigenem Wissen verknüpft. Das Interessante ergibt sich aus der Verknüpfung selber. Während des Zuhörens stellen Sie permanent Querverbindungen her, die häufig zu Aha-Effekten führen. Schöpfen Sie dieses Potenzial aus, indem Sie daraus einen Beitrag formen. Kreativbeiträge sind für andere, einschließlich Referent oder Dozent, interessant anzuhören. Mit dieser Beitragsform präsentieren Sie sich als Denker, jemand, der Inhalte aufgreift, reflektiert und mit eigenem Wissen verknüpft. Dieses Image kann im akademischen Bereich nur nutzen.

Klärender Beitrag

»Sie sagten eben, dass die Wissenschaft selber die Rhetorik aufgehoben hat und dann doch wieder anwendet? Habe ich das so richtig verstanden? Vielleicht könnten Sie das noch einmal erläutern?«

Ein klärender Beitrag besteht immer aus einem Paraphrasen- und Frageteil (Dreierbeitragsstruktur, S. 28 ff.) und trägt dazu bei, Unverständliches bzw. Nichtverstandenes für sich selber, aber auch für die anderen Zuhörenden verständlich zu machen. Im Unterschied zum absichernden Beitrag wiederholen Sie selber nicht das, was Sie verstanden haben, sondern fordern stattdessen den Dozenten auf, seinerseits Ihnen Unverständliches näher zu erklären, deutlicher zu zeigen oder noch einmal zu wiederholen. Es ist eigenartig, dass nur so wenig klärende Beiträge in Lehrveranstaltungen zu hören sind. Einige Studierende suchen die Schuld bei sich, zweifeln, ob und wenn ja, warum sie zu wenig wissen, um den (dem ersten Anschein nach) komplizierten Gedankengängen folgen zu können. Die anderen haben frühzeitig resigniert und mahnen sich im Stillen, Unverstandenes noch am selben Abend nachzuarbeiten. Ein klärender Beitrag in Frageform ist eindeutig zeitsparender. Das Vorgehen ist einfach: Wiederholen Sie im Paraphrasenteil das, was Sie verstanden haben. Anschließend fordern Sie auf, den unverständlichen Rest noch einmal zu erklären: »Sie sagten eben A und dann zeigten Sie ja B. Können Sie den Zusammenhang noch einmal deutlich machen?«, oder: »Eben rechneten Sie A vor. Aber an der Stelle des A1 war mir unklar, wie Sie auf B1 gekommen sind. Könnten Sie das noch mal kurz zeigen?« Hinsichtlich der angestrebten positiven Kompetenzdarstellung empfiehlt es sich, in der Paraphrasen-Fragestruktur zu bleiben. Falls Sie es noch nicht getan haben, jetzt ist der Zeitpunkt gekommen, sich »Das kapier ich nicht!« oder »Da komm ich nicht mit!« oder »Hä?« abzugewöhnen. Etwas nicht zu verstehen ist kein Makel, aber durch falsche Wortwahl explizit darauf hinzuweisen, schon. Sich selber als »dummer Student« oder »unaufmerksame Studierende« zu präsentieren ist ein großer überflüssiger Fehler. Beginnen Sie stattdessen immer mit irgendeiner, auch kurzen Paraphrase: »Eben zeigten Sie ja, wie …«, oder: »Kurz noch mal zum Problem des …«, oder: »Eine Zwischenfrage zur Beurteilung der …« Verwenden Sie anschließend Formulierungen wie »noch deutlicher demonstrieren«, »noch einmal wiederholen« oder etwas »zu resümieren«.

Spontan-dialogischer Beitrag
»Persuasion? Was ist denn das?«

In Seminarveranstaltungen, aber auch in kleineren Kolloquien oder im Nach-Veranstaltungsbereich (also die Zeit, die Sie mit dem Dozenten im kleineren Kreis von wenigen Studierenden noch weiter diskutieren oder sich Details erklären lassen) ist der spontan-dialogische Beitrag die angemessene Beitragsform. Gemeint sind Erwiderungen, Einwürfe, Ergänzungen, kurze Gedankenfetzen oder (Rück-)Fragen, die während eines Gesprächs oder einer Diskussion eingebracht werden. Hier muss sich nicht streng an den Dreieraufbau gehalten werden, sondern kann flexibel die Form gewählt werden, die angemessen erscheint. Dennoch ist es einer positiven Selbstdarstellung förderlich, wenn Sie auch hier präzise formulieren und zeigen, dass Sie vor dem Hintergrund erarbeiteter Inhalte und dem Wissen vergangener Seminare und Hausarbeiten denken. Saloppe Wortwahl ist im Eifer einer Seminardiskussion erlaubt, wenn nicht über die Stränge geschlagen wird. Bei fast gleichaltrigen Seminarleitern oder bei kumpelhaften Dozententypen besteht die Gefahr vorschnell daherzureden und zu vergessen, dass es bei diesen wie bei allen anderen aus der Lehre notwendig ist, rhetorisch zu agieren und seine Fachkompetenz unter Beweis zu stellen. Wem erst nachher auf dem Nachhauseweg bessere Formulierungen einfallen, ist eindeutig zu spät dran. Insgesamt ist es ein nicht ganz einfacher Grenzweg zwischen nettem normalen Alltagsverhalten (sich geben, wie Sie eben sind) und dem rhetorischen Agieren vor dem Hintergrund, dass Sie von genau diesem lockeren Dozenten hinsichtlich Hausarbeitsnote, Bewertung der Mitarbeit oder einer Prüfung abhängig sind.

Anwendungsbeitrag

»Angewandt auf die Öffentlichkeitsarbeit der Universitäten heißt das doch, dass ich als Pressesprecherin Inhalte auch durchaus spannend ›verkaufen‹ dürfte – oder müsste?«

Mit dem Anwendungsbeitrag transferieren Sie Abstraktes auf praktisches Anwenderniveau, grenzen Kompliziertes durch praktische Relevanz ein. Der Anschaulichkeit wegen ist diese Beitragsart sowohl in Lehrveranstaltungen als auch auf Tagungen gut einsetzbar, wird gerne gehört und positiv bewertet. Es genügen bereits ganz kleine praktische Gesichtspunkte (**Kleinigkeitenbeitrag**): »Mir ist Grundsatz zwei nicht ganz deutlich geworden. Wie soll A praktiziert werden?« Oder: »Zwar nur nebenbei, aber wie kann denn die These von A realisiert werden?«

Wissensbeitrag

»Eine Anmerkung zur ›Kopplung von Wissenschaft und Rhetorik‹. Ich weiß, dass Alan Gross eine Reihe von Einzelanalysen in ›The Rhetoric of Science‹ von 1990 durchgeführt hat. Ich glaube, Sie selber weisen in Ihrem Aufsatz von 1989 darauf hin. Für wie hilfreich erachten Sie Analysen dieser Art?«

Mit einem Wissensbeitrag ernten Sie stets große Anerkennung. Er stellt den Königsweg unter allen Beitragsmöglichkeiten dar. Auf diese Weise demonstrieren Sie Wissen, das Sie sich zu einem früheren Zeitpunkt einmal angeeignet haben. Nur wenige von diesen Beiträgen genügen, um der Lehre als fachkompetente Persönlichkeit im Gedächtnis haften zu bleiben. Was jetzt aber aussieht wie jahrelanges vertieftes Studium unter Neonlicht in der Unibibliothek, ist im Grunde geschickte Verknüpfungsleistung. Dreh- und Angelpunkt ist, vorhandene Informationen an der richtigen Stelle und im richtigen Moment zur Sprache zu bringen. Sie verfügen über ausreichend Wissen, machen Sie sich darüber keine Sorgen. Während des Zuhörens fallen den meisten die einen oder anderen gespeicherten Informationen ein, aber sie belassen es dabei, wollen den Lauf der Veranstaltung nicht stören, sind zu schüchtern, zu müde, zu unkonzentriert oder warten auf die nächste passende Gelegenheit, sich zu Wort zu melden. Das ist schade. Chancen sollten wahrgenommen werden, jede einzelne. Unterliegen Sie nicht der Furcht, zu wenig zu wissen. Sie wissen immer zu wenig und keiner weiß jemals genug. Erfolgreich ist, wer sich dennoch immer aufs Neue zur mündlichen Äußerung überwindet, bis er einen Standard erreicht hat, der ihn über diese Furcht hinwegträgt.

Taktisch gedacht und sinnvoll ist es in diesem Zusammenhang, wenn Sie sich mehr »übertragbares« Wissen aneignen, also Informationen, die in vielen unterschiedlichen Lehrveranstaltungen von Interesse sein könnten (Methodenwissen, Herangehensweisen, Versuchsdurchführungen, Grundlagenwissen). Aber auch unterhaltsames Wissen kann Erstaunliches bewirken – an der richtigen Stelle, im geeigneten Moment.

Angenommen, Sie besuchen heute eine Lehrveranstaltung im Fachbereich Psychologie und es geht um den Tod und seine Bedeutung für die Lebenden. Die Dozentin führt aus, dass der Tod als solcher sinnlos sei und vor allem tragisch in Hinblick auf die Erinnerung, die sich ja nur in dem jeweils einzelnen Lebewesen manifestiert. Während Sie zuhören und die Dozentin so betrachten, wie sie hinter ihrem Pult hervorlugt, fallen Ihnen die Versuche eines McConnell ein, über die Sie mal was gelesen haben. Sie melden sich jetzt mit folgendem Wissensbeitrag zu Wort: »Mir fällt grad zur ›Erinnerung‹ ein, dass James McConnell in den 50er und 60er Jahren Versuche mit Ratten unternahm, um so genannte Gedächtnismoleküle nachzuweisen. Erinnerung sollte nach seiner Theorie in Form verschiedenster Eiweißstoffe existieren. Er brachte dann also Plattwürmern bei, Licht zu meiden. Taten sie es, so zerkleinerte er sie in einem Mixer und verfütterte sie an Artgenossen, die dann angeblich auch das Licht mieden. Die New York Times schrieb dann daraufhin: ›Verspeisen Sie Ihren Professor!‹« Alle im Raum schmunzeln, ein gelungener Wissensbeitrag.

Emotionsbeitrag

»Das ist ja super interessant, was Sie gesagt haben!«

Ein Emotionsbeitrag zeichnet sich durch Offenbaren subjektiver Gefühlszustände aus. Vor allem Geisteswissenschaftler verlassen dann und wann das Rationalitätspostulat zugunsten einer sie überkommenden Emotionalität: »Das ist hinreißend, was man alles dazu sagen könnte! Aber bei Cervantes ist ja alles möglich!« (Anglistikprofessorin, Uni Köln, WS 05/06) Seitens der Lehre sind solche Gefühlsaussagen okay. Emotionsbeiträge von Studierenden sind zwiespältig zu beurteilen. Auf der einen Seite kommt dadurch zum Ausdruck, dass Sie ein wirkliches fachliches Interesse gepackt hat, auf der anderen könnten Gefühlsausbrüche als mangelnde Distanz zum untersuchten Gegenstand gedeutet werden. Ob man daraus die Konsequenz ziehen sollte, sich lieber zurückzuhalten? Einige scheinen dieser Ansicht zu sein: Es »wird die Verständigung durch das Ausklammern persönlichen Meinens, von Sympathie und Antipathie, möglichst versachlicht. Das bedeutet für den wissenschaftlichen Sprachstil unter anderem, dass man sich um eine klare, neutrale – eben nicht gefühlsbeladene, verschwommene oder vieldeutige – Ausdrucksweise bemüht und Umgangssprachliches ebenso wie nichtssagendes Beiwerk vermeidet.«[19]

Auf der anderen Seite wünscht sich die Lehre zuvorderst »fachliches Interesse«. Wie sonst sollte es zum Ausdruck gebracht werden, wenn nicht auch durch Ausrufe der Begeisterung! Verlieren Sie dabei aber nicht die Wissenschaftlichkeit (nach wie vor bewegen Sie sich im Rahmen institutioneller Kommunikation), denn diese lässt sich mit Emotionen durchaus kombinieren.

Sie besuchen eine kunstwissenschaftliche Lehrveranstaltung, in der man angesichts der ästhetischen Wirkkraft impressionistischer Meister schon mal die Beherrschung verlieren kann, dann könnten Sie entweder sagen: »Ich finde das so schön, wie das Bild rüberkommt, die Farben und alles!« Oder Sie äußern sich zwar emotional, aber dennoch kontrolliert-(kunst-)wissenschaftlich, etwa: »Also, Komposition und Farbgebung sind für den Impressionismus, dem der Maler ja zugeordnet wird, außergewöhnlich und ich bin immer ganz weg, wenn ich sehe, dass die Linienführung über die Grenzen des Bildaufbaus hinauszugehen scheinen!«

Emotionen können einfach nicht unterdrückt werden. Das gilt auch für negative Gefühle. Sie ärgern sich einfach im Seminar, wenn die Inhalte hinter der Veranstaltungsankündigung zurückbleiben, wenn Lehrende am Anfang der Stunde so viel wiederholen, dass Sie eigentlich jede zweite Stunde auslassen könnten, wenn Prüfungsstoff so monoton vermittelt wird, dass Sie mit dem Lehrbuch schneller vorankämen. Aber auch Menschliches spielt eine Rolle: Der Dozent ist Ihnen nicht sympathisch, hinterlässt einen inkompetenten Eindruck, ist übellaunig, gehetzt oder autoritär. Kommt, wie es kommen muss, es rutscht ihnen vielleicht eine Bemerkung heraus, die Sie sich lieber hätten verkneifen sollen, zum Beispiel: »Ich empfinde das anders. Es ist doch klar, dass hier niemand neu berechnen würde!« Der Dozent reagiert gereizt, nicht zuletzt als Reaktion auf den versteckten Vorwurf im letzten Satzteil, und kontert: »Wie Sie das *empfinden,* spielt keine Rolle. Es gibt einen streng einzuhaltenden Regelkatalog.« Affekte können nicht verhindert, wohl aber verborgen werden. Vermeiden Sie nur die Emotionswörter in Ihren Formulierungen. Das sind Wörter wie *glauben, finden, empfinden, meinen, fühlen, glücklich* oder *traurig sein* und viele mehr. Damit machen Sie sich angreifbar. Vor allem auf Fachtagungen wird diese »Schwäche« häufig ausgenutzt, um wenig freundlich miteinander zu streiten. Wer dann sagt: »Ich *glaube* darin zu erkennen, dass A«, oder: »Ich *meine* zu sehen, dass A«, muss rechnen mit: »Sie glauben zu sehen, dass A. Ich jedoch *weiß,* dass A«, und: »Wenn Sie meinen zu sehen, dass A, dann übersehen Sie *die Tatsache,* dass …«

Selbst das sonst eher harmlose Verb »meinen« kann in harten Diskussionen zum Schwachpunkt werden, indem einem bloßen Meinen die begründete Erkenntnis oder begründete Ergebnisse gegenübergestellt werden. Auf einer philosophischen Fachtagung hört sich die Verteidigung auf einen (geglaubten) Angriff dann zum Beispiel so an: »Sie *meinen,* dass das radikal Böse seine Wurzel im anthropologischen Meer der Unmündigkeit hat. Dieser Behauptung stelle ich die *Erkenntnis* gegenüber, dass es das radikal Böse nicht gibt. Denn es gibt kein Extrem ohne sein Gegenextrem, ansonsten wäre der Begriff des ›Extrems‹ eine Unmöglichkeit.« Um von vorneherein solche Repliken zu vermeiden, setzen Sie sachorientierte Verben ein, wie: *denken, vermuten, schätzen, planen, subsummieren, rekapitulieren, zusammenfassen, vorschlagen, interpretieren, berechnen, errechnen, vergleichen* usw.

Fehlerbeitrag

»Soweit ich mich erinnere, hat die jüngere Forschung, ganz im Gegenteil, gerade gezeigt, dass Wissenschaft und Persuasion nicht miteinander einhergehen!«

Eine diffizile Beitragsform ist der Fehlerbeitrag, der den Zweck hat, Dozenten auf einen Fehler aufmerksam zu machen. Das hört natürlich keiner gerne, vor allem nicht in aller Öffentlichkeit. In Lehrveranstaltungen könnte es taktisch unklug sein, drastisch auf Unrichtigkeiten im Vortrag aufmerksam zu machen. Es deswegen sein zu lassen stellt keine Alternative dar. Aber Sie könnten besonders sorgsam formulieren. Dazu setzen Sie abmildernde Wendungen, Diminutive, gegebenenfalls Entschuldigungen ein. Sie sagen nicht: »Das ist aber falsch!«, sondern umschreiben: »Das habe ich anders in Erinnerung«, »Könnte es nicht sein, dass A?«, »Liegt vielleicht eine Unstimmigkeit vor bei A?«, oder: »Ich bin mir nicht ganz sicher, aber Sie sagten eben A. Sollte es nicht B sein?«, oder: »Ein bisschen widerspreche ich, denn gerade A hat gezeigt, dass …«

Gleichzeitig sichern Sie sich mit Wendungen dieser Art selber ab, falls die Dozentin keinen Fehler, sondern Sie sich geirrt haben. Die Befürchtung, selber nicht ganz richtig zu liegen, lässt übrigens viel zu viele in Lehrveranstaltungen komplett verstummen. Nur wirklich ärgerlich ist, wenn Sie beim Zuhören auf eine Unvereinbarkeit in den Ausführungen stoßen, stutzen, sich aus Unsicherheit nicht zu Wort melden und einige Zeit später der Dozent selber erkennt: »Oh, Moment, da habe ich einen Fehler gemacht!« Das ist eine verlorene Chance. Hier hätten Sie sich ohne großen Aufwand darstellen können als das, was Sie sind: scharfsinnig und mitdenkend.

Fragebeitrag

»Was bedeutet eigentlich Persuasion?«

Kaum ein Hochschullehrer wird jemals davon abraten, sich mit einem Fragebeitrag am Geschehen zu beteiligen, weil sich durch jede gestellte Frage das Verstehensniveau aller in der Lehrveranstaltung erhöht. Dennoch birgt eine gestellte Frage das Risiko, sich selber in einem speziellen Bereich als »nicht wissend« zu outen. Je nachdem, welche Dozentin Sie vorne haben, kann schon mal ein rüdes: »Na, das müssten Sie aber eigentlich wissen!«, »Wenn Sie das noch nicht wissen, dann sind Sie eindeutig falsch in diesem Hauptseminar!« oder »Daran merkt man, dass Sie sich nicht mit dem Skript vorbereitet haben!« die Folge sein. Um dem vorzubeugen, setzen Sie voran: »Ich hoffe, diese Frage wurde nicht schon gestellt, aber was bedeutet A?«, oder: »Auf die Gefahr hin, dass es im Skript steht, aber wie findet man A?« Grundsätzlich sollte sich aber niemand angewöhnen müssen zu vorsichtig zu fragen, denn dafür studieren Sie schließlich, um Fragen zu stellen und Antworten zu erhalten. Um aber mit höherer Wahrscheinlichkeit möglichst wohlwollende Antworten von Lehrenden zu erhalten, gibt es einige Tricks.

Der erste: Vermeiden Sie ein Doppelt- und Dreifachreden, denn so produzieren Sie unnötige Fehler, die der fachkompetenten Selbstpräsentation schaden.

Angenommen, Sie besuchen eine Vorlesung in Rhetorik und stellen die Frage: »Gibt es eigentlich Stilfiguren, die zwischen Metapher und der Metonymie stehen?« Dann hätten Sie es dabei belassen sollen und nicht noch zusätzlich anfügen: »Wie zum Beispiel dumm wie Bohnenstroh?« Denn der Lehrende antwortet: »Also das ist schon mal gar keine Metapher, sondern ein Vergleich!«

Der zweite: Sichern Sie jedes *Detail* fragend ab. Nebenbei steigern Sie auf diese Weise die Spannung für Hörer und Lehrende: »Eben sagten Sie A. Sind Sie dann mit B auf C gekommen?« Dozentin nickt. »Und dann von C wieder auf D?« Nickt wieder. »Liegt denn dann nicht zwischen A und D die Funktion E?« Dozentin dämmert es.

Der dritte: Stellen Sie Fragen zum Thema. Viele Hochschullehrer bemängeln, dass am Thema vorbeigefragt wird. Falls es sich nicht vermeiden lässt, dann kündigen Sie dies zumindest an und warten, ob die Seminarleitung jetzt oder später darauf antworten will: »Ich habe eine kurze Frage, die vielleicht nicht ganz zum Thema passt, aber doch wichtig ist ...«, oder: »Kurz eine Frage, wenn auch nur am Rande ...«, oder: »Ich habe eine Frage, die vom Thema wegführen könnte. Kann ich sie jetzt stellen oder lieber später?«

Der vierte: Verwenden Sie ruhig den *Konjunktiv*. Ein »Würden Sie denn behaupten, dass Goethe schöner als Schiller war?« hört sich eher nach wissenschaftlicher Auseinandersetzung und Aufforderung zum Austausch von Argumenten an als »Meinen Sie denn, dass Goethe schöner als Schiller war?«. Alle »Glaubens- und Meinungsworte« wirken schülerhaft. Formulierungen wie »Finden Sie denn, dass Goethe schöner als Schiller war?«, »Glauben Sie, dass Goethe schöner als Schiller war?« vermeiden! Schließlich geht es im akademischen Umfeld um Wissenschaftlichkeit, nicht um Glauben.

Meinungsbeitrag (Statement)

»Ich denke, dass die Wissenschaft sehr wohl weiß, wann sie Rhetorik betreibt und wann nicht. Letztlich aber geht doch diese Entscheidung auf den einzelnen Wissenschaftler, vielleicht auch auf Entscheidungen des Instituts zurück und da kann man dann auch die Verantwortung dafür festmachen!«

Ein Meinungsbeitrag oder Statement beinhaltet Ihre persönliche Haltung zu einem bestimmten Thema. Allerdings darf die entsprechende Begründung nicht fehlen. Zwar werden im wissenschaftlichen Umfeld Meinungen nicht immer begründet. Aber solche Aussagen interessieren nur dann, wenn sie von jemandem geäußert werden, der sich bereits einen Namen gemacht hat. Ein Hochschullehrer darf in einer fachlichen Debatte zu einem Kollegen sagen: »Also, ich finde, das ist Unsinn!«, daran nimmt keiner Anstoß. Für alle anderen aber gilt: Meinungen stets nachvollziehbar begründen (argumentieren).

Daher ist es unklug, wenn Sie sich voreilig zu einer Meinungsäußerung hinreißen lassen und zum Beispiel losprusten: »Das finde ich aber gar nicht!«, denn darauf erfolgt mit Sicherheit die Rückfrage: »Und, warum nicht?«, oder: »Aha, hinten rechts Widerspruch. So, und jetzt die Begründung!« Wer dann keine Antwort darauf weiß, durchlebt einen unangenehmen Moment. Wer allerdings inhaltlich fit ist und seine Argumente im Hinterkopf hat, darf mit einem »Das finde ich nicht!« einleiten, wenn anschließend die Begründungen folgen. Versiert wirkt es auch, wenn persönliche Ansichten, Meinungen oder Auffassungen zu einem bestimmten Thema komplett hinter Argumentationen verborgen werden.

Sie befinden sich heute in einer germanistischen Veranstaltung und die junge Dozentin, die nebenbei auch Psychologin ist, neigt dazu, literarische Werke ausschließlich aus psychologischer Sicht zu interpretieren. Sie finden das störend, vor allem weil in der Abschlussprüfung auch andere Interpretationsverfahren geordert werden. Sie können nun direkt oder indirekt vorgehen. Direkt wäre: Sich melden und darum bitten, nicht so einseitig Lehrinhalte zu vermitteln. Indirekt wäre: Sich mit einem begründeten Statement zu Wort zu melden: »Sie interpretieren psychologisch …« Dozentin nickt, Sie fahren fort: »Ich könnte mir vorstellen, dass eine Interpretation, die das Werk als solches bestehen lässt und die Wirkung auf den Rezipienten in den Vordergrund rückt, eine ganz andere Sichtweise eröffnet.« Es bleibt zu hoffen, dass die Dozentin dezente Hinweise zu deuten weiß, vor allem, wenn Sie solche Statements häufiger abgeben. Falls nicht, muss der direkte Weg gewählt werden. Vermeiden sollten Sie nur ein: »Ich glaube nicht, dass psychologische Erklärungen hier so gut sind«, denn das ist schülerhaft und positioniert nicht als gleichwertig.

Suasorischer Beitrag

»Ich fand Ihre Ausführungen sehr interessant, vor allen Dingen war mir vorher gar nicht klar gewesen, wie stark Wissenschaft und Rhetorik miteinander verzahnt sind!«

Eine Äußerung, die dem Dozenten um den Bart geht, nennt man auch suasorischen Beitrag. Suasorie ist Schmeichelei. Auch wenn es in Richtung Schleimen tendiert, komplett unterlassen sollten Sie suasorische Beiträge nicht. Natürlich hört auch die Lehre gerne mal ein Kompliment, freut sich über positive Rückmeldung, gelungene Seminare und zufriedene Studierende. Es muss ja nicht gleich in Lobgesang enden, aber dann und wann mal etwas Nettes zur Dozentin zu sagen, kann nicht schaden. Auf Tagungen übrigens ist die Suasorie weitaus verbreiteter, gar üblich und Teil einer ritualisierten Höflichkeit. Beiträge zielen darauf ab, dem Referenten Gelegenheit zu verschaffen, seine Inhalte noch länger (noch einmal, noch ausführlicher oder detailreicher) zu präsentieren: »Habe ich Sie richtig verstanden, dass A? Könnten Sie darauf noch einmal eingehen?«, oder: »Sie verweisen auf A. Wie meinen Sie das?«, oder: »Thema Ihres Vortrags war A. Vor allem am Ende deuten Sie an, dass AB. Könnten Sie das noch einmal konkretisieren?«

Verknüpfungsbeitrag

»Die Untrennbarkeit von Sprache und Rhetorik spielt ja auch in der Alltagskommunikation eine Rolle. Es gibt ja keine Kommunikation ohne den Willen, den anderen irgendwie zu beeinflussen. Keiner kann nicht kommunizieren, wie Watzlawick sagt. Es handelt sich also nicht

ausschließlich um ein auf die Wissenschaftskommunikation zugeschnittenes Problem, sondern ist eines mit viel weiteren Dimensionen.«

Ein Verknüpfungsbeitrag basiert auf der originellen Verknüpfung unterschiedlicher Themen- oder Sachbereiche. Originell ist das, was für die anderen neu ist. Sie können niemals ganz sicher sein, was nun genau bei den anderen Zuhörenden oder beim Dozenten einen Überraschungseffekt (Aha! Sieh mal an! Echt? Stimmt!) auslöst. Aber je mehr Sie Ihre Aufmerksamkeit darauf richten, interessante Äußerungen zu machen, desto mehr setzen Sie sich unter Druck. Versuchen Sie, nicht darauf zu achten, wie Ihre Äußerung wirken könnte, sondern bleiben Sie bei den Inhalten selber. Denn diese sind das Einzige, was zählt. Die Wirkung ergibt sich von ganz alleine.

Angenommen, Sie besuchen heute eine Einführungsveranstaltung in BWL. Der Dozent spricht davon, mehrere Arbeitsaufgaben auf einzelne Mitarbeiter zu verteilen, und dabei fällt der Begriff des Multitaskings. Ihnen fällt ein, dass Sie diesen Begriff eigentlich aus der Informatik kennen, und Sie melden sich mit einem Verknüpfungsbeitrag zu Wort: »Ich kenne den Begriff Multitasking eigentlich aus der Informatik, nämlich wenn ein Betriebssystem mehrere Tasks, also Aufgaben, gleichzeitig ausführt. Hat das damit etwas zu tun?« Dieser sinnvolle Beitrag wird vom Dozenten aufgegriffen, indem er erklärt, dass dieser von jenem Begriff stammt.

Gute Verknüpfungsbeiträge beruhen auf Geistesblitzen, sich plötzlich einstellenden Fragen, Assoziationen oder Querverbindungen. Lassen Sie diese Ideen nicht ungenutzt, sondern notieren Sie sie gegebenenfalls kurz, warten Sie auf den richtigen Moment, und melden Sie sich damit zu Wort.

Strukturierender Beitrag

»Ich bin derselben Ansicht wie Kai Müller eben: Alle Wissenschaft ist schon rhetorisch, finde aber auch den ethischen Einwand von Claudia Beckenfeld wichtig. Ich denke, dass eine Untrennbarkeit zweier Dinge durch die Reflexion darüber getrennt werden könnte ...«

Mit einem strukturierenden Beitrag greifen Sie auf Inhalte der anderen mündlichen Beiträge zurück, ordnen diese und fügen eine Kleinigkeit (neuer Aspekt, erweiternder Ansatz, weiterführender

Gedanke) hinzu. Auf diese Weise lässt sich auch erst am Ende des Vortrags in eine Diskussion mit einsteigen, gerade wenn Sie ansonsten
nicht allzu viel von den Ausführungen selber mitbekommen haben.
Halten Sie sich eng an die Inhalte aus Beiträgen der anderen Teilnehmer und spannen Sie keine allzu große Bögen. Häufig neigen Diskussionen dazu, aus dem Ruder zu laufen. Sobald Sie das merken, können
Sie strukturierend eingreifen, noch einmal die wichtigsten Positionen
wiederholen und anschließend dazu auffordern, wieder zum eigentlichen Thema zurückzufinden: »Wir haben jetzt viel geredet über A.
Das eigentliche Thema aber war B. Vielleicht könnten wir wieder
dahin zurückfinden!« Wer will, kann dezenter darauf hinweisen, dass
man jetzt nicht mehr wirklich zielführend diskutiert: »Ich glaube,
Thema war A. Deswegen meine ich, dass Thomas Recht hat mit B.
Aber auch der Einwand von Manu ist wichtig, der wieder zu der Aus-
gangsfrage A führt.« Selbstverständlich können Sie mit strukturierenden Beiträgen auch lenkend ins Geschehen eingreifen und eine möglichst unauffällige Verschiebung des Themas vornehmen. Vielleicht
geht es gar nicht um A, sondern um A1 und Sie wollen aber, dass es
um A geht, weil Sie ein Vertreter der These von A und nicht von A1
sind: »Herr Baumann hat die Frage von B aufgegriffen, mit der Konsequenz, dass A. Frau Saalfeld macht, finde ich, den guten Einwand
des C geltend, der dann doch die Gültigkeit von A1 untermauert. Hier
zeigt sich die große Bedeutung von A1 im Kontext mit ...« Wer solche
kleineren Manipulationen vornehmen will, steht nicht alleine. In wissenschaftlichen Diskussionen geht es häufig genug auch um Recht
haben und Recht behalten. Dafür werden schon kleinere sprachliche
Tricks eingesetzt. Ob Sie hier mitmachen wollen, liegt bei Ihnen.
Abgesehen davon sind strukturierende Beiträge eine relative einfache
Variante, sich positiv einzubringen, und in unterschiedlichen Veranstaltungen gut einsetzbar.

Überflüssiger Beitrag
*»Ich muss unterbrechen, warum führen Sie nicht die ältere Forschung
an und warum erwähnen Sie nicht die Schriften von Beck und Maibaum?«*
     Es gibt auch mündliche Anmerkungen, die als überflüssiger Beitrag
qualifiziert werden können. Zu fragen, wieso jemand etwas nicht

erwähnt, gehört zum Beispiel dazu. Die Antwort darauf liegt auf der Hand: weil die Dozentin es nicht als wichtig erachtet, nicht kennt oder einfach nicht erwähnen will. Solche Anmerkungen bringen also keinen Fortschritt.

Anders, wenn Sie das von der Dozentin Unerwähnte als eigene Information mit hineinbringen und als Alternative vorschlagen: »Ich könnte mir vorstellen, dass der Ansatz von Beck und Maibaum auch praktisch umsetzbar ist, zum Beispiel bei …«, oder: »Meiner Ansicht nach findet man auch schon in der älteren Forschung Vorläufer für die Erkenntnis, dass …« Rhetorisches Vorgehen erfordert immer ein Abwägen: Wann ist es sinnvoll, eine mündliche Anmerkung zu machen, wann überflüssig? Selbst wer wirklich interessante Informationen beizusteuern hätten, sollte diese manchmal lieber zurückhalten. Wann? Dazu ein Beispiel:

Sie hören in einer Gastvorlesung: »Im Jahre 2100 wird die durchschnittliche Lebenserwartung bei 94 Jahren liegen«, dann fragen Sie sich, worauf diese Zukunftserwartung beruht. Sie wissen, dass derartige Aussagen publikumswirksam sind, und würden gerne einen *Fragebeitrag* anbringen. Zum Beispiel könnten Sie nach der Quelle fragen wollen, um diese anschließend anzuzweifeln, weil Sie andere Zahlen im Hinterkopf haben. Im Rahmen eines Seminars wäre dies sicherlich angemessen. Bei Gastvorlesungen oder sonstigen festlichen Veranstaltungen ist es besser, vorher darauf zu achten, in welchem Zusammenhang die Inhalte stehen. Hier zum Beispiel wurde die Aussage in der Einleitung des Vortrags verwendet, in Absicht eines *attentum parare*, also einer Aufmerksamkeitssteigerung. Wer an dieser Stelle unterbricht, weil er sich zur Wort meldet, stört den geplanten Redeaufbau des Referenten.

Es soll damit nicht gesagt sein, dass Sie nicht jedes Recht hätten, zu stören, wenn Sie »begründete Zweifel« am Gesagten haben, aber es ist doch abzuwägen, ob die beabsichtige Äußerung der positiven Kompetenzdarstellung nutzt oder schadet. Versuchen Sie, verschiedene Schichten des Gesagten zu unterscheiden. Das, »was gesagt wird«, wird häufig von dem, »warum es gesagt wird«, überlagert. Es gehört ein wenig Fingerspitzengefühl dazu und die Klugheit, Sprecher gut dastehen zu lassen. In diesem Fall bedeutet das für den Moment zu schweigen.

Wie man in Veranstaltungen positiv auffällt

Wer heute den Kopf in den Sand steckt, knirscht morgen mit den Zähnen.
(Unbekannt)

Lehrveranstaltungen sind Ihr Circus Maximus, der Ort, an dem Sie
während des Semesters rhetorisch agieren. Sie eignen sich Wissen an,
sind verstrickt in fachliche Fragen und Dispute und analysieren doch
unauffällig den Dozenten und seinen Vortrag. Ihre Absicht ist klar:
Fakten herausfiltern, die zum erfolgreichen Bestehen der späteren
Prüfungen beitragen. Dazu zählen Informationen über den Dozenten
selber (Prüferpersönlichkeit) und fachliche seine Ausführungen
betreffend.

Vorlesung

Zu einem großen Sprung gehört ein großer Anlauf. (Unbekannt)

Grundsätzlich lassen sich Lehrveranstaltungen nach dem Kriterium
des Dialogischen von der Vorlesung[20] als die am wenigsten dialogische
Form bis zum Kolloquium als die dialogischste Veranstaltungsart einordnen. Daraus ergibt sich die Frage: Lässt sich überhaupt in einer
Vorlesung rhetorisch agieren? Hört man dort nicht die längste Zeit nur
schweigend zu? Schließlich beansprucht der Dozent die gesamte
Redezeit für sich. Das ist richtig und dennoch ist Raum für intensive
Rhetorik. Die rhetorische Aktivität als Zuhörer ist nur passiver Natur.
Ein Widerspruch? Ja und nein. Ja, weil scheinbar zur selben Zeit
einander entgegengesetzte Handlungen vorliegen (passives Zuhören
und aktive Rhetorik), und nein, weil rhetorisches Zuhören nicht passiv, sondern aktiv ist. Während in dialogisch ausgerichteten Lehrveranstaltungen wie Seminare, Workshops, Kolloquien der Schwerpunkt
der rhetorischen Aktivität auf der sprachlichen Äußerung liegt, wird
in der Vorlesung die Aufmerksamkeit auf die Beobachtung und
gründliche Vorbereitung des späteren Beitrags fokussiert. Und die
Inhalte? Geht man nicht in die Vorlesung, um sich Zusammenhangs-
wissen anzueignen? Selbstverständlich und keiner hindert Sie daran,

denn darum geht es. Die Vorbereitung der mündlichen Anmerkung in rhetorischer Absicht verschwimmt mit effizienter Wissensaneignung. Bei der Beobachtung des Dozenten entfernen Sie sich kurzzeitig davon, aber zugunsten von taktischem Wissen, das für spätere Prüfungen, Hausarbeiten, Abschlussarbeiten von Vorteil ist.

1. Beobachtung

Während Sie der Vorlesung folgen, nehmen Sie eine Einschätzung des Dozenten vor (Siehe Einschätzungstabelle), analysieren sein Argumentationsschema (Ist die Argumentation typisch für ihn? Argumentiert er auch in anderen Veranstaltungen so? Welche Thesen vertritt er? Welche Schwerpunkte hat er? Welche Ansätze?) und betrachten ihn unter dem Aspekt des akademischen Fortkommens. Kann er Ihnen von Nutzen sein? Wenn ja, dann lohnt sich rhetorisches Agieren.

2. Vorbereitung einer mündlichen Anmerkung

Wenn Sie rhetorisch sein wollen, dann verengen Sie Ihr Zuhören auf die besprochenen Höraspekte wie zum Beispiel: Was könnte problematisch sein? Welche Ursachen gibt es für etwas, welche Folgen? Welche Probleme ergeben sich? Ist das Gesagte aktuell? Welche Analogien lassen sich bilden? Wie ist die Argumentation und an welcher Stelle ist sie angreifbar? Welche Definitionen werden zugrunde gelegt und bin ich damit einverstanden? Geht der Dozent auch exakt vor? Oder oberflächlich? Was lässt er aus? Was will ich aber noch wissen? Welche Thesen nennt er? Welche habe ich? Nennt er ausreichend Quellen? Resultat ist ein Bündel von Ideen für qualifizierte Äußerungen. Im Folgenden sind die für eine Vorlesung relevanten Beitragsformen aufgelistet, die sich durch diese (rhetorische) Vorgehensweise ergeben: Füllen Sie diese mit Inhalten.

Rhetorisches Agieren = Verengen Sie Ihr Zuhörverhalten auf folgende Fragen	Geeignete Beitragsformen am Ende der Vorlesung
Was ist relevant für die Klausur, die anstehende Hausarbeit, Bachelor- oder Masterarbeit, und was davon habe ich nur teilweise verstanden?	Am besten in Form eines Fragebeitrags (S. 70 f., 79 ff.)
Ist etwas besonders relevant, entweder für den Scheinerwerb oder aus Interesse, und wurde nur halb verstanden (weil der Geräuschpegel zu laut war oder aus sonstigen Gründen)?	Absichernder Beitrag (S. 71)
Sie haben zwar verstanden, sind aber dennoch unsicher, ob es wirklich richtig ist?	Wissensabsichernder Beitrag (S. 71 ff.)
Relevantes und Nacharbeitsintensives habe ich nicht verstanden?	Klärender Beitrag (S. 73 ff.)
Die Inhalte sind zu theoretisch und können gar nicht in Bezug zur Praxis gebracht werden?	Anwendungsbeitrag (S. 75)
Wichtiges wurde gar nicht erwähnt?	Wissensbeitrag (S. 75 f.)
Der Dozent hat Fehler gemacht?	Fehlerbeitrag (S. 79)
Spezielles, einzelne Punkte, wichtige Einzelheiten hat der Dozent nicht ausreichend vermittelt?	Fragebeitrag (S. 79 ff.)
Meine Ansicht ist konträr zu der des Dozenten?	Statement (S. 81 f.)

Seminar

If you don't drive your business, you will be driven out of business. (Bertie
Charles »B.C.« Forbes, Verleger)

Im Seminar befinden sich weniger Hörer als in einer Vorlesung, deswegen herrschen dialogischere Strukturen vor und das rhetorische
Agieren wechselt seinen Schwerpunkt vom Analysieren und Beobachten zum halbspontanen Beitrag, der nur wenige Augenblicke zuvor
mit Stichworten skizziert und dann ohne weitere Überlegungen ins
Seminargeschehen eingebracht wird. Dieses rhetorisch-praktische
Agieren ist dann möglich, wenn auch tatsächlich ein Seminargespräch
stattfindet, der Dozent Fragen stellt und zulässt, gegebenenfalls eine
Diskussion entsteht. Wenn eine Veranstaltung zwar als Seminar ausge-
schrieben, sich aber dennoch über 100 Studenten im Raum befinden,
dann bleibt Ihnen nur das Vorgehen wie in einer Vorlesung. Denn de
facto handelt es sich um eine Vorlesung, in der viele den monologischen Ausführungen des Dozenten zuhören.

Das für optimale Wissensaufnahme perfekte Seminar ist das kleine
Seminar mit drei bis sieben Teilnehmern. Allerdings ist häufige Mitar-
beit ein Muss und niemand kann sich folgenlos leisten, permanent zu
schweigen. Rhetorische Actio beginnt bei kleinen Seminaren mit der
Vorbereitung auf das Thema der jeweiligen Veranstaltung. Setzen Sie
Prioritäten. Vernachlässigen Sie ggf. große Seminare mit Vor- und
Nachbereitung, niemals die kleinen, in denen die Dozentin Sie bereits
mit Namen kennt.

In großen Seminaren können Sie in der Masse leichter untertau-
chen. Verrechnen Sie sich aber nicht, denn vehemente Schweiger werden von Lehrenden aktiv registriert. Selbst bei 80 oder 100 Hörern
im Raum behalten Dozenten Einzelne doch im Blick. Gelangweilte
Mimik und müde Gestik einzelner Hörer prägen sich ein und werden
erinnert (bis in die Abschlussprüfung hinein!). Auch wenn wegen der
hohen Anzahl Studierender keine Namen zugeordnet werden können,
die Gesichter werden erinnert[21].

Die Anforderungen an die Qualität mündlicher Anmerkungen im
Seminar unterscheiden sich von denen in einer Vorlesung. Im Seminar
wird eine gesprächsähnlichere Formulierung erwartet, während Bei-

träge nach einer Vorlesung formeller gehalten sind (auf Tagungen oder bei Gastvorlesungen werden Beiträge schon beinahe schriftsprachlich formuliert). Das Einhalten der Dreierbeitragsstruktur sollte im Seminar also flexibler gehandhabt werden.

Vorrufe sind geschickt (»Kurze Frage!«, »Dazu hab ich eine Frage!«, »Kann ich kurz dazu etwas sagen?«), um deutlich zu machen, wie und warum man die Ausführungen der Dozentin unterbrechen will. Stellen Sie sich auf Rückfragen des Dozenten ein: »Wieso meinen Sie das?«, »Wie kommen Sie darauf?«, »Wie sieht denn Ihre Begründung dafür aus?« Wenn Sie sich die Antworten erst spontan überlegen müssen, ärgern Sie sich häufig hinterher. Also die Anmerkung lieber wenige Sekunden vor dem Aufzeigen in ein/zwei Worten skizzieren und kurz darüber sinnieren, wie die Begründung aussieht.

Das A und O bei Seminarbeiträgen ist die *Regelmäßigkeit*. Ein noch so guter Beitrag zu Beginn des Semesters ist in der zweiten oder dritten Sitzung in Vergessenheit geraten. Der angenehme Eindruck besteht eine Weile fort, verblasst jedoch von Sitzung zu Sitzung, sofern er nicht durch immer wieder neue mündliche Beiträge aufgefrischt wird. Es genügt jeweils ein einziger hochwertiger (also nicht schlechter oder gar falscher) Beitrag pro Veranstaltung, um positiv im Gedächtnis zu bleiben. Um diese Regelmäßigkeit zu erreichen, überprüfen Sie Ihr Anspruchsniveau. Schrauben Sie weder die Leistungsgüte noch -menge zu hoch. Wichtig ist tatsächlich, dass Sie dem Lehrenden jedes Mal aufs Neue durch mündliche Mitarbeit (verbalisiertes Mitdenken, Nachfragen) positiv auffallen. Alles darüber Hinausgehende kann, muss aber nicht.

Manche Seminare werden von (über-)eifrigen Pädagogen geleitet. Ihre Veranstaltungen gleichen dem Schulunterricht. Willkürlich wird jemand aus heiterem Himmel aufgefordert, sich zu einem bestimmten Punkt zu äußern: »Na, was meinen Sie denn dazu?«, oder: »Wie berechnet man das, mhm? Sagen Sie doch mal was dazu!«, oder: »Wie könnte man das angehen? Sie mit dem roten Pullover, was meinen Sie?« Diese Vorgehensweise bezeichnet man als *kolloquiale Nötigung*, weil der Hörer durch das Aufrufen zu einer sprachlichen Äußerung genötigt wird[22]. Tatsächlich geschieht es nicht immer ohne Vorsatz. Der Grund liegt in der Persönlichkeit des jeweiligen Dozenten (Auskosten einer Machtposition). So bemerkt Werner Sacher in Hinblick

auf den schulischen Bereich: »Die Lehrkraft kann mit dem Zwangs-
aufruf ebenfalls negative Gefühle verbinden, zum Beispiel Ärger und
Enttäuschung darüber, dass sich niemand meldet. Sie kann aber auch
neutral reagieren oder sogar positive Gefühle haben, zum Beispiel die
Macht genießen, einen Schüler zur Äußerung vor der Klasse zu zwingen, einen unaufmerksamen oder gar störenden Schüler zu überführen
und zu disziplinieren usw.«[23]

Diese Erkenntnis bringt für die Seminarsituation allerdings wenig.
Sie stehen, ob Sie wollen oder nicht, vor der Herausforderung, antworten zu müssen, und jeder Antwortversuch birgt das Risiko, falsch
zu liegen. Eine beliebte »Falle« ist die unvermittelte Frage in die
Runde. Der Dozent referiert über ein Thema, zum Beispiel in Psychologie über den Begriff des »Schemas«. Unvermittelt fragt er in die Reihen: »Studiert einer Philosophie?« Wenn Sie in argloser Manier die
Hand heben, weil Sie glauben, antworten zu müssen, dann folgt: »Und
– wie lautet in der Philosophie der Schemabegriff?« Noch im selben
Moment ist es zu spät. Ein Rettungsversuch besteht in einer Gegenfra-
ge: »Welchen Philosophen haben Sie im Kopf? Oder welche Schule?«
Wenn weiterhin auf exakte Antwort bestanden wird und Ihnen niemand hilfreich unter die Arme greift, ist es ein Minuspunkt für Sie.
Aber zumindest haben Sie gelernt, das nächste Mal nicht zu voreilig
aufzuzeigen.

Anders kann es sein, wenn der Dozent fragt, wer einen bestimmten
Aufsatz gelesen hat. Wenn sich mehr als fünf melden, könnten Sie versuchen sich ebenfalls zu melden, um nicht schlechter als die anderen
dazustehen. Allerdings ist das nicht sonderlich effektiv. Dozenten
merken sich die Gesichter von Studierenden in solchen Situation
nicht. Sie können es also tun oder lassen. Kritische, anschauliche, skur-
rile oder erstaunliche Beiträge sind es, die Ihnen einen nachhaltigen
Platz im Gedächtnis des Dozenten sichern.

Bei Seminarveranstaltungen mit geringer Teilnehmerzahl spielt die
passive Rhetorik, vor allem das *Rückmeldeverhalten,* eine Rolle.[24] Es
schadet nicht, wenn Sie aufmerksamkeitsbezeugende Hörsignale abgeben, zum Beispiel nicken, wenn die Lehrende mit ihren Blicken fragend durch die Reihen streift. Bestätigen Sie Dozenten in ihrer Spre-
cherrolle und antworten Sie, wenn gefragt wird: »Verstehen Sie
mich?« Es ist ganz unnötig, dann unauffällig wegzusehen und nichts

zu sagen. Es verbessert das Klima, wenn Sie mit »ja« antworten, mehr noch, wenn Sie ein »nicht ganz« zugeben. Runzeln Sie die Stirn, wenn Unklarheiten bestehen, signalisieren Sie Ihre Einstellung, kommentieren Sie mimisch. Wenn sie wollen, setzen Sie sogenannte Rückmeldepartikel ein, also zustimmendes »mhhh«, oder vollenden Sie die angefangenen Sätze der Lehrenden (eine Eigenart mancher Dozenten, Sätze nur zu beginnen und von Studierenden beenden zu lassen).

Paraphrasieren Sie mit kleinen Ergänzungen, wenn Sie merken, dass die Dozentin das von Studierenden gewöhnt ist. Dozentin: »... funktioniert auf der gleichen Ebene.« Sie: »Auf der gleichen sozialen Ebene«, Dozentin: »Richtig, auf der gleichen sozialen Ebene.« Stellen Sie unauffällige kleine Zwischenfragen: Dozent: »... die Niveaus sind bei 3 und 4 angesiedelt.« Sie: »Prozent?«, jener nickt. Auf diese Weise werden Sie von Lehrenden registriert und in den folgenden Veranstaltungen wiedererkannt, bestenfalls direkt angesprochen und gefragt, ob Sie (persönlich) die Lehrinhalte verstanden haben oder noch Rückfragen vorhanden sind.

Einige errreichen mit diesem Verhalten eine *Manipulation* des Dozenten: Durch kritische oder zweifelnde Kommentarsignale veranlassen sie ihn, Standpunkte zu präzisieren, Argumente nachzuliefern oder gar Ernsthaftigkeitsbeteuerungen nachzuschieben. Vergessen Sie aber nicht, dass Dozenten sich nicht vor Ihnen fürchten sollten (vor allem unerfahrene Lehrende), denn schließlich wendet sich das Blatt spätestens dann, wenn dieser Ihnen als Ihr Prüfer gegenübersitzt. Andererseits können Sie es sich leisten, als starke Studentin aufzutreten, der man nicht alles vorsetzen kann, die mitdenkt und bei Unstimmigkeiten die Stirn runzelt. Auf die Frage, was Hochschullehrer bei heutigen Studierenden am häufigsten vermissen, wurde »mangelndes Selbstbewusstsein« oft genannt (vgl. Umfrage im Anhang).

Fachtagungen

Der Erfolgreichste im Leben ist der, der am besten informiert ist. (Benjamin Disraeli, Politiker)

Ungewöhnlich mag es erscheinen, aber zielführend ist es, wenn Sie bereits als Studierende an Fachtagungen teilnehmen. Vielleicht verstehen Sie inhaltlich noch nicht viel, können dafür aber beobachten, wie sich im akademischen Umfeld ausgedrückt wird und wie eine wirkliche (außerhalb des Lehrbetriebs stattfindende) Fachkommunikation oder -diskussion abläuft. Eine bessere Vorbereitung auf mündliche Abschlussprüfungen gibt es nicht, denn wo sonst können Sie Fachgespräche mit anhören? Wenn in der mündlichen Prüfung das »wissenschaftliche Gespräch« gefordert ist, sollten Sie zumindest wissen, welches Verhalten von Ihnen erwartet (bewertet) wird. Denn nur dann ist eine adäquate Vorbereitung möglich.

Zum Ablauf von Tagungen: Normalerweise beginnen Tagungsveranstaltungen mit einer höflichen Einführung durch den Tagungsleiter: »Ich freue mich, Sie heute in diesem wunderschönen Rokkokosaal der Mannheimer Universität begrüßen zu dürfen...«, und enden auch wieder höflich: »Ich danke Ihnen ganz herzlich für Ihr zahlreiches Erscheinen und die anregende Diskussion der letzten dreiviertel Stunde. Gemäß dem Motto ›mens sana in corpore sano‹ möchte ich die Tagung hiermit beenden und das Büfett im kleinen Festsaal eröffnen!«

In aller Regel sind Vorträge bei wissenschaftlichen Zusammenkünften kürzer als eine Vorlesungsstunde (90 Minuten) und dauern oft nur 20 bis 45 Minuten, abhängig davon, wie viele Referenten in welchem Zeitraum zu Wort kommen sollen. Meist finden Sie einen Zeitplan im Tagungsprogramm, das Sie vorher anfordern oder im Internet einsehen und das meist auch an der Tür des Veranstaltungsraums klebt bzw. aufgestellt ist. Im Anschluss an Vorträge und Präsentationen werden Fragen zugelassen und eine Diskussion durch die Tagungsleitung eröffnet: »Ich danke Dr. Müller für die interessanten Ausführungen zu A und bitte nun, Fragen zu stellen.«

Ganz grob lassen sich auf Tagungen die Fach- von den Meinungsvorträgen unterscheiden. Der *reine Fachvortrag*[25] enthält die Darstellung wissenschaftlicher Strömungen, Streitigkeiten, Ergebnisse und

Forschungsgebiete. Der jeweilige Referent spricht mit dem Anspruch auf Objektivität und verbirgt Subjektivität. Anbei: Wer eine Vorlesung besucht, hört meist Fachvorträge (Beispiel: eine Mathematikvorlesung, in der es um Lineare Algebra geht). Aber auch in den jeweiligen Übungsgruppen sind Fachvorträge die Regel. Weil diese Vortragsform häufig im Rahmen der Lehre vorkommt, bezeichnet man sie auch als Lehrvortrag (manchmal auch Lehrervortrag). Kennzeichen von reinen Fach- bzw. Lehrvorträgen[26] sind: (1) Das Wort »ich« findet sich nicht häufig. (2) Die Sprache ist fachlich und nüchtern. (3) Inhalte werden ausführlich vorgestellt und erläutert. Reagieren Sie darauf, indem Sie in Ihren mündlichen Anmerkungen (Fragen, Antworten, sonstigen Beiträgen) möglichst objektiv formulieren und gegebenenfalls die strenge Form der Dreierbeitragsstruktur einhalten. In diesen Situationen sollten Sie mehr denn je auf unbegründete Subjektivitäten verzichten (katastrophal wäre: »Das glaub ich nicht, weiß aber auch nicht richtig, warum!«) und sich nüchtern, genau, wenn möglich fachsprachlich ausdrücken.

Der **Meinungsvortrag** ist gekennzeichnet durch deutliches Hervortreten der individuellen Meinung des Referenten und kommt auf Tagungen, Kolloquien, Arbeitstreffen sehr häufig vor. Wissenschaftliche Ergebnisse werden beim Meinungsvortrag deswegen ausführlich dargestellt, um daran anknüpfend eigene Thesen vorzustellen. Der Vortragende grenzt sich klar von den Auffassungen der einen Wissenschaftsgruppe ab und neigt sich der Auffassung anderer zu. Ein absoluter Wahrheitsanspruch wird dabei aber nicht erhoben. Oft schließen sich normative Forderungen an, wie zum Beispiel: »Wir sollten deswegen die bisher bestehende Gesetzgebung dahin drängen, eine Änderung nicht nur beim § 211 RhetG durchzusetzen, sondern auch bei §212 RhetG.« Ein Meinungsvortrag liefert durch seine subjektiven Ausführungen gute Anknüpfungspunkte für mündliche Beiträge. Weil der Vortragende seinen eigenen Standpunkt öffentlich macht, erlaubt er damit automatisch auch den Zuhörern im Plenum, den ihren deutlich zu machen. Aber Vorsicht: Auch an dieser Stelle sind nur begründete Meinungen einer positiven Selbstdarstellung förderlich. Argumentativ wenig unterfütterte und unstrukturierte Beiträge erfahren einfach keine Akzeptanz.

Doch nun zu Ihrer Actio als Teilnehmer einer Tagung. Der Tagungsleiter hat freundlich lächelnd dazu aufgefordert, eine rege Diskussion
zu beginnen. Die Anwesenden schweigen bedröppelt. Dann übernimmt ein Zuhörer die Initiatorrolle und stellt die erste Frage, macht
die erste Anmerkung (bei einem sehr schweigsamen Auditorium
übernimmt der Tagungsleiter diese Vorreiterrolle – meist kein Kompliment für den Referenten übrigens). In vielen Fällen sind die jetzt
folgenden Bemerkungen der Hörer fachlich motiviert, aber nicht
weniger selten treibt sie die Höflichkeit an, manchmal auch der
Wunsch nach positiver Selbstdarstellung. Aber das alles ist legitim.
Vor allem die Suasorie (Schmeichelei), wie oben erwähnt, ist beliebt.
Dabei werden die Ausführungen des Referenten gelobt, der Vortrag
positiv bewertet und noch einmal in Kurzform wiederholt: »Ich fand
Ihre Ausführungen über A sehr spannend. Vor allem, dass der Bogen
zwischen A und B gespannt wurde, wirft ein neues Licht auf C.«
Anschließend wird gegebenenfalls auf das eigene Forschungsgebiet
übergeleitet: »Auch in unserem Projekt XY, das ja seit 2005 läuft,
stellte sich die Frage des C«. Als studentischer Teilnehmer sollten Sie
noch keine Suasorie verwenden, denn Sie stehen formal (noch) nicht
auf derselben hierarchischen Stufe mit promovierten oder habilitier-
ten Personen, verfügen auch nicht über einen breiten praktischen
Erfahrungsschatz im diskutierten Fachgebiet, der akademischen
Würden gleichgesetzt werden könnte. Anders als in der Referatesituation; wenn ein Kommilitone eine mündliche Präsentation gehalten
hat, dann darf ein solcher *Referatebeitrag* auch suasorisch sein: »Mir
hat gefallen, wie du am Anfang gezeigt hast, dass A und dann im
praktischen Teil die Anwendung demonstriert hast von B. Ich fände
es noch interessant, zu erfahren, ob C ...« Schauen Sie sich auf Tagungen die Suasorie an. Zurück in Seminarveranstaltungen probieren Sie
diese in Referatebeiträgen aus (das nennt man in der Rhetorik *aemulatio*, also Nachahmung): »Ich fand sehr spannend, wie du A dargestellt hast. Was ist eigentlich AB?«, »Ich muss sagen, ich fand deine
Präsentation toll. Vor allem A«, »Du hast am Anfang erwähnt, dass A.
Kannst du das noch einmal im Details erklären?«, »Mir war vorher
gar nicht so klar gewesen, dass A andere Auswirkungen als B hat.
Woher hast du die Tabelle 3?«
Jetzt zurück zur Tagungssituation und der Frage: Welche Möglich-

keiten haben Sie, um sich als studentischer Teilnehmer bestmöglich auf einer Fachtagung zu präsentieren?

Gleichgültig welche Vortragsart Ihnen auf einer Tagung begegnet, mit einem Fragebeitrag liegen Sie immer richtig. Wenn der Tagungsleiter die Diskussionsrunde einläutet, positionieren Sie sich mit einem hochwertigen Fragebeitrag. Bleiben Sie eng an der Dreierbeitragsstruktur. Führen Sie mit Ihrem Fragebeitrag ruhig weiter, indem Sie die Auffassungen anderer Wissenschaftler ins Spiel bringen. Wer über passendes Spezialwissen verfügt, kann jetzt auch die Thesen und Ergebnisse anderer in einem Wissensbeitrag entgegenstellen. Am geschicktesten aber bleibt der Fragebeitrag, der Ihnen viele Möglichkeiten eröffnet. So können Sie die Suasorie statt einem suasorischen Beitrag zu äußern auch in einen Fragebeitrag verpacken, getarnte Schmeichelei sozusagen. Dafür fragen Sie nach der subjektiven Ansicht zu einer Theorie der wissenschaftlichen Konkurrenz: »Herr Meier vom Fachbereich XY stellt ja die These vom A auf. Sie halten ja dagegen, indem Sie darauf hinweisen, dass A mit B. Könnten Sie das noch einmal kurz präzisieren?« Weil Sie damit treffsicher das Fachgebiet des Referenten getroffen haben, wird diesem eine verlängerte positive Selbstdarstellung ermöglicht. Solch kollegiales Verhalten wird von anwesenden Dozenten (Prüfern, Doktorvätern) wohlwollend bemerkt.

Die inhaltliche Ausgestaltung von Fragebeiträgen ist vielfältig. Es kann entweder *fokussiert* werden, das heißt, Sie picken sich einen Einzelaspekt aus dem Vortrag heraus und stellen dazu eine Frage zum Beispiel nach den *Voraussetzungen* (»Sie erwähnten die XY-Technik. Welche Vorbedingungen sind dafür notwendig?«) oder problematisieren diese (»Die Theorie von der XY-Analyse scheint mir problematisch, vor allem was die Voraussetzungen angeht. Wie würden Sie…?«), nach den *Folgen* (»Welche Folgen hat der von Ihnen erwähnte Umstand, dass…?«) oder problematisieren diese (»Die These von XY finde ich spannend. Allerdings könnte sie die Folge nach sich ziehen, dass A«), bitten um *Erläuterung* (»Wenn Sie noch einmal kurz auf die Hintergründe von XY eingehen könnten«) oder setzen *Einzelaspekte in Bezug* (»Wie passt denn XY mit A zusammen?«).

Beliebt ist auch ein Beitragsvorgehen, dass man *synagogisch* nennen kann. Synagoge ist eine Methode, die Sokrates in seinem Dialog Phaidros (265d) erwähnt, und bedeutet die Rückführung der Vielheit gleichnamiger Phänomene aus dem Bereich der Erfahrung auf die Einheit der Idee. Auch hier sammeln Sie zunächst beim Zuhören interessante Einzelaspekte (entweder mitschreiben oder sich merken, was angesichts der Kürze von Tagungsbeiträgen möglich ist) und subsumieren anschließend unter Übergeordnetes, wie Grundsätze, Leitgedanken, Ideen.

Die Referentin spricht von A, B, C, D, E und F (Einzelaspekte). A, B und F kann man aber zusammenfassen unter X (»Sie sprachen eben von A, B und F, die man doch zusammenfassen könnte unter X ...«). Anschließend lässt sich nach den Ursachen, Folgen, Wirkungen fragen, vergleichen, um Erläuterung bitten oder um Dezidierung (»E und F sehe ich unter dem Aspekt des X. Meinen Sie, das ist zulässig? Könnten Sie darauf noch näher eingehen?«). Wer will, kann X mit ähnlichen X vergleichen (»Die These von XY erinnert mich an die von XX. Wo sehen Sie Unterschiede, wo Gemeinsamkeiten?«) oder X einfach begründet ablehnen (»E und F sehe ich in X. Aber X hat ja anerkanntermaßen die negative Folge, dass ....«). Wer nicht allzu konzentriert zugehört hat, kann sich dennoch zu Wort melden, indem er viele (komplizierte) Punkte des Vortrag zusammenfasst (simplifizieren): »Also, wenn ich das alles, was Sie gesagt haben, zusammennehme, dann ist doch die Essenz, dass ...«, oder: »Kurz auf eine Formel gebracht, heißt das doch ...«, oder: »Die Hauptaussagen Ihres Vortrags in einem Satz zusammengefasst, hieße ...« Ähnlich gehen Sie vor, wenn Sie anschließend den Bogen zur Praxis spannen: »Wenn ich als Pädagoge mir nun Ihre Ergebnisse zunutze mache, dann hieße das für meine Praxis, dass ...«

Wirklich zur Sache geht es, wenn sich fachlich ausgetauscht wird: »Was halten Sie denn von dem sozialwissenschaftlichen Ansatz von Meier/Müller in diesem Zusammenhang?«, oder: »Gute Erfahrungen damit hat ja auch das Team um Professor Meier gemacht, die die neue Methode des A angewendet hat.«

Es beruhigt ungemein zu sehen, wie menschlich es auf einigen wissenschaftlichen Tagungen vorgeht. Da werden Anmerkungen am Thema vorbei gemacht, Fragen aufgeworfen, deren Antworten bereits im Vortrag enthalten waren, und es gibt auch stets den unermüdlichen Mahner, der meistens außen hinten sitzt, mit der wiederkehrenden Mahnung: »Ich würde gerne noch mal auf das eigentliche Thema dieser Tagung zurückkommen«, und der dafür genervte Blicke der anderen Teilnehmenden erntet.

Wenn Sie sich zum ersten Mal auf einer Tagung oder im Rahmen einer offiziell gehaltenen Gastvorlesung zu Wort melden, dann gilt es noch einige Besonderheiten zu beachten. Im Unterschied zu Seminarveranstaltungen unterliegt die Sprechzeit eines jeden Anwesenden einer strengen Reihenfolge. Sich erst am Ende des Vortrags zu Wort melden zu dürfen, nachdem dazu aufgefordert wurde, hat sowohl Vor- als auch Nachteile. Ein klarer Nachteil besteht darin, dass Sie einem möglichen Beitragsimpuls nicht auf der Stelle in einer Äußerung ausleben dürfen. Sie müssen warten, bis Sie mit Ihrem Beitragswunsch an der Reihe sind. Nutzen Sie diese unvermeidbare Wartezeit zur gründlichen Vorbereitung Ihres Sprechbeitrags (Diskussionsbeitrag, Frage, Statement). Skizzieren Sie mit Stichworten, was Sie sagen wollen, und gehen Sie nach der Dreierbeitragsstruktur vor (Paraphrase, eventuell Neuteil, Frageteil). Wenn Sie aufgerufen werden, sagen Sie zum Beispiel nicht: »Welche Probleme wirft XY in der unternehmerischen Praxis auf?«, sondern wenden die Dreierform an: »Sie sprachen eben über XY und deren Entstehungsgeschichte (= Paraphrasenteil). Das fand ich deswegen interessant, weil A einen ähnlichen Ansatz verfolgt (= Neuteil). Jetzt interessieren mich die Probleme, die sich durch die Einführung von XY in der unternehmerische Praxis ergeben könnten. Liegen schon Erfahrungsberichte vor? (= Frageteil)«

Nun noch einige Formalien:
1. Wenn Sie sich zu Wort melden, dann deutlich und für den Tagungsleiter erkennbar. Mut ist hierfür erforderlich, kein verschämtes Zurückziehen der Meldung.

2. Melden Sie sich erst zu Wort, nachdem Sie Ihren Beitrag auf ein Papier skizziert haben und sich ganz sicher sind, dass Sie mit diesen Inhalten eine Frage, Anmerkung wagen sollten.

3. Bei Inhaltsfehlern des Vortragenden (falsche Datenangaben, fehlerhafte Messdaten, falsche Studien, die zugrunde gelegt wurden, alte Forschungsergebnisse, die von neuen widerlegt wurden, unwahre Fakten) frühzeitig zu Wort melden, sonst schnappt Ihnen diese Chance ein anderer Teilnehmer weg.

Überlegen Sie, welche Zeitform Sie Ihren Formulierungen zugrunde legen. Ein »*Sie wiesen darauf hin*, dass A nicht B ist«, klingt etwas akademischer als die Verwendung mit vollendeter Gegenwart: »*Sie haben ja eben darauf hingewiesen*, dass A nicht B ist«, aber auch gezierter.

Rhetorik für heikle Seminarsituationen

Kopf hoch, das Schlimmste kommt noch!

Heikle Studiensituationen gibt's immer wieder. Wenige haben so weitreichende Auswirkungen wie Prüfungen. Da Sie die meiste Zeit in Lehrveranstaltungen oder Praktika verbringen, erleben Sie dort beinahe zwangsläufig auch unangenehme, schwierige, herausfordernde Momente. Mit Taktik und ein bisschen Rhetorik lässt sich die eine oder andere Situation zum Positiven wenden. Im Folgenden ein paar Anregungen.

Problem 1: Was tun, wenn Sie in der Lehrveranstaltung gefragt werden: »Was meinen Sie denn dazu?« – und Sie keine Ahnung haben?
Die unangenehme Situation tritt ein, dass Sie plötzlich vom Dozenten aufgefordert werden, sich zu etwas zu äußern. Nun sollen Sie in einem respondierenden Akt eine inhaltliche Anknüpfung an diese nötigende Initiierung zustande bringen. Kurz: Eine Antwort, die den geforderten Zusammenhang nicht aufgreift, wird nicht akzeptiert. Aus dieser Situation gibt es kleine Notleitern, mit denen Sie versuchen können, sich herauszuhangeln:

1. Wenn Sie mitbekommen haben, dass andere vor Ihnen schon etwas zu dem Thema gesagt haben, dann können Sie mit einem Verweis darauf reagieren: »Ich bin derselben Ansicht wie Thomas« oder etwas variieren: »Ich schließe mich Thomas an, würde aber …«

2. Wenn Sie sonst sehr gut mitarbeiten, dürfen Sie sich ein »Heute will ich mal nichts sagen« leisten.

3. Falls das alles nicht möglich sein sollte, dann bleibt, einen weiterführenden (themenfremden) Gedanken in die Debatte einzuführen. Wenige ahnen, dass Grund dafür ist, dass Sie die bisherige Diskussion verschlafen haben: »Was mir eben durch den Kopf gegangen ist, ist A, der …«, »Mir fiel gerade ein, dass A«, »Ach, in diesem Zusammenhang fällt mir die Problematik des A ein.« Zugegeben, es ist schwierig, an dieser Stelle nicht plump zu wirken. Schauen Sie, was möglich ist. Patentrezepte gibt es nicht, nur kleine rhetorische Strohhalme.

4. Sie können auch zugeben, dass Sie gedanklich weggetreten waren –
allerdings nur deswegen, weil Sie die Inhalte selber in komplizierte
Fragen verwickelt haben: »Ich hab gerade darüber nachgedacht,
wie es möglich sein kann, dass ...« Auf diese Weise können Sie auf
ein längere Zeit zurückliegendes Problem hinweisen (was zum Beispiel vor 5 Minuten ausgeführt wurde und bei Ihnen noch Fragen
offen ließ) und verschleiern, dass Sie vom momentanen Thema
keine Ahnung haben. Kann sein, dass die Dozentin nun darauf ein-
geht oder aber bei ihrem Zeitplan bleibt und Sie auffordert, diese
Frage später noch einmal zu stellen. Auf jeden Fall konnten Sie sich
fachlich äußern. Das ist allemal besser als auf die Frage »Was meinen Sie?« mit den Schultern zu zucken.

**Problem 2: Was tun, wenn Sie nichts von den Ausführungen
des Dozenten kapieren?**
Selbstverständlich: Fragen, das ist klar. Manchmal aber verstehen Sie
so wenig von den Inhalten, dass selbst eine Frage zu viel Verständnis
voraussetzt. Falls Sie einmal in diese Situation geraten, dann verengen
Sie Ihren Blickwinkel und achten auf Kleinigkeiten und kurze Passagen, die meistens auch bei komplizierten Vorträgen verstanden werden
können. Lösen Sie diese aus dem großen Zusammenhang heraus. Lassen Sie frühzeitig das Vorhaben fallen, das große Ganze verstehen zu
wollen, und konzentrieren Sie sich auf diese Kleinteile. Bleiben Sie an
einem Miniaspekt dran und bilden daraus eine Frage. Angeln Sie sich
auf diese Weise von Miniaspekt zu Miniaspekt vor, bis Sie irgendwann
das Puzzle zusammengesetzt haben und sich Ihr Verständnis erweitert.

Noch einmal, weil es so wichtig ist: Wer sich nicht auf die Lehrveranstaltung vorbereitet hat, hat dennoch ein Recht zu fragen. Es bringt
Ihnen gar nichts, wenn Sie vor lauter schlechtem Gewissen, keine Zeit
zur Vorbereitung gehabt zu haben, sich das Fragenstellen so lange verkneifen, bis Sie am Ende überhaupt nicht mehr mitkommen und eine
schlechtere Note in der Abschlussarbeit schreiben. Im Zweifelsfall
gehen Sie die Gefahr ein, vom Dozenten und den anderen als Uninfor-
mierter geoutet zu werden. Fragen Sie dennoch, was das Zeug hält.
Legen Sie offen, wieso Sie fragen (müssen), zum Beispiel: »Eine kurze
Frage, wir hätten es sicher nachlesen sollen, aber ich komme sonst

nicht mit: Was meinen Sie mit A?«, oder: »Obwohl wir das hätten vorbereiten sollen – können Sie noch einmal ganz kurz sagen, worum es
in/bei A genau geht?«

Problem 3: Sie wollen mitdiskutieren, finden aber nicht den richtigen Ansatzpunkt, um daran aktiv teilzunehmen

Die anderen als Ideenlieferanten einsetzen, lautet die rhetorische Antwort. Warten Sie ab, bis jemand einen Beitrag zum Thema macht, der
Sie auf eine gute Idee bringt: »Was du eben gesagt hast, hat mich auf
folgende Idee gebracht ...« Beiträge der anderen können Anknüpfungspunkte sein. Seien Sie derselben Meinung mit einer kleinen
Variation: »Ich bin Laras Ansicht, allerdings würde ich stärker A betonen als B« oder der gegenteiligen Ansicht: »Lara meint ja A. Ich denke,
dass B in diesem Fall besser ist.« Eine weitere Möglichkeit ist das
Agieren mit dem strukturierenden Beitrag: »Was Lara gesagt hat, finde
ich hinsichtlich A gut. Aber Karsten meint B und Tina C. Vielleicht
könnte D aber richtiger sein, weil ...« Auf diese Weise können Sie
meist an der Diskussion teilnehmen, ohne an die Inhalte des Vortrags
selber unmittelbar anknüpfen zu müssen.

Problem 4: Am Ende der Veranstaltung haben Sie alles ver- standen, aber keine Idee für eine mündliche Anmerkung?

Wer sich einmal vorgenommen hat, jede Veranstaltungen mit der Min-
destquote von einer mündlichen Anmerkung pro Veranstaltungsbe-
such zu beenden, kann vor dem Problem stehen, dass ihm trotz Bemühungen in den 90 Minuten einfach nichts eingefallen ist. Hier besteht
die Möglichkeit, gegen Ende der Stunde noch einen Fragebeitrag anzu-
bringen, indem Sie folgendermaßen vorgehen. Rekurrieren Sie auf den
Titel der Stunde, überlegen, ob der Inhalt des Vortrages Ihren Erwartungen gerecht geworden ist: (1) Sind wirklich keine Fragen offen
geblieben? (2) Was hätte mich eigentlich noch weitergehend interessiert? (3) Was hätte ich gegebenenfalls aufgrund der Ankündigung
anderes erwartet? So gelingt vielleicht zu guter Letzt ein klärender Beitrag, so wie in diesem BWL-Seminar: »Vom Titel in der Ankündigung
hätte ich eigentlich eine praktische Anleitung zur Existenzgründung
erwartet. Jetzt ging es in Ihrem Vortrag aber um theoretische Voraussetzungen des Marktes und seiner Gesetze. Welche ganz praktischen

Tipps würden Sie einem Existenzgründer geben?« Als Notnagel fragen Sie nach dem Umfeld von etwas, den Voraussetzungen, Folgen, Neben- oder Auswirkungen, dem theoretischen Background, der Praktikabilität, Fundiertheit, Relvanz; zweifeln Sie an, stellen in Frage, beleuchten kritisch, stellen pro und contra nebeneinander, finden Gemeinsamkeiten oder Gegensätze. Wer suchet, der findet.

Problem 5: Sie trauen sich nicht, etwas zu sagen?

Schade, denn es gibt wirklich nicht den geringsten Grund dazu. Sie sind Student, wollen etwas lernen und haben einen Anspruch drauf. Es werden Studiengebühren erhoben, also bezahlen Sie die Dozenten, die vorne stehen. Sehen Sie es als Dienstleistung, die diese für Sie erbringen. Es mag Ihnen als Zwickmühle erscheinen, Dozenten als Ihre Dienstleister zu sehen, da Sie selber von Ihnen prüfungstechnisch abhängig sind. Aber das eine hat mit dem anderen nichts zu tun. Denn beides ist wahr: Sie sollten Respekt verlieren, damit die hierarchische Blockade in Ihrem Kopf abnimmt. Aber selbstverständlich darf es im Umgang mit Hochschullehrern nicht an Respekt fehlen. Letzteres beweisen Sie vor allem durch höfliche Formulierungen und freundliches Verhalten: das vielbeklagte Handyklingeln unterlassen, nicht patzig, nicht absolut antworten und moderierende Partikel sowie den Konjunktiv verwenden: »Könnten Sie«, »Es wäre schön, wenn«, »Bitte könnten Sie doch noch einmal erklären, wie«. Stützen Sie sich bei Unsicherheit auf die Dreierbeitragsstruktur. Sie verschafft formale Sicherheit. Der Rest ist Mut.

Problem 6: Der Vortrag des Dozenten war beeindruckend gut. Was nun?

Didaktische Bestrebungen einiger Dozenten tragen auch Früchte. Abwechslungsreiche Mischungen zwischen Vorlesungsvortrag und Power-Point-Präsentationen kombiniert mit reichem Wissen und interessanter Vortragskunst lassen keine Fragen offen. Wer sich dennoch in das Gedächtnis solcher Profi-Referenten positiv einprägen möchte, der kann sich mit einem »Was meinen *Sie?*«- Beitrag einbringen. Es ist fast immer eine Lücke frei, um nach der wissenschaftlichen Positionierung des Dozenten zu fragen, nach seinen Erfahrungen, Blickrichtungen, Thesen, Ansätzen und Gegenpositionen zu einem bestimmten Thema: »Was ist denn Ihrer Ansicht nach die geeignetste Methode?«, oder: »Welche Berechnungsart ziehen *Sie* denn vor?«, oder: »Was ist *Ihrer Erfahrung* nach die praktikabelste Lösung?«, oder: »Was meinen *Sie* denn, gibt es überhaupt A?«, oder: »Ist denn *Ihrer Ansicht* nach dieses Schema praktikabel?«

Problem 7: Der Dozent trägt langsam, monoton und makellos vor. Sie sind dem Einschlafen nahe. Und jetzt?

So vielfältig die Individuen, so vielfältig die Vortragsweise von Dozenten. Und dennoch gibt es wiederkehrende Dozententypen. Dazu gehören diejenigen, die in guter didaktischer Absicht langsam, ausführlich, an Beispielen illustriert, monoton und trotz Overhead-Projektor so langatmig sind, dass Sie als Zuhörer mehr damit beschäftigt sind, nicht einzuschlafen, als mitzudenken. Wenn die Veranstaltung dann zudem in die Zeit zwischen 12 und 16 Uhr fällt, haben Sie es besonders schwer. Versuchen Sie in einem solchen Fall, sich zu einem mündlichen Beitrag durchzuringen (und sei es nur, um wieder aufzuwachen). Paraphrasieren Sie am einfachsten das vom Dozenten Ausgeführte. Auch wenn alle die Inhalte mitbekommen haben (bei diesem Tempo kann das an niemandem vorbeigerauscht sein), sehen Sie es als Notwehr an, sich dennoch zu melden. Denn wer es nicht tun, verschläft wertvolle Studienzeit. Melden Sie sich stattdessen zu Wort und wiederholen Sie in verkürzter Form das Gesagte oder übertragen Sie Inhalte auf Ihre eigene Erfahrungswelt: »Heißt das also, wenn…?«, oder: »Angewandt auf die Situation des … bedeutet das also, dass…?«

Wenn Sie möchten, treiben Sie den Vortrag voran, indem Sie vorgreifen und einen Fragebeitrag zu einem Thema bringen, der erst in der folgenden Stunde angesprochen werden soll. Manchmal ergibt sich auch die Chance, dass der Dozent etwas nur andeutet, dann aber zu einem ganz anderen Komplex wechselt und Letzteren weiterführt. Haken Sie hier sofort ein. Nach jedem Beitrag werden Sie ein wenig wacher und der Dozent freut sich über die Seltenheit, einen Studierenden vor sich zu haben, der sich in einem seiner Seminare tatsächlich zu Wort meldet.

Angenommen, Sie besuchen ein juristisches Seminar und ein didaktisch ambitionierter Dozent gestaltet seine Veranstaltung mit viel Liebe zum Detail, geht jedem einzelnen Paragraphen bis in die letzten Absätze durch, bis er sich schlussendlich den Fragen aus dem Gesellschaftsrecht in gleicher Manier zuwendet. Sie wissen: Das können Sie in jedem Kommentar und Lehrbuch ebenso nachlesen. Dann gehen Sie folgendermaßen vor: Sie versuchen, den Wissensstoff auf eigene praktische Fälle anzuwenden. Das hat den Vorteil, dass Sie durch die beruflichen Bezüge aufmerksamer sind, vor allem dann, wenn Sie selber die Anwendungsbeispiele erfinden, etwa:»Darf ich das mal übertragen auf eine kleine Bäckerei. Hätte diese denn Gewinn gemacht?« Falls der Dozent weiterhin abstrakt und akribisch bleibt, bleiben auch Sie bei Ihrer Linie und verlängern Ihre Redezeit (diese nehmen Sie keinem anderen weg, weil sich sonst keiner zu Wort meldet):»Also, wenn ich Ihr Beispiel noch mal auf eine kleine Schusterei übertrage, dann hat diese also dieselben Strukturen, ist also das Gesellschaftsrecht auch auf diese anwendbar?« Obwohl Sie kaum Neues einbringen, ist es dennoch ein guter mündlicher Beitrag, der vor allem dazu führt, dass Sie selber in Konzentration bleiben.

Problem 8: Was tun bei sogenannten Over-Laps?

Manchmal entwickelt sich eine Diskussion in Seminaren so leidenschaftlich, dass Over-Laps (= mehrere reden gleichzeitig) entstehen. In Alltagsgesprächen geschieht das häufiger. Es redet der eine schon, während der andere noch spricht. Solche Gesprächsüberlappungen sind nicht weiter schlimm, nur wird dadurch die Effizienz der Informationsvermittlung verhindert. Selbst wenn es Ihnen unter den Nägeln brennt und Sie genau zu ahnen glauben, was ein Kommilitone sagen will und ein Inhalt Ihrer Meinung nach ganz anders ein müsste – zügeln Sie sich und warten Sie, bis der- oder diejenige ausgesprochen hat. Halten Sie sich zur Selbstkontrolle notfalls auch in dialogischen Situationen an die Dreierbeitragsstruktur.

Problem 9: Sie laufen vor Aufregung rot an. Was tun?

Emotionen werden erlebt und sind je nach ihrer Intensität und Ausrichtung von körperlichen Reaktionen begleitet. Gesichtsfarbe und Körperhaltung verändern sich, wenn Sie aufgeregt sind, dagegen können Sie nun einmal kaum etwas unternehmen[27]. Die Frage ist: Warum sollten Sie auch? Wen stört es denn, wenn man merkt, dass Sie aufgeregt sind, weil Sie etwas Wichtiges zu sagen haben? Ehrlich, es stört keinen. Es macht Sie höchstens sympathischer und bringt Ihnen Pluspunkte bei Dozenten, weil diese es zu schätzen wissen, wenn ein Student Hindernisse überwindet und eine schwierige Aufgabe anpackt.

Problem 10: Sie haben sich unvorsichtigerweise voreilig geäußert. Die Dozentin fragt nach, Sie wissen keine Antwort. Und jetzt?

Unvorsichtigerweise haben Sie sich mit einer Anmerkung eingebracht, die noch nicht vollständig zu Ende gedacht war. Das kann jedem passieren. Wenn die Dozentin dann aber intensiver nachfragt, haben Sie ein Problem. Machen Sie sich in solchen Situationen bewusst: Nur weil Ihnen im Moment begründende Tatsachen (Wissen, Kenntnisstand) fehlen, die Ihre Aussage stützen, heißt das noch nicht, dass Ihre Aussage falsch ist.

Sie befinden sich heute wieder in einer juristischen Lehrveranstaltung und Ihnen rutscht spontan die Bemerkung heraus: »Die Rechtsprechung stimmt hier aber der Mindermeinung zu!« Der Dozent, einerseits erfreut über studentische Mitarbeit, andererseits pikiert, weil ihm eine andere Ansicht entgegenschlägt, fragt: »Aha, welche Entscheidung meinen Sie denn?« Sie haben keine Ahnung mehr, ob es nun eine LG- oder OLG-Entscheidung war oder ob Sie Ihr Wissen beim Durchblättern entsprechender BGH-Entscheidungen gewonnen haben. Aber, Sie wissen, dass Ihre Information richtig ist, nur eben ohne die Fundstelle angeben zu können. Um aus dieser relativ peinlichen Situation rasch herauszukommen, reagieren viele mit »Weiß ich jetzt nicht mehr« und schweigen anschließend. Solche Reaktionen hinterlassen keinen guten Eindruck. Sie müssen sich nicht verstecken. Antworten Sie besser so oder so ähnlich wie: »Im Moment hab ich die genaue Entscheidung nicht im Kopf, kann sie aber noch einmal nachsehen und nächste Stunde Bescheid sagen.« Manchmal versuchen Dozenten auf dieses gewünschte Verhalten aufmerksam zu machen, indem sie die »Weiß ich jetzt nicht mehr«-Person dazu auffordern, die Begründung nachzureichen: »Vielleicht sehen Sie noch einmal nach und geben nächste Stunde darüber Auskunft!« Die meisten nicken und tun es dann auch. Aber das nächste Mal sagen sie dann doch wieder »Weiß ich nicht mehr...«

Problem 11: Verredet und festgefahren – und jetzt?

Sie merken, im Moment des Aussprechens, dass Sie sich in Ihrem mündlichen Beitrag »verredet« haben und nun schon einige Zeit dasselbe wiederholen. Der Dozent ist leicht genervt, Sie werden dadurch immer nervöser. Sobald Sie das selber feststellen, könnten Sie einwenden: »Ich weiß, dass Inhalte durch häufige Wiederholung nicht wahrer werden – aber auch nicht falscher!«

Problem 12: Argumentieren wie Hitler?

Wenn es im Rahmen von Diskussionen heiß her geht, geschieht es nicht selten, dass Totschlagargumente eingesetzt werden, um Recht zu behalten. Darauf fällt einem meist nichts ein und Sprachlosigkeit ist die Folge. Wer schweigt, hat in diesem Fall aber Unrecht. Aber was würden Sie kontern, wenn einer Ihrer Kommilitonen während der Seminardiskussion zu Ihnen sagt: »Ja, genauso hat auch Hitler argumentiert!« Innerlich wären Sie entrüstet. Die meisten reagieren dann in Rechtfertigungshaltung: »Aber nein, so mein ich das doch nicht!«, oder schütteln nur den Kopf. Dabei ist es besser zu kontern: »Nur weil ethisch fragwürdige Personen auch meine Argumentationsmuster benutzen, heißt es noch lange nicht, dass die Aussage an sich nicht wahr ist!«

Problem 13: Jüngste Forschungsergebnisse und herrschende Lehre – haben immer Recht?

Als Beweis für die Richtigkeit bestimmter Aussagen werden in der Lehre häufig die »neusten Forschungsergebnisse« angeführt. Die Neuheit von Ergebnissen ist aber noch lange kein Beleg für deren Richtigkeit. Seien sind skeptisch, fragen Sie nach den Quellen: »Also die Aktualität ist noch kein Beleg für die Richtigkeit. Wo kann man die Versuchsanordnung nachlesen?« Ebenso verhält es sich mit herrschenden Meinungen. Wenn jemand diese als Begründung anführt, kann gekontert werden: »Na ja, die Anzahl der Anhänger einer Aussage hat ja nichts mit ihrem Wahrheitsgehalt zu tun.« Wer möchte, kann anhängen: »Sonst wäre die Erde ja noch immer eine Scheibe, oder?«

Rhetorik für mündliche Präsentationen (Referate)

If you are speaking, forget everything but the subject. Never mind what others
are thinking of you or your delivery, just forget yourself and go ahead. (Dale
Carnegie, Unternehmensberater)

Eine mündliche Präsentation ist »eine Prüfungsleistung, die zu einem
vorgegebenen Thema in Form eines Vortrages oder einer erläuterten
grafischen Präsentation vor dem Teilnehmerkreis der Lehrveranstaltung erbracht wird«[28]. Was dabei am interessantesten ist, bleibt vielfach unklar, nämlich die *Notengebung*. Lesen Sie in Ihrer Studienordnung nach, ob sich darin eine Aussage wie die folgende finden lässt:

»Die Bewertung der mündlichen Präsentation durch den Prüfenden wird der Kandidatin oder dem Kandidaten bekannt gegeben und
anhand eines vom Prüfenden verfassten Protokolls nachvollziehbar
dokumentiert.«[29]

Tja, was heißt das nun? Die Bewertung wird bekannt gegeben,
okay, aber was sind die Kriterien einer Bewertung? Ohne zu wissen,
worauf es ankommt, können Sie sich nicht richtig vorbereiten, sondern allenfalls einen Glückstreffer landen. Also vereinbaren Sie einen
Termin für die nächste Sprechstunde des Dozenten und befragen ihn
dazu. Lassen Sie sich nicht abwimmeln mit allgemeinen Aussagen wie
»Es sollte alles drin sein« oder »eine abgerundete Präsentation« oder
»abwechslungsreich gestaltet und alles Wichtige gesagt«. Fragen Sie
genau nach, worauf der Dozent bei seiner Bewertung achtet und was
den Unterschied zwischen »bestanden« und »sehr gut bestanden« ausmacht. Wenn er keine Angaben dazu machen kann oder noch immer
allgemein bleibt, dann heißt es, er hat keine festen Bewertungskriterien
oder will sie Ihnen nicht sagen. Beidem stehen Sie relativ machtlos
gegenüber.

Dabei schreiben die meisten Studienordnungen vor, dass die Seminarleitung Bewertungskriterien für Referate erstellen und diese am
Beginn der Veranstaltung bekannt geben soll. Wie diese Bewertungskriterien aber aussehen, d.h., wie exakt diese formuliert sein sollen,
bleibt der jeweiligen lehrenden Person überlassen. Aus diesem Grunde klären viele Dozenten bei Referatvergabe zwar darüber auf, wie
viele Seiten ausgearbeitet werden sollen, wie lange der mündliche

Vortrag dauern darf und ob und wie ein Thesenpapier inhaltlich gestaltet sein sollte. Aber nur wenige sind präziser, indem sie einen *Bewertungskatalog* aufstellen und diesen zum Beispiel ins Netz stellen. Gerade ein solcher ist aber am hilfreichsten. Wer genau die Kriterien der Bewertung kennt, kann zielstrebig auf ein »sehr gut« hinarbeiten.

Tabelle: Bewertungskatalog für mündliche Präsentationen / Referate

Bewertungskriterium	ja	nein	etwas
1. Wissenschaftliche Bewertungskriterien			
Das Thema wurde durch eine Fragestellung eingegrenzt bzw. präsentiert			
Die Relevanz des Themas wurde deutlich			
Die Vorgehensweise wurde erläutert			
Es wurde auf aktuelle Literatur-, Dokumenten- und Forschungslage eingegangen			
Definitionen wurden erläutert			
Die Fragestellung wurde entwickelt			
Literatur, Dokumente, Quellen und Internetseiten wurden genutzt			
Die wissenschaftliche Diskussion bzw. Kontroversen wurden berücksichtigt bzw. ausdrücklich darauf hingewiesen			
Es wurde korrekt (richtig) dargestellt			
Es fanden keine unnötigen Exkurse statt			
Die Argumentation war kritisch reflektiert			
Empirie und Theorie wurde verbunden			
Es wurde über theoretische Ansätze reflektiert			
2. Mündlicher Vortrag			
Es wurde flüssig vorgetragen			
Wechselnde Medien kamen zum Einsatz (Laptop-Präsentation, Folien und Overhead, Tafelanschriebe, Flip-Chart)			
Verständlich, überzeugend, Fragen wurden zugelassen, Antworten spontan und richtig gegeben			
Diskussionsrunde selbstständig moderiert			

Dr. Jürgen Mittag vom Institut für soziale Bewegungen der Ruhr-Universität Bochum hat oben stehenden (S. 109) vorbildlichen Bewertungskatalog für Referate in seinen Lehrveranstaltungen erstellt[30], der offen legt, was viele Lehrende unausgesprochen bewerten. Leicht abgewandelt und ergänzt durch häufig vorkommende Bewertungskriterien ergibt sich folgender Muster-Bewertungskatalog, nach dem Referate beurteilt werden, wobei der eine oder andere Lehrende das Schwergewicht auf den einen oder anderen Punkt legen mag, der Tenor aber ähnlich bleibt.

Darüber hinaus gehen die Meinungen darüber, was ein gutes Referat oder eine gute Präsentation ist, bei Dozenten weit auseinander. Manche schätzen vor allem die Kürze von Referaten, in denen lediglich die Essenz eines Themas wiedergegeben wird, andere sind Befürworter von didaktischen Referaten und wünschen sich das Einbinden der Teilnehmer durch Verteilen von Teamarbeit oder zumindest dem Moderieren einer Diskussion. Traditionell verankerte Dozenten werten das frei vorgetragene Referat als das Beste, modernere empfinden eine Präsentation ohne Laptop jenseits zeitgemäßen Arbeitens. Um eine gute Bewertung für seinen mündlichen Vortrag zu erhalten, ist also zuallererst von Bedeutung herauszufinden, was in dem Fachbereich üblich ist, dann, was der jeweilige Dozent des Fachs, in dem das Referat zu halten ist, darüber hinaus fordert und erwartet. Falls Sie an einen Dozenten geraten, der Sie einfach machen lässt, sollten Sie diese Chance zur Selbstoptimierung wahrnehmen. Auf der einen Seite ist es ärgerlich, wenig Anleitung zu bekommen, auf der anderen sind Sie frei und können nach eigenen Kriterien für sich entscheiden, was und wie Sie ein Referat gestalten. Hinsichtlich der späteren Benotung ist es jedoch wichtig, dass Sie ein Vorgehen belegen können. Wenn Sie also angeben, Sie hätten den Aufbau Ihrer Präsentation von den Autoren A und B übernommen, die 1982 das Standardwerk XY herausgebracht haben, dann kann der Bewerter Ihrer Arbeit nur vergleichen, ob Sie auch tatsächlich nach A und B vorgegangen sind. Sind Sie es, ist Ihr Vorgehen korrekt gewesen. Hätte er ein anderes gewollt, zum Beispiel ein Vorgehen nach M, dann hätte er es Ihnen in der Vorbesprechung sagen müssen. Da viele Wege nach Rom führen, haben Sie sich für einen entschieden, der Sie dorthin brachte.

Noch eines ist von Bedeutung, lange bevor die eigentliche Erarbei-

tung des Referats beginnt: die *Wahl des Themas*. Suchen Sie sich bei
der Vergabe das Thema aus, das Sie sicher bewältigen können und
wollen. Nehmen Sie nie, was übrig bleibt, besonders dann nicht, wenn
es aufwändige Arbeit bedeutet. Sie verfügen nur über begrenzte Res-
sourcen und es kommt darauf an, Aufgaben erfolgreich zu meistern.
Ob Sie sich dabei besonders viel Arbeit gemacht haben, interessiert
niemanden[31]. Selbst wenn die Motivation hoch ist, gehen Sie mit Ihrer
Kraft sparsam um, damit sie lange davon zehren können. Achten Sie
also darauf, sich kein zu zeitaufwändiges oder zu arbeitsintensives
Thema aufzuhalsen. Was ist zeitaufwändig und arbeitsintensiv? Das ist
abhängig von Ihrem Wissensstand. Wer wenig über ein Thema weiß,
muss sich viel erarbeiten. Aber wer wenig über ein Thema weiß und
darüber hinaus mit Verständnisproblemen zu kämpfen hat, der macht
sich eindeutig zu viel Arbeit damit. Ein einfaches Thema kann durchaus auch ein kompziertes sein – aus Sicht der anderen. Denn für Sie
selber ist es so spannend und interessant, dass es Sie Nächte hindurch
über die Seiten fliegen lässt. Dann war es die richtige Wahl. Aber die
Aussicht auf quälende Bibliotheksabende hinter großen Haufen von
Kopien kann jedem die Freude nehmen. Wenn Sie können, vermeiden
Sie es, nehmen also niemals ein Thema an, weil der Dozent Sie so nett
darum bittet, weil es sonst keiner übernehmen wollte, oder weil Sie
vorher nicht genug bedacht haben, dass gerade dieses Thema niemals
prüfungsrelevant sein wird, dafür aber anspruchsvoll und schwierig.

Schriftliche Vorbereitung

Präsentationen, also auch Referate, sollten in der Regel kurz und bün-
dig sein. Das ist gar nicht so einfach zu bewerkstelligen. Denn Sie sollen Informationen, die »ausgebreitet« vielleicht eine Redezeit von
zwei Stunden in Anspruch nehmen würden, nun auf ungefähr 20 bis
40 Minuten verdichten. Das heißt: Sehr wohl müssen so viele Informationen erarbeitet werden, dass Sie anschließend mühelos 180 Minuten
darüber reden könnten. Kurze Darstellung bedeutet: mindestens dreimal so viel Informationen im Kopf haben, wie Sie präsentieren.

Beginnen Sie damit, sich ausführlich in das Thema einzuarbeiten.
Dafür greifen Sie zuerst nach *Einstiegsliteratur* (Grundlagenwerke,
Einführungen, empfohlene Fachbücher und -aufsätze) und erlernen
Ihr Thema (verstehen Hintergründe, Zusammenhänge, Probleme), so

dass Sie anschließend eine Klausur darüber mit »sehr gut« bestehen würden. Währenddessen oder auch anschließend nutzen Sie die Literaturhinweise der Einstiegsliteratur (Fußnoten, Literaturverzeichnisse und -hinweise) zur weiteren Quellenerschließung. Diese *weiterführende Literatur* suchen Sie sich dann in der Bibliothek zusammen (Lexika, Handwörterbücher, Fachaufsätze und Ähnliches). Denken Sie daran, rechtzeitig die Fernleihen zu organisieren und auch das nötige Kleingeld dafür bereit zu haben. Die Zeiten, in denen diese kostenlos waren, sind vorbei.

Wer wenig Zeit hat, der nutzt umliegende Bibliotheken (Stadtbibliothek, Bibliotheken der umliegenden Unis), um rascher an seine Literatur zu gelangen. Einige Unis haben Präsenzbibliotheken (alle Bücher kann man selber sofort in den Regalen einsehen und gegebenenfalls ausleihen), mit denen sich am raschesten arbeiten lässt. Andere haben Magazinbibliotheken, in denen man am Computer oder mit Ausleihzettel bestellt und anschließend einige Stunden oder Tage warten muss, bis diese herausgesucht wurden. Hier sollte man vorher nur einmal hinfahren, um sich einen Ausweis zu bestellen und anschließend die Bestellungen übers Internet vornehmen. Es gibt aber auch Magazinbibliotheken, in denen man selber ins Magazin hinabsteigt (meistens liegen sie im Keller) und sich die Bücher heraussucht (das geht schneller). Es gibt aber auch Mischformen.

Es dauert einige Zeit, bis man die Bibliotheken so durchgecheckt und die praktischsten und kostengünstigsten herausgefiltert hat. Auch die *Öffnungszeiten* sind wichtig. Es gibt Fachseminare (Fachabteilungen), die nur Mittwoch zwischen 10 und 12 Uhr offen haben. Wer dann Montag seinen Präsentationstermin hat, kann nicht mehr rasch nachsehen. Wer das Glück hat, in der Nähe einer 24-Stunden-Uni-Bibliothek zu wohnen, sollte das zu schätzen wissen. Für alle anderen ist die Deutsche Nationalbibliothek in Frankfurt am Main oder in Leipzig eine Alternative (gesetzlicher Sammelauftrag für Literatur, vgl. http://www.ddb.de), für die sich Reiseaufwand und -kosten hinsichtlich der Zeitersparnis lohnen können.

Während des Erarbeitens ergibt sich manchmal von ganz alleine eine *Gliederung* des Themas (natürliche Gliederung). Diese kann sich aus den inneren Zusammenhängen des Themas, der persönlichen Art und Weise, wie Sie sich in welcher Reihenfolge Wissen aneignen (und diese als Aufbau für Ihr Referat übernehmen), und einer Portion Zufall (z.B. übernehmen Sie den Aufbau der Darstellung aus einem Lehr- oder Fachbuch, Aufsatz, Zeitschriftenartikel, Dissertation oder Magisterarbeit, die Sie in der Bibliothek gefunden haben). Achten Sie auch darauf, wie gute Dozenten ihre Vorträge aufbauen. Analysieren Sie deren Vorträge und versuchen eine Nachahmung (aemulatio). Wenn eine natürliche Gliederung für Ihre Präsentation sinnvoll erscheint, dann übernehmen Sie sie. Ansonsten denken Sie über andere Gliederungsmöglichkeiten nach, auf die später noch eingegangen wird.

Wer sich die *Eingrenzung* des Themas erst erarbeiten muss, der sollte während des Literaturstudiums das Ziel des Referats bzw. eine Problemstellung sukzessive entwickeln. Nicht verzweifeln, wer zu Beginn noch keine Ahnung vom Ziel seiner Arbeit hat. Diese ergibt sich erst durch das Einlesen!

Übernehmen Sie aus der Ökonomie den Gedanken des Controllings, indem Sie sich immer wieder fragen: Brauche ich diesen Aufsatz wirklich? Ist er ganz sicher zielführend? Oder »nur« für mich interessant? (bei Letzterem in einen Ordner »Interessantes« verschieben und ein anderes Mal lesen). Während Sie am Anfang noch sehr viel Literatur auf dem Schreibtisch haben, selektieren Sie im Laufe der Arbeit immer mehr, der Haufen wird also immer kleiner, bis er die Essenz oder Schlüsselliteratur enthält (Aufsätze, Passagen aus Büchern, die Sie angestrichen haben, usw.), die nicht weggelassen werden können, ohne dass das Referat eine Lücke hätte.

Wenn Sie die *Vorbereitung durch Erlernen* angehen, dann halten Sie alles Wichtige schriftlich fest, selbst wenn dies ein respektables Skript von hundert Seiten Umfang wird (in den meisten Fällen ist es jedoch viel, viel weniger). Nachdem Sie ein solches umfassendes (Lern-)Skript verfasst haben, beginnen Sie damit, es zu kürzen. Es gibt verschiedene Wege dafür: Sie können die Passagen, die Sie für wichtig halten, rot einkreisen oder neongelb markieren und anschließend diese Passagen noch einmal in einer neuen Datei zusammenfügen. Anschließend führen Sie denselben Schritt noch einmal durch: das jetzt Wichtigste einkreisen/markieren und wieder in einer neuen Datei zusammenfassen und so weiter. Sie hören mit diesem Vorgehen dann auf, wenn Sie die Informationen vorliegen haben, die eine Redezeit von 20

Minuten (je nach Vereinbarung mit Dozenten aber manchmal auch nur 10 Minuten oder 45 Minuten) ausfüllen.

Ein anderes Vorgehen ist das *Clustern*. Wenn Sie sich Ihr Skript vornehmen und gar keine Ahnung haben, wie Sie das Ganze nun zu einer ordentlichen Präsentation zusammenraffen sollen, dann geben Sie jedem Absatz einen Namen, aus dem in wenigen Worten hervorgeht, was der Absatz beinhaltet. Am Ende haben Sie an der Seite oder als Überschrift jeweils die Essenz der Absatzinhalte stehen. Nun beginnen Sie zu ordnen. Was ist wichtig und sollte drin bleiben, was weniger wichtig und kann rausfallen? Fertigen Sie sich gegebenenfalls Kärtchen mit den Cluster-Überschriften Ihrer Absätze an, die Sie dann auf dem Tisch verschieben können, bis Sie eine gute Reihenfolge für die Informationen gefunden haben.

Erarbeiten mündliche Präsentation / Referat
1. Schritt:
Erlernen der Referateinhalte und Erstellen eines ausführliches Skripts (Zusammenfassungen, Aufzeichnungen in eigenen Worten, eventuell Einheften von Kopien, Grafiken, Tabellen usw.), alles zusammengestellt in einem Schnellhefter
2. Schritt:
Kürzen, immer wieder kürzen, bis die Essenz daraus das Referat bzw. den Text Ihrer Präsentation ergibt
3. Schritt:
Erstellen von Folien (Overhead) oder einer Power-Point-Datei mit übersichtlichen Kurzdarstellungen, Grafiken, Tabellen, Fotos, ev. Animationen (Letzteres sparsam!)
4. Schritt:
Anfertigen von Karteikarten als Spickzettel für den mündlichen Vortrag
5. Schritt:
Einüben des mündlichen Vortrags und Ergänzen mit rhetorischen Stilmitteln

Vorbereitung wichtiger Unterlagen und Hilfsmittel

Außer dem Inhalt des Referats gibt es noch einige mehr oder weniger optionale Unterlagen und Medien, die bei Präsentationen erwartet werden: Handout, Thesenpapier, Folien für den Overheadprojektor, Power-Point- oder Open-Office-Impress-Präsentationen.

Ein *Handout* hat einen Umfang von 3 bis 4 Seiten und wird für alle

Zuhörer kopiert. Es beinhaltet: die Gliederung (wenn nicht auf dem Flip-Chart angeschrieben), die Thesen Ihres Referats, die wichtigsten Punkte und Details, vielleicht ein oder zwei Grafiken, Tabellen und das Literatur- und Webverzeichnis.

Ein *Thesenpapier* ist kürzer, etwa 1 bis 2 Seiten lang, und enthält: das Thema und die Fragestellung, die Thesen/Inhalte des Vortrags, Name des Referenten, Titel der Veranstaltung und des Dozenten, Datum. Normalerweise enthält es keine Tabellen und Grafiken.

Weil die Unterscheidung Thesenpapier/Handout in der Praxis nicht einheitlich verstanden wird, ist es ratsam, den Dozenten vorher zu fragen, wie lang das Papier sein soll oder sein darf und ob er bestimmte Anforderungen hat. In den meisten Fällen wird die Entscheidung Ihnen überlassen: »Ganz wie Sie wollen!« Also entscheiden Sie selber, was Sie für richtig halten. Wenn Sie lieber mehr reden und Spannung erzeugen wollen, dann wählen Sie das kürzere Thesenpapier. Wenn die Inhalte aber komplizierter sind und eine höhere Konzentrationsleistung der Teilnehmenden erfordern, dann fertigen Sie ein Handout an, auf dem wichtige fachliche Begriffe/Fremdwörter, Grafiken, Skizzen, Auswertungsergebnisse usw. enthalten sind.

Achtung: Für den mündlichen Vortrag ist ein Thesenpapier nicht immer hilfreich, im Gegenteil. Häufig lesen Teilnehmer das Thesenpapier durch, während die Referentin versucht, einen ordentlichen Vortrag abzuliefern. Das kann für die Vortragende demotivierend sein, auch wenn es eigentlich ein Lob darstellt, dass gelungene Thesenpapiere interessiert aufgenommen werden. Viele Zuhörer neigen aber dazu, sich so in die Thesenpapiere zu vertiefen, dass sie richtige Anstrengungen unternehmen, um absichtlich wegzuhören, nur um ungestört lesen zu können[32]. Das nutzt Ihnen als Referent nichts und nur vordergründig scheint es beruhigend, wenn Zuhörer etwas anderes tun, als Ihnen zuzuhören. Es lässt sich nicht umgehen, in der Redesituation auch als Redner im Mittelpunkt zu stehen. Das ist Notwendigkeit und Voraussetzung des mündlichen Vortrags. Verstecken Sie sich nicht hinter Ihrem Thesenpapier, denn sonst beherrschen Sie die rhetorische Situation nicht und wirken inkompetent (schade, wenn Sie sich gut vorbereitet haben und hinter Ihrem eigenen guten Thesenpapier unsichtbar werden[33]).

Besser ist es, mit der Seminarleitung den Zeitpunkt abzusprechen, zu dem das Handout verteilt werden soll. Sie könnten es nach dem Vortrag ausgeben oder bereits am Vortag per Mail den Teilnehmern schicken, so dass diese vorbereitet sind und damit aufnahmefähiger und gegebenenfalls mit einer eigenen Position als Zuhörer in Erscheinung treten. Befürchten Sie nicht, auf diese Weise mit zu gut informierten Zuhörern konfrontiert zu sein, diesen kann man sowieso nicht aus dem Weg gehen.

Formeller Aufbau einer mündlichen Präsentation
1. Begrüßung
2. Vorstellung des Themas (»Mein Thema lautet...«)
3. Überblick über das Vorgehen (»Erst werde ich... danach werde ich... und als drittes... (Ausblick, Absichtserklärung, Ziel der Präsentation, Vorstellen der Gliederung)
4. Ziel des Referats (»Ziel ist, einen Überblick über die Punkte... zu bieten und anschließend die Problemstellung zu erläutern und mögliche Lösungswege vorzuschlagen«)
5. Inhaltsteil (Darstellen, Analysieren, Aufwerfen von Fragen, Beantwortung der Fragen, Theorie/Abstraktion, allgemeine Hintergründe, wissenschaftliche Grundlagen, Umsetzung) = **Wichtigster Teil!**
6. Zusammenfassung (Wiederholung der Essenz des Vortrags in kurzen Worten: »Zuerst habe ich gezeigt, wie ..., dann habe ich gefragt, wie..., und als Letztes haben wir herausgefunden, dass ...«)
7. Diskussion/Fragerunde
8. Schlusssatz/Dank (Ihre Meinung, Hoffnung, Wunsch oder Appell)

Legen Sie bei der *Begrüßung* Wert auf einen positiven Empfang durch freundliche Zeilen auf dem Flip-Chart, darunterstehend das Thema des Vortrags. Platziert sollte der Flip-Chart in der Mitte des Raums sein, für alle gut sichtbar (manche verteilen auch kleine Geschenke, Schokolädchen oder Bonbons – hier abwägen, ob das angebracht ist oder nicht). Manchmal können Sie ein Begrüßungspapier zusätzlich außen an die Seminartüre kleben, vor allem dann, wenn Ihre Präsentation die gesamten 90 Seminarminuten ausfüllen wird. Das *Thema* sollte zwar prägnant, aber nicht zu kurz formuliert sein. »Friedrich Schiller« als Thema wäre zu kurz. Schreiben Sie, um was es in Ihrem Referat gehen wird, etwa »Friedrich Schiller und sein Beitrag zur Aufklärung«. Sie dürfen auch anschaulich werden, dagegen hat keiner etwas einzuwenden. Sie müssen nicht nüchtern bleiben mit »A und seine Auswirkungen auf B«, sondern können im Titel gegebenenfalls auch reißerisch sein: »A und was es mit B alles anstellt!« Das weckt Spannung und macht neugierig (die Inhalte freilich sollten nach wie vor sachlich gehalten sein).

Der Punkt »*Überblick über das Vorgehen*«, der die Gliederung Ihres Referats enthält, kann sowohl in Power-Point an die Wand geworfen oder auf Papier in Form des Handouts ausgeteilt werden (jeder kann dann Ergänzungen darauf mitschreiben). Nett ist auch, wenn Sie die Gliederung auf die zweite Seite des Flip-Charts schreiben, die erste darüber hängen und nach der Begrüßung die Gliederungspunkte Ihrer Präsentation enthüllen (Enthüllungs- und Überraschungseffekt). Wenn Sie den Rest des Referats anschließend frei halten (großer Pluspunkt!) oder auf Folie mithilfe des Overheads (traditionell) oder mit Power-Point (meist in Studienordnungen als Medienpräsentation vorgeschrieben), dann nutzen Sie Ihre Flip-Chart-Gliederung als Spickzettel. Gemäß dem Motto: »Medienwechsel ist Trumph!« ist es vorteilhaft, wenn Sie ab und zu aufstehen und die entsprechenden Punkte mit einem bunten Marker abhaken, denn das schafft etwas Abwechslung und bringt Dynamik. Es ist übrigens vorteilhaft, wenn Sie zu Hause bereits das Flip-Chart-Papier (fragen Sie DozentInnen danach) mit der Gliederung oder mit sonstigen Übersichten anfertigen. Sie ersparen sich damit den Stress, kurz vor der eigentlichen Präsentation noch aufgeregt Plakate zeichnen zu müssen. Überprüfen Sie zudem vorher, in welchem Raum Sie das Referat zu halten haben, und checken Sie, ob überhaupt ein Flip-Chart zur Verfügung steht. Wenn nicht, könnten Sie die großen Übersichtsblätter auch mit Kreppband an die Wände oder die Tafel kleben.

Falls Sie im *Durchführungsteil* lange Wörter verwenden (müssen), dann schreiben Sie die einzelnen Wortbestandteile mit Bindestrich auf Folie oder klicken auf die entsprechende Seite im Laptop. Komplizierte Wendungen, neue Fachbegriffe oder Eigennamen sollten sich deutlich von anderen Wörtern abheben (in einer anderen Farbe, Blockschrift oder kursiv gesetzt), damit die Teilnehmer leichter mitschreiben und rascher verstehen können.

Weitere Formalien

1. Folien sollen den Vortrag unterstützen und nicht ersetzen. Also nur wenig darauf schreiben, manchmal genügt eine einzige Frage, die Sie im Vortrag beantworten (das erhöht die Aufmerksamkeit). Faustregel: für jede Folie 2 bis 3 Minuten Redezeit.
2. Handouts sollen das Mitschreiben der Zuhörer erleichtern. Deswegen lassen Sie dafür genügend Platz, sehen freie Stellen vor, in denen diese zum Beispiel Definitionen, die Sie im Vortrag erläutern, selber mitschreiben (diese Zuhöreraktivität führt zu längeren Konzentrationsphasen der Hörer).
3. Selbstverständlich müssen Referatinhalt und Overheadfolien, Handout oder Laptop-Präsentation übereinstimmen. Bleiben Sie beim Vortrag an einem roten Faden (Karteikarten bzw. Gliederung als Spickzettel, um sich nicht selber in einem Exkurs zu verhaspeln).
4. Falls Sie Videomaterial einsetzen, vorher die Dauer ankündigen. Hier gilt in den meisten Fällen: nicht länger als höchstens 30 Minuten.
5. Was tun, wenn niemand mit der Diskussion beginnen will? Häufig kommt dann die Seminarleitung zu Hilfe und stellt die erste Frage. Wer das vermeiden möchte und lenkend auf bestimmte Inhalte hinaus will, der kann zum Ende seines Vortrags bestimmte Diskussionsfragen vorschlagen (»Ich würde mich freuen, wenn ihr mir nun eure Meinung zu A sagt. Ich hab gesehen, dass Michael eben schon mit dem Punkt XY gar nicht einverstanden war, oder?«).
5. Falls der Dozent Sie mit störenden Fragen unterbricht, beantworten Sie diese, falls Sie können. Wenn nicht, können Sie versuchen, die Antwort zu verschieben in der Hoffnung, dass diese vergessen wird: »Ja, darauf komm ich später noch zu sprechen«, »Richtig, nur im Moment würde ich hier gerne weitermachen, weil sonst der Zusammenhang nicht deutlich wird …«, »Ja, das kommt später noch zur Sprache …«

Aufbauvarianten für den Inhaltsteil

Ob eine Präsentation gelingt oder misslingt, hängt von der Qualität der folgenden drei Bausteine ab:

1. inhaltliche Korrektheit
2. mündlicher Vortrag
3. inhaltlicher Aufbau

Den Inhalt können Sie unmittelbar beeinflussen. Wer viel weiß, alle Fragen beantworten kann und sein Thema so gelernt hat, dass er es komplett verstanden hat, kann einfach auf diesem Gebiet nichts mehr falsch machen. Anders beim mündlichen Vortrag selber. Wer von Natur aus eine zu leise Stimme hat, zu langsam oder zu schnell spricht, vor Aufregung stottert oder deswegen komplett den Überblick verliert, kann kaum noch Einfluss nehmen. Er merkt höchstens noch selber, dass die Präsentation den Bach runtergeht – aber zu spät. Einige meinen, einer solchen Katastrophe durch Sprechtrainings vorzubeugen. Dabei geht es einfacher. Wer mehr Wert auf den dritten Baustein legt, den inhaltlichen Aufbau der Präsentation, dem kann selbst der größte Sprachfehler kaum etwas anhaben. In der Uni werden die Zuhörer durch die Inhalte, vor allem aber durch die richtige Reihenfolge und einen geschickten Ansatz der Darstellung gepackt.

Im Folgenden werden verschiedene Aufbauvarianten vorgestellt. Suchen Sie sich die passende heraus. Passend ist, was am besten gefällt, dem Thema angemessen ist und die Erwartungen der Seminarleitung erfüllt, besser noch, überraschend gut erfüllt.

Aufbau wie eine Business-Präsentation
Heinrich Fey hat in »Überzeugend und sicher präsentieren« [34] einen gar nicht schlechten *5er-Aufbau* für Präsentationen entwickelt. Dieser ist zwar für Business-Präsentationen vorgesehen, aber was Entscheider in Vorstandsetagen überzeugt hat, verfehlt seine Wirkung auch nicht im Seminar. Die Zuhörer werden an ihrer Problemlösolust gepackt und nicht mehr losgelassen. Probleme müssen offensichtlich gelöst werden, selbst wenn sie künstlich geschaffen worden sind. Also erfinden Sie ein Problem. Ähnlich wie bei einem Krimi legen Sie eine Fährte aus, geben Hinweise, deuten an, bis schließlich die Auflösung erkannt wird. Das ist ein rhetorisch guter Ansatz, der selten seine Wirkung vefehlt.

Ausgangspunkt ist das *Anknüpfen an ein Beispiel*, an dem Sie Theoretisches »aufhängen«. Dabei beginnen Sie effektvoll mit dem

Beispiel, stellen davon ausgehend Fragen, die Sie im Anschluss durch Theorie, Abstraktes, Informatives auffüllen. Gegen Ende greifen Sie das Beispiel wieder auf und geben damit Ihren abstrakten Inhalten wieder praktischen Bezug, schlagen zudem einen Bogen zum Anfang und liefern ein in sich rundes mündliches Referat ab. Dabei sollten die Beispiele aus der (beruflichen) Praxis sein, können aber auch aus dem Alltag stammen.

Wichtig ist, dass es sich um ein *ernst zu nehmendes Problem* handelt, welches nach Lösungen verlangt. Wenn Sie z.B. einen Überblick über »Ethische Grundsätze zur medizinischen Forschung am Menschen« als Thema haben, dann stellen Sie nicht nur den Nürnberger Code, die Deklaration von Helsiniki, das Übereinkommen über Menschenrechte und Biomedizin und die Grafenecker Erklärung zu Bioethik mit erklärenden Unterpunkten dar, sondern wählen als Einstieg ein Praxisbeispiel. In diesem Fall könnte man das Thema an der älteren Frau Dr. Müller aufhängen, die lange Jahre Professorin an der Humboldt-Universität Berlin war und nun an Demenz so stark erkrankt ist, dass sie nicht mehr einwilligungsfähig ist. Der junge Mediziner Jörg Pillarius will an ihr eine neue Therapie ausprobieren, die zwar Frau Prof. Müller selber nicht mehr heilen wird, aber einer vergleichbaren Gruppe von Patienten, die noch nicht in diesem Stadium der Krankheit sind, von Nutzen sein könnte. Eine Stationsschwester, die diese Situation mitbekommt, zweifelt: Ist es »erlaubt«, an einer Patientin, die nicht mehr über sich entscheiden kann, medizinische Forschung zu betreiben? Mit dieser Frage wendet Sie sich an einen Philosophen und Bioethiker.

Nach dieser Einleitung beginnen Sie, die oben genannten Erklärungen, Deklarationen und Übereinkommen darzustellen, indem Sie ausführen, welche Handlungsmöglichkeiten sich für den Arzt Pillarius daraus ergeben. Anschließend können Sie die verschiedenen Konsequenzen zusammenfassen. Vielleicht haben Sie zu Hause auch schon eine Grafik dazu vorbereitet und die Diskussion kann beginnen. Wenn Sie glauben, anhand dieses Vorgehens zu wenig Informationen zu vermitteln (durch zwangsläufige Beschränkung auf ein Beispiel), dann ergänzen Sie diese Zusatzinformationen in einem Handout, das Sie, besser nach der Präsentation als vorher, an die Teilnehmer verteilen.

1. Schritt: Anschauliches und passendes Beispiel aus der Praxis heraussuchen
2. Schritt: Fragen zu diesem Beispiel aufwerfen
3. Schritt: Problemlösungen aufzeigen und auf diese Weise die Fragen beantworten
4. Schritt: Aus dem Konkreten nun Allgemeingültiges abstrahieren (herausziehen) und mit theoretischem Wissen (das vorher erarbeitet wurde) anreichern
5. Schritt: Wieder zurück zum Praxisbeispiel und die möglichen Wege für die Umsetzung des theoretischen Wissens durch Problemlösungswege/ Erkenntnisse aufzeigen

Aufbau anhand von Fragen

Eine nüchternere Art des Aufbaus besteht darin, zu Anfang der Präsentation Fragen zum Referateinhalt aufzuwerfen, die Sie selber im Verlaufe des Vortrags beantworten. Es ist für Zuhörer interessanter, Fragen beantwortet zu bekommen, die sie vorher gehört haben, als Antworten zu hören, nach denen keiner gefragt hat. Dabei stellen die Referateinhalte die Antworten dar, zu denen Sie die passenden Fragen erfinden. Hierbei können Sie, anders als bei der 5er-Aufbau-Variante, theoretisch bleiben. Am geschicktesten ist es, wenn Sie solche Fragen auswählen, die Sie sich selber beim Erarbeiten des Stoffs gestellt haben und die Sie während der Wissensaneignung für sich beantwortet fanden. Danach geht's an die Darstellung und Erörterung der Wissensinhalte. Entweder Sie beantworten die Fragen nach und nach und haken diese auf dem Flip-Chart (Folie, Tafel) gut sichtbar für alle ab oder Sie bleiben in der Erörterung und schlagen am Ende den großen Bogen zur Beantwortung der Fragen, die Sie zu Beginn gestellt haben. Dieser Aufbau hört sich dann im Vortrag ungefähr so an: »Meine Aufgabe ist es, einen kurzen Überblick über den Stand der ›Raucherdiskussion‹ zu geben und anhand dessen die kriminalpolitische Reichweite zu diskutieren. Zu Anfang stelle ich folgende Fragen, die im Verlaufe (dieses Referats) beantwortet werden …«

1. Schritt: Fragen »erfinden«
2. Schritt: Wissensinhalte/Informationen vermitteln, die im Zusammenhang mit den Fragen stehen
3. Schritt: Die Fragen entweder während der Wissensvermittlung beantworten oder danach auf deren Grundlage beantworten

Aufbau durch Kapitel und Unterkapitel

Diese Aufbauvariante besteht darin, den gesamten erarbeiteten Inhalt in drei große Abschnitte zu unterteilen. Danach werden für jeden Abschnitt bis zu fünf Unterpunkte gemacht. Das ergibt maximal 15 kleine Kapitel/Punkte. Derart vorsortiert heißt es nun für jeden Abschnitt und jeden Unterpunkt eine Überschrift zu finden. Die Überschriften sind dann die Gliederung, die Sie auf Folie übertragen oder auf ein Flip-Chart-Papier aufschreiben (notfalls vor der Stunde an die Tafel schreiben), gegebenenfalls könnten Sie auch ein Paper mit der Gliederung austeilen. Dieser Aufbau ist dann angebracht, wenn das Thema an sich spannend ist und keinerlei Aufpäppeln durch geschickte Problem- oder Fragenorganisationen mehr benötigt.

> **1. Schritt:** Das Lernskript in drei Abschnitte unterteilen
> **2. Schritt:** In jedem Abschnitt das Wichtigste zu fünf Unterpunkten zusammenfassen
> **3. Schritt:** Für jeden Unterpunkt eine Überschrift finden und diese in die Gliederung übernehmen

Aufbau anhand eines Exempels

Auch wenn es um ernste Sachthemen geht, Zuhörer mögen das Exemplarische, die Anwendung, das Nachvollziehbare, das an die eigene Erfahrungswelt anknüpft. Selbst auf Fachtagungen bei Vorträgen mit kompliziertesten Sachverhalten ist der Applaus für den am lautesten, der in seinem Aufbau »am Beispiel« vorgegangen ist.

Zum Vorgehen: Zuerst wenden Sie einen natürlichen Aufbau an, so wie er sich aus dem Thema ergibt, oder Sie wählen den Aufbau durch Kapitel und Unterkapitel. Anschließend wählen Sie einen Fall aus, der beispielhaft für die theoretischen Inhalte ist und erst durch die anschließenden Erörterungen richtig verständlich wird. Das kann eine immer wiederkehrende Person mit einer bestimmten Absicht sein, ein Ding mit Problemcharakter, eine Vorgehensweise oder Methode, an der Sie wiederkehrend Ihre theoretischen Sachverhalte spiegeln, kontrastieren oder praktisch demonstrieren. Wichtig ist, dass Sie nur ein einziges Beispiel nehmen. Dieses können Sie je nach zu veranschaulichendem Inhalt variieren, aber es ist notwendig, immer bei »Frau Müller-Hardenberg und ihrem Problem mit A« zu bleiben oder bei »Tom, der sich fragte, wie A mit B zu C werden kann«, oder bei »der kleinen Madeleine, die nicht versteht, warum A und B nicht C ergibt«, oder: bei »Vertretern der These XY, die damit Z beweisen wollen«.

Noch spannungsreicher wird die Präsentation, wenn Sie ein Ergebnis vorwegnehmen und zugespitzt darstellen. Wenn Sie zum Beispiel eine Versuchsanordnung erläutern, dann ziehen Sie das erstaunliche Ergebnis vor, zum Beispiel: »A kann nicht ohne B sein. Warum?« Ein solcher Spannungsaufbau funktioniert ebenfalls mit geisteswissenschaftlichen Themen, vor allem dann, wenn Sie das Beispiel oder Ergebnis pointiert zuspitzen: »Römmel-Müller meint in ›Goethe – Leben und Wirken‹, Goethe sei als alter Mann ein lüsterner, seniler Greis gewesen. Und jetzt die Frage: Was bringt dem Literaturwissenschaftler diese Erkenntnis und was bringt biografische Literaturinterpretation überhaupt? Welche Stellung nimmt sie in der Methodenlehre ein?«

> **1. Schritt:** Referat natürlich aufbauen bzw. nach Kapiteln und Unterkapiteln
> **2. Schritt:** Ein Exempel finden
> **3. Schritt:** Während des Vortrags wiederkehrend auf das Exempel rekurrieren und in Bezug zu den theoretischen Inhalten bringen

Aufbau mit klarer Positionsbestimmung

Dieser Aufbau lehnt sich an Graham Jones (2002) an. Das Referat wird als *Überzeugungspräsentation* behandelt. Jones geht den inhaltlichen Teil durch Beantwortung der Fragen »Why? How? Prove it!« an. Das Neue an diesem Aufbau ist, dass Sie klare Position beziehen, ohne die Wissenschaftlichkeit der Darstellungsweise zu vernachlässigen. Wissenschaftlich darzustellen heißt nämlich nicht, die eigene Ansicht zu verstecken. Im Gegenteil, Sie können sich durchaus von Anfang an als Vertreter einer bestimmten Lehrmeinung »outen«. Dabei können Sie ein Thema (Beispiel: »Das Für und Wider des Konstruktivismus«) sowohl aus positiver Sicht (Beispiel: »Ich bin Vertreter z.B. des Konstruktivismus und will euch überzeugen, wieso die Argumente des Dogmatismus dagegen nicht ankönnen«) als auch aus der gegnerischen Sicht (Beispiel: »Ich bin überzeugter Gegner des Konstruktivismus und will euch davon überzeugen, dass die Argumente des Konstruktivismus nicht überzeugend sind«) darstellen. Das Einnehmen einer bestimmten Position ist spannend und bindet die Zuhörer ein, die zeitgleich zu Ihrem Vortrag die eigenen Einstellung mit den vorgestellten Inhalten vergleichen und auf diese Weise automatisch Position beziehen. Mit einem solchen Aufbau stellen Sie von Beginn an sicher, dass sich im Anschluss eine Diskussion einstellen wird.

Ein gegenteiliger Ansatz wäre, das Thema aus neutraler Perspektive darzustellen, ohne Ihre eigene Position deutlich zu machen. Zum Beispiel erläutern Sie zuerst das Für der Konstruktivisten, dann das Wider des Dogmatismus und anschließend stellen Sie die Argumente wertend gegenüber. Sie merken bereits beim Lesen, dass das nicht so spannend ist, aber natürlich ebenfalls eine Möglichkeit des Aufbaus.

Doch nun noch einmal zurück zum Aufbau nach Jones. Die erste Frage, das Sie sich selber stellen, lautet: *Why?* Wählen Sie als Antwort Argumente und Begründungen aus, die Sie selber überzeugen. Das ist deswegen die richtige Herangehensweise, weil Ihre Kommilitonen ungefähr denselben Wissensstand und Erfahrungshintergrund wie Sie selber haben. Business-Präsentationen funktionieren häufig anders. Dort sollten Sie bei Überzeugungsarbeit stets die Perspektive der Zuhörer einnehmen. Das erfordert häufig einen Perspektivwechsel, wenn die Lebenswelt der Zuhörer sich von Ihrer sehr unterscheidet. Dann heißt es sich in diese hineinzuversetzen und aus deren Sicht zu überlegen, was diese überzeugen würde. Aber wie gesagt, bei der Uni-Präsentation ist es einfacher, weil Sie sich nur wenig Gedanken über das Vorwissen der Zuhörer machen müssen.

Die zweite Frage, die Sie sich stellen, lautet: *How?* Wie funktioniert ein Ablauf, eine Methode, wie ist ein Problem aufgebaut, wie lässt es sich lösen, wie ist das Vorgehen, wie die Auswirkung, wie sind die Folgen, wie die Ursachen usw.

Die dritte und letzte Frage lautet: *Prove it!* Weisen Sie nach, wie etwas gehen (soll), praktisch und theoretisch. Demonstrieren Sie am Beispiel, greifen Sie auf die Erfahrungswelt zurück, führen Sie ein methodisches Vorgehen exemplarisch vor. Beweisen Sie auf diese Weise, dass etwas geschieht, angewandt wird, durchgeführt wurde, werden sollte oder könnte.

1. Schritt: Warum? Warum ist das Thema von Bedeutung? Was genau ist von Bedeutung für wen?
2. Schritt: Wie? Wie funktioniert etwas, wie läuft es ab, wie ist das Vorgehen?
3. Schritt: Beweisen! Welche Belege gibt es dafür? Wie lauten die Begründungen? Welche Studien, Experimente, Quellen gibt es?

Gewöhnlicher Dreieraufbau

Natürlich können Sie die Inhalte auch in einen gewöhnlichen Dreieraufbau unterbringen, der aus *Einleitungs-, Haupt- und Schlussteil* besteht. Im Einleitungsteil bauen Sie eine Motivation fürs Zuhören auf, geben eine Orientierung für die Zielsetzungen des Referats und stellen die Gliederung vor. Im Hauptteil vermitteln Sie die wesentlichen Informationen und im Schlussteil fassen Sie noch einmal kurz zusammen. Dieser Aufbau eignet sich dann, wenn sich bereits aus dem Thema selber ein natürlicher Aufbau wie selbstverständlich ergibt. Planen Sie zuerst die Inhalte des Hauptteils (evtl. mit Überschriften versehen oder Thesen herauskürzen, clustern, wenn nötig), dann die Gliederung, anschließend die Zusammenfassung des Schlussteils und als Letztes formulieren Sie die Einleitung. Denn Sie können erst dann in etwas einleiten, wenn Sie genau wissen, in was.

1. Schritt: Inhalte für den Hauptteil festlegen und in übersichtliche Kapitel unterteilen
2. Schritt: Zusammenfassung für den Schluss schreiben
3. Schritt: Einleitung verfassen

Mündlicher Vortrag

Jeder fürchtet sich vor dem mündlichen Vortrag, mehr als Anfänger, weniger als versierter Referent. Das Wichtigste ist, sich selber nicht verrückt zu machen. Vor allen Dingen sollten Sie ausreichend Abstand zu angsterzeugenden Aussagen von Dozenten haben. Wenn zur Vorbereitung dieses Buchs im Interview der Dezernent für Studium und Lehre (D2) und kommissarische Direktor des Zentrums für Studienberatung und Weiterbildung (ZSW) der Uni Heidelberg sagt, dass die meisten studentischen Präsentationen »eine Qual für die Zuhörer« seien, dann trifft das nicht auf Ihre zu.

Sie sind nicht dazu da, andere zu unterhalten, sondern in aller

Kürze und in strukturierter Form Problemstellungen, Darstellungen oder Ergebnisse vorzustellen. Zudem trägt zu einer gelungenen Präsentation auch immer das *Auditorium* bei. Wenn Ihnen ein wohlgesonnenes Publikum gegenübersitzt, haben Sie es selbstverständlich leichter, eine gelungene Präsentation abzuliefern, als wenn Ihnen die Hörer ganz unbekannt, gar kritisch eingestellt sind. In der antiken Rhetorik empfahl man in solchen Situationen eine *Captatio benevolentiae*, also irgendetwas Nettes, Sympathisches, um das Wohlwollen der Hörer zu erhaschen. Eine Captatio kann auch dadurch erreicht werden, dass Sie vor der Stunde rechts und links mit einem Teilnehmer sprechen, ihn anlächeln oder, wenn sich gar kein anderer Anlass bietet, ihn um einen Kuli oder ein Blatt Papier bitten. So entsteht schon mal ein erster Kontakt, der Sie um einiges beruhigter in die Vortragssituation gehen lässt. Suchen Sie dann immer wieder den Augenkontakt desjenigen, der Ihnen gegenüber freundlich eingestellt ist. Die meisten sind ja so nett und nicken oder tun (sind) dann besonders interessiert an Ihrem Vortrag. Von solchen Kleinigkeiten hängt es häufig ab, ob eine Präsentation flüssig verläuft oder Sie so aufgeregt sind, dass Sie ins Holpern geraten. Die Rhetorik der mündlichen Präsentation beginnt also nicht erst in dem Moment, in dem Sie vorne stehen, sondern bereits dann, wenn Sie mit anderen aus taktischen Motiven vorher ins Gespräch kommen und die bevorstehende Vortragssituation absichern.

Wenn es dann losgeht, setzen Sie einfach einen *Beginn.* Fangen Sie mit dem an, was Sie vorbereitet haben, ohne weitere Umschweife. Häufig scheinen Hindernisse einen reibungslosen Anfang zu behindern. Beispiel: Sie sitzen in der Stuhlreihe vor dem Fenster an der linken Seite des Raums. Sie warten, bis Sie aufgefordert werden, mit Ihrem Vortrag zu starten. Nachdem der Dozent selber (viel zu lange) erzählt hat, werden Sie mittendrin plötzlich aufgefordert jetzt Ihr »kleines Referat« vorzustellen. Die meisten Referenten reagieren dann verständlicherweise verunsichert, werden aus einer Art Ruhezustand auf einmal aufgeweckt und müssen sich plötzlich in einer Oratorsituation (Orator = Redner) zurechtfinden. Diese Unsicherheit spiegelt sich in Fragen wie: »Ähh, soll ich jetzt vorkommen?« Damit wird Schülerverhalten dokumentiert. Brauchen Sie einen Lehrer, der Ihnen sagt, wie Sie vorzugehen haben?

Viele Lehrende lassen Studierenden sowieso die freie Wahl und antworten: »Wie es Ihnen lieber ist.« Nach dieser Frage ist es den meisten noch peinlicher, nun doch an die Tafel zu gehen. Also lassen Sie lieber solche Nachfragen und gehen wie selbstverständlich zu einem Platz, von dem aus Sie von allen gut gesehen werden (oder rücken Sie zumindest den Stuhl weiter nach vorne, setzen sich wenigstens eine Reihe vor und nehmen sich im Stillen vor, das nächste Mal auch den Schritt zur Tafel zu machen). Schließlich haben Sie nicht alle Tage die Möglichkeit, Präsentationssituationen einzuüben. Schon während des Assessments müssen Sie diese beherrschen und es dauert nur wenige Semester, dann werden Sie damit konfrontiert. Nehmen Sie also nicht zu viel Rücksicht auf Ihr Wohlbefinden. Präsentationssituationen müssen einfach nur durchgestanden werden. Nachdem Sie sich zu Hause bestimmte Punkte vorgenommen haben (»Ich setze mich auf jeden Fall an einen Platz, an dem ich von allen gesehen werde, ich spreche langsam, ich spreche deutlich …«), zwingen Sie sich auch, diese einzuhalten, oder überlisten sich (z.B. setzen Sie sich von Beginn an eine exponiertere Stelle im Raum als sonst).

Die meisten Rhetorikratgeber raten zur Anschaulichkeit in der Darstellung. Bei mündlichen Beiträgen in Lehrveranstaltungen können Sie anschaulich sein, müssen es aber nicht. Eine demonstratio ad oculos (also das Zeigen im sichtbaren Bereich: Demonstrieren von Vorgehensweisen, Handlungen, Durchführungen …) oder ad phantasma (in der Vorstellung: bildhafte und anschauliche Erzählungen zum Beispiel von spannenden Anschauungsfällen, Erlebnissen aus der Praxis) ist nur bei längeren Ausführungen von Bedeutung, vor allem, um die Aufmerksamkeitsspanne der Hörer zu verlängern. Je länger Ihre Redezeit ist, desto bedeutsamer wird die Anschaulichkeit Ihres Vortrags.

Tipps für die mündliche Präsentation
1. Wer will, kann es wie ein antiker Redner machen und den kompletten Text seiner Präsentation auswendig lernen (memoria). Dabei wird sich auch auf auf die Raffinessen des rhetorischen Vortrags (actio) konzentriert. Dieser hohe Aufwand lohnt sich dann, wenn Sie an Rhetorik besonders interessiert und später vielleicht in der Politik oder als Film- und Fernsehdarsteller Fuß fassen möchten. Für alle anderen ist eine zeitsparendere Variante besser. Hierbei erarbeiten Sie sich den

Wissensstoff gründlich, verstehen ihn komplett und haben ihn so intus, dass Sie diesen jedem Fremden ausführlich erklären könnten. Das ist vergleichbar mit der Vorbereitung auf eine mündliche Prüfung. Die angefertigten Folien und die Gliederung dienen dazu, den roten Faden zu behalten. Es verschafft außerordentliche Sicherheit im Vortrag, wenn Sie den Inhalt Ihres Referats komplett verstanden haben. Keine Frage wird Sie aus der Faassung bringen und Sie strahlen Souveränität aus. Wer Wissen abrufbar hat, beherrscht eine natürliche Rhetorik, die kaum noch stilistischer Hilfsmittel bedarf.

2. Wer aus Zeitmangel oder aber aus fehlendem Grundverständnis die Inhalte des Referates nicht gründlich erarbeiten kann, der sollte mit *Karteikarten* hantieren und sich das Wichtigste darauf notieren. Bedeutend ist, dass Sie auf die Karteikarten etwas anderes vermerken, als Sie auf die einzelnen Folien geschrieben haben. Es ist langweilig, wenn die Teilnehmer etwas lesen und Sie genau dasselbe darüber auch erzählen. Ein Bezug darf freilich nicht fehlen, aber es soll für die Zuhörer immer noch spannend sein, Ihnen zuzuhören.

3. Bei strittigen Themen kündigen Sie an, welche *Position* Sie zuerst darstellen wollen und welche danach folgt. Nach einer neutralen Darstellung beider nennen Sie das Für und Wider der jeweiligen Position.

4. Redeleitende Partikel, das sind Pausenfülle (äh, tja, also), die als Knautschzonen auftauchen (soso, jaja) oder als Redeeinleitung (ja also, tja), werden nur selten absichtlich verwendet. Sie signalisieren Gefühle und Einstellungen, sagen also mehr aus, als Sie es selber wollen. Meistens weisen diese auf Unsicherheit hin, zum Beispiel bei Sätzen wie »*Irgendwie* leuchtet das schon ein« oder »*Eigentlich* kann man den Schluss ziehen, dass« oder »das kann man *eh* nicht so ganz sagen«. Wenn Sie Unsicherheiten verbergen wollen, dann bemühen Sie sich, diese Partikel zu unterdrücken. Wenn Sie darauf achten, wird es Ihnen das ein oder andere Mal selber auffallen, dass Sie schon wieder »mhhhh« gesagt haben. Machen Sie dann lieber eine Pause, atmen Sie ein, statt aus.

5. Keine Angst, dass Sie vielleicht zu gestisch sein könnten. Armstrong/Stokoe und Wilcox kommen in ihrer Studie[35] zu dem Ergebnis, dass Sprache als eine Form von sichtbarer und zugleich hörbarer Geste die Ausgangspunkte für die Entwicklung des menschlichen Selbst und des menschlichen Verstandes sind. Sie erbringen den Nachweis, dass

Gesten die Grundlagen menschlicher Sprachentwicklung überhaupt bilden. Erst die Kombination von sichtbarer Geste und hörbarer Geste hat Synapsen für Sprachentwicklung im menschlichen Gehirn geschaffen[36]. Weitreichende Gestik, um große Zusammenhänge zu verdeutlichen, können also nicht schaden. Das störende Mit-den-Händen-Fuchteln oder Mit-dem-Fuß-Wippen dagegen schon, denn das sind keine Gesten, sondern Zeichen Ihrer Aufregung. Achten Sie darauf, dann kontrollieren Sie es.

6. Lassen Sie *persönliche Motivationen* aus der Präsentation draußen. Wer zum Beispiel öffentlich eingesteht, dass ihn ein Thema deswegen besonders interessiere, »weil er es schon im Leistungskurs interessant fand«, beichtet, ohne damit positives Selbstdarstellungspotenzial auszuschöpfen. Wissenschaftlich relevant ist nur, was auch den Diskurs der Lehrveranstaltung voranbringt. Grundsätzlich sollten Sie weder in schriftlichen Arbeiten noch in mündlichen Anmerkungen erwähnen, dass Sie ein Thema aus persönlichen Gründen (eigenes Defizit, seit Kindheit andauerndes Interesse, von einem Lehrer vermitteltes Interesse) interessiert. Verpacken Sie vorhandene individuelle Neugier stets in wissenschaftliches Interesse. Nur die Formulierung macht den Unterschied. Selbstverständlich ist die eigene Biografie interessebegründend und -leitend, aber das steht auf einem anderen Blatt. Was ist, muss ja nicht auch immer gesagt werden. Doch wie nun vorgehen? Lesen Sie in Skripten, Lehrbüchern, Aufsätzen nach und suchen Sie Argumente aus Ihrem Fachgebiet heraus, wieso ein Sie persönlich interessierendes Thema auch wissenschaftlich relevant ist (z.B. weil es noch zu wenig Untersuchungen dazu gibt, weil die vorhandenen schon alt sind, weil Ihrer Meinung nach fehlerhaft vorgegangen wurde oder man auch anders und besser vorgehen könnte usw.). Diese Motivationsgründe übernehmen Sie. Auf diese Weise wird beinahe jede Motivation zu einer wissenschaftlichen.

Rhetorische Stilmittel

Es gibt einige rhetorische Stilmittel, mit denen Sie auf sprachlicher Ebene Ihr Referat effektvoller gestalten können. Das Einüben und Anwenden der Stilmittel ist die letzte Stufe bei der Vorbereitung Ihrer Präsentation, ein Mehr, aber nicht ein Notwendiges.

Manche meinen, dass ein Referat gar das Gegenteil von Rhetorik sei, andere merken gar nicht einmal, dass ein Referatsvortrag deswegen so ausgezeichnet war, gerade weil rhetorische Stilmittel angewendet wurden. Letztere sollten aber stets unauffällig und wie selbstverständlich eingesetzt werden. Vom Ursprung her sind rhetorische Figuren auch der natürlichen Sprache entnommen und durch Beobachtung hervorragender Redner der Nachwelt tradiert worden. Integrieren Sie die nun vorgestellten Stilmittel, falls diese Ihnen selber gefallen und Sie meinen, dass sie zu Ihrer Persönlichkeit passen. Probieren Sie es ruhig aus und schätzen selber ein, welche rhetorischen Raffinessen Ihren Vortragsstil bereichern und welche Ihnen unnatürlich vorkommen (Selbsttest durch Ton- oder Videoaufzeichnung).

1. Die rhetorische Figur der *Kette* lässt sich gut und natürlich einsetzen. Dazu wiederholen Sie in einem Satz einen Begriff, den Sie bereits im vorhergehenden genannt haben. Das ist wie zwei Schritt vor und einer zurück. Manche Menschen wenden diese Art des Sprechens auch an, wenn sie nervös sind, und konzentrieren sich auf diese Weise wieder auf ihre Inhalte. Darüber hinaus werden den Zuhörern wichtige Worte besser eingeprägt. Beispiele für eine Kette sind: »Müller zeigt, wie *Morphologie* funktioniert. Wie also funktioniert *Morphologie?*«, »Die meisten Musikinstrumente haben *Eigenschwingungen*. Eine *Eigenschwingung* ist die Schwingung, die ein schwingungsfähiges System mit seiner Eigenfrequenz durchführt.«

2. Das Stilmittel der *Verdeutlichung* werden Sie bereits unbewusst in der Referatesituation verwenden, z.B. »Die radikale Theorie, *also radikal im marxistischen Sinne*, besagt, dass ...« Planen Sie, an welcher Stelle Sie verdeutlichen möchten, dann agieren Sie rhetorisch, weil Sie deswegen verdeutlichen, um einen Lern- bzw. Festigungseffekt bei den Hörern zu erzielen, und nicht, um sich selber während des Redens zu verbessern. Dass Sie im Zweifelsfall lieber verdeutlichen, anstatt den Seminarleiter zu fragen: »Soll ich dazu noch was sagen?«, versteht sich von selbst.

3. *Alliterationen* werden in der Poesie verwendet, können aber auch in einer Präsentation einen netten, unauffälligen Effekt haben, der in einer Geschmeidigkeit der Sprache besteht. Wenn Sie zufälligerweise mehrere Vertreter einer Lehrmeinung finden, die mit demselben Anfangsbuchstaben beginnen, dann nutzen Sie diese kleine Begebenheit und sagen: »*Müller*, *Meier* und *Meuscher* haben Studien vorgelegt,

die ...«, oder: »*Ritz, Rauscher* und *Renate* Müller haben letzte Stunde ja gezeigt, dass ...«

4. Sprachlich dynamischer und offensichtlicher rhetorisch wird es, wenn Sie die **Figur der zunehmenden Glieder** einsetzen. Es nimmt dabei der Silbenumfang zu und die Lautstärke wird erhöht, zum Beispiel mit »Immer mehr Autoren *zeigen, weisen nach* und *fordern mit Nachdruck,* dass...« Umgekehrt nehmen bei der **Figur der abnehmenden Glieder** der Silbenumfang ab, Sie senken und verlangsamen den Ton, so wie hier: »Um Voraussetzungen zu schaffen für die Umsetzung der *theoretischen Erkenntnisse, empirischen Belege* und *Nachweise.*«

5. Wenn Sie durchweg zeitgemäße Inhalte vorstellen, vor allem bei objektiven Darstellungen (z.B. Statistiken, Rechenarten, Laborergebnissen u.Ä.), kann es effektvoll sein, wenn Sie an einer Stelle einen veralteten Ausdruck anwenden (**Antiquitas**), um damit gelangweilte Zuhörer zum Aufmerken und Nachdenken anzuregen: »Die *Neigung* spielt in der Diskussion um ... nur eine untergeordnete Rolle«, »Hier noch eine *Merkwürdigkeit*[37] bei der Ermittlung von Schallgeschwindigkeiten ...«

6. Das Gegenteil von Antiquitas ist der **Neologismus**, also eine Wortneuschöpfung. Dieser ist erlaubt, solange Sie deutlich machen, dass er von Ihnen selber stammt und bestimmte Sachverhalte verdeutlichen soll. Ein Neologismus kann auch der präziseren Beschreibung dienen: »In diesem Sinne kann man auch von einem *Kantsokratismus* sprechen...«, »Für viele undurchsichtig, ein *Helsinkiphantom,* das durch den Europarat geisterte.«

7. Gekonnt verwendet, kann ein **Stilbruch** müde Hörer aus dem Schlaf reißen. Allerdings eignet er sich zur Anwendung nur für diejenigen, die bereits versiert im Rededuktus der wissenschaftlichen Fachsprache sind und von dem jedermann weiß, dass bewusst ein Stilbruch als rhetorisches Mittel verwendet wurde. Anders als bei vielen rhetorischen Stilmitteln folgt hier die positive Wirkung aus dem Wissen des Hörers, dass Rhetorik absichtlich eingesetzt wurde. Im Großen und Ganzen in der Uni als studentischer Referent eher sparsam und sehr gezielt einsetzen: »Unwissende würden jetzt vielleicht sagen, dass sei *kapitalistische Scheiße.* So weit würde die Literatur in diesem Rahmen nicht gehen, aber es gibt kritische Stimmen...«

8. Eine *Katachrese*, also ein Bildbruch (ein sonst übliches sprachliches Bild wird dem Referate- bzw. Redeinhalt gemäß verändert), führt zu einem innerlichen Stirnrunzeln der Hörer, die einen Moment innehalten und denken: Stimmt das so? Nicht allen Hörern fallen Bildbrüche auf, aber denen es auffällt, die freuen sich darüber und schmunzeln über Ungewöhnliches: »Man kann nur sagen, *das Ganze liegt noch in sehr feuchten Tüchern* …« (Bild und Managementausdruck: Das haben wir schon mal in trockenen Tüchern). Die Katachrese sollte zwar wie selbstverständlich geäußert werden, aber niemals so angewendet, dass Hörer annehmen, Sie hätten einen Fehler gemacht. Aber das merken Sie sehr schnell an deren Hörerrückmeldungen (lachen, lächeln, überrascht aufblicken, anerkennend nicken).

9. *Personifizierungen*, vor allen von leblosen Dingen oder Abstrakta, können trockene Inhalte sympathischer erscheinen lassen: »Die *Theorie kann lächeln, so viel sie will*, sie wird dadurch nicht anwendbarer für die Praxis.«

10. Die Übertragung von Eigenschaften aus einem Sinnesbereich in einen anderen (*Synästhesie*) schafft Abwechslung beim Zuhören: »Diese *heiße Erkenntnis* habe ich hier in einem Modell dargestellt«, »Das hat *müde Kritik* hervorgerufen, vor allem von den Vertretern der Theorie …«

11. Bei der *Figur des pars pro toto* nehmen Sie einen Teil für das Ganze, also »*Mein Ohr* hört keinen Widerspruch …« oder in humoristischer Weise: »*Das Auge* von Rode-Meier hat aber übersehen, dass die Augenheilkunde …«

12. Einen charakteristischen Teilaspekt eines Vorgangs heben Sie mit der *Figur des rei signum* hervor: »Sie schaute durch das Okkular. Ergebnis war die Theorie A.«

13. Je nach Zusammenhang kann eine *Litotes* ein sympathisches Rededetails sein, also die Verneinung des Gegenteils: »Das ist ja *keine kleine* Randthese gewesen, sondern …«, anstatt: »Das war eine bedeutende These.«

14. Ein absichtliches betontes Sprechen (*Emphase*) verstärkt die Passagen oder Aspekte, denen Sie Bedeutung zukommen lassen wollen. Außerdem können auf diese Weise müde Zuhörer wieder wachgerüttelt werden, die sonst durch gleichförmige Vortragsweise angeregt, vor sich hin dösen. Unterstreichen Sie auf den Karteikarten, die Sie als

Redehilfe mit dabei haben, die Stellen, die Sie besonders betonen möchten. Trainieren Sie aber vorher zu Hause. Wer insgesamt ein schüchterner Typ ist, der sollte nicht wie aus heiterem Himmel auf einmal emphatisch werden, nur weil er es auf seiner Karteikarte vermerkt hat. Raffinierter als die Emphase durch eine Veränderung der Lautstärke (lauter werden), wird sie durch Dehnung der Vokale erzielt: »Die Studien b-e-h-a-u-p-t-e-n, dass ...« Das wirkt dem wissenschaftlichen Kontext angemessener und ruft ebensolche Aufmerksamkeit hervor.

15. Ebenso dezent können und sollten Sie auch die *Geminatio*, also die Dopplung, verwenden: »*Keiner, keiner* der hier aufgezeigten Autoren hat ...« Gekonnt ist, wenn Sie, um im Beispiel zu bleiben, nach dem »keiner« eine kleine Pause einlegen, so als würden Sie überlegen und scheinbar unabsichtlich beim Wiederaufgreifen des Satzes das »keiner« wiederholen.

16. Ebenso unabsichtlich sollte auch die *Detaillierung wirken*, durch die Sie die Gefühle der Zuhörer steigern können. Auch hier liegt alle Wirkung im Konstruieren des Unabsichtlichen. Bei der Steigerung von Gefühlen sollen die Zuhörer wirklich glauben, dass Sie Ihr Referatsthema persönlich bewegt, dass Sie wahres Interesse dafür haben und es Ihnen ein wirkliches Anliegen ist, anderen die erarbeiteten Informationen zu vermitteln. Üben Sie das zu Hause, indem Sie sich einige Lücken für das Schöpferische lassen, also für die Momente, die Sie aus der Situation heraus spontan füllen. Wenn Sie einen Gefühlsappell an die Teilnehmer richten, dann detaillieren Sie möglichst spontan, wie zum Beispiel hier beim Referatevortrag über den Stand der Emotionsforschung: »Emotionen bewegen uns täglich (das hat der Referent sich auf eine Karteikarte notiert und liest es ab). Verliebtsein und Liebeskummer, Stress mit der Familie, Ausweglosigkeit, weil die Studiengebühren nicht finanzierbar sind (diese Detaillierungen werden spontan ergänzt und knüpfen an eigene Erfahrungswelten an). Die Emotionsforschung hat mit den Studien von ... (weiter im Vortrag)«. Häufig werden solche Detaillierungen schon angewendet, jedoch nicht zu Ende geführt. Ein »Ihr wisst schon, was ich meine, das kennt ihr ja schließlich alle selber« bedeutet natürlich einen Verrat an der eigenen rhetorischen Technik. Sicher kennen das die Zuhörer selber, deswegen knüpfen Sie ja daran an. Denken Sie daran, dass Sie im Moment des

Vortrags Redner sind und jedes Recht besitzen, sich auch bis zu Ende zu äußern. Die Zeit vergeht zwar geringfügig schneller, wenn Sie Sätze und damit auch die vorgesehenen rhetorischen Figuren abbrechen, aber die Qualität der Präsentation leidet sehr darunter. Wenige Minuten, manchmal nur Sekunden mehr machen hier den Unterschied in der Wirkung aus.

17. Daneben gibt es kleinere Stilmittel, die kaum Redezeit einnehmen, denn hier geht es um Umformulierungen. Sie sagen etwas, nur ein wenig anders, als Sie es sonst tun würden. Da wäre das *Scheinparadox*: »Studie ist ja nicht gleich Studie« oder das *Wortspiel*: »Mindermeinung bedeutet ja nicht, minderer Meinung zu sein.« Wem Wortspiele zu altklug erscheinen, der kann diese als Zitate kennzeichnen. Suchen Sie sich ein passendes aus einem Zitatelexikon heraus oder, noch besser, eines aus Lehrbüchern oder Fachzeitschriften, und ergänzen dann »(Zitat) sagt, Meier-Maibaum in »Einführung in die …«.

18. Eine *emphatische Voranstellung* oder *Nachstellung* bedeutet, seine sonst gebräuchlichen Formulierungen zu beobachten und gegebenenfalls umzustellen. Wenn Sie sonst sagen würden: »Chemiker haben zehn Jahre gebraucht, um nachzuweisen, dass …«, stellen Sie in der Referatesituation wirkkräftig voran: »*Zehn Jahre haben Chemiker gebraucht*, um nachzuweisen, dass …« (Voranstellung), und anstatt wie sonst zu sagen: »Wenn man es selbst nicht überprüft hat, kann man fragen, ob es legitim ist, anzunehmen, dass Studien das belegen …«, ist eine Nachstellung in Form einer Frage effektvoller: »Ist es legitim anzunehmen, dass Studien das gezeigt haben – *ohne es selbst überprüft zu haben*?« (Nachstellung) Ohne starke Betonung und ohne Veränderung der Lautstärke bewirken diese einfachen Umstellungen im Satzbau, dass Zuhörer aufmerksamer sind.

19. Ebensolche Aufmerksamkeitssteigerung kann auch das *Zeugma*[38] bewirken, eine Worteinsparung. Das bekannteste Zeugma lautet: »Ich kam, sah, siegte«[39], in Uni-Präsentationen zum Beispiel: »Im ersten Teil *frage, zeige, belege* ich. Im zweiten Teil führe ich das Videomaterial vor.«

20. Einen interessanten rhythmischen Effekt haben auch (Wort-) *Paare*: »Nicht *Nachweise und Belege*, sondern *Erfahrung und Wissen* zählen nach Reuter-Meierbaum.«

21. Das *Asyndeton* in praktischer Anwendung ist ein Stilmittel für

versiert Vortragende. Dabei werden Wort- bzw. Satzreihen nebeneinander gestellt, deren Glieder nicht durch eine Konjunktion verbunden werden, wie zum Beispiel hier: »*Müller zeigte, Meier wies auf, Krüger demonstrierte* – und dennoch bleibt fraglich, ob die Argumentation wirklich überzeugend ist. Das will ich jetzt zur Diskussion stellen und bitte euch, Stellung zu nehmen.«

22. Ebenfalls für Fortgeschrittene ist der **Chiasmus**. Hier werden ansonsten parallele (Teil-)Sätze kreuzweise entgegengesetzt. Typisch wäre: »Die Welt ist groß, klein ist der Verstand.« Bei wissenschaftlichen Präsentationen können Sie ebenfalls überkreuz anordnen, etwa: »Externe Kosten trägt nicht der Verursacher. Der Verursacher erhält keine Vergütung.« (Statt: »Externe Kosten trägt nicht der Verursacher. Eine Vergütung erhält er nicht.«) Dabei muss die Bedeutung nicht unbedingt entgegengesetzt sein, lediglich auf die Überkreuzstellung kommt es an.

Bedenken Sie bei der Anwendung aller Stilmittel, dass Sie ein Referat zu halten haben, das im wissenschaftlichen Umfeld bestehen soll. Keinesfalls darf die Wissenschaftlichkeit unter der Rhetorik leiden und die Nähe zur Verkaufspräsentation sollte unbedingt vermieden werden. Das heißt nicht, dass Sie nicht auch rhetorische Stilmittel einsetzen dürfen – nur eben mit Bedacht und lieber weniger denn mehr. Wenn Sie auf jeder Schriftseite im Vortrag ein oder zwei Stilmittel bewusst einsetzen, ist das schon mehr als genug und tut seine Wirkung.

Wie viel Rhetorik ist notwendig?

Es kann der Fall sein, dass allein das Thema des Referats bereits für die Zuhörer so spannend ist (z.B. wichtiges Prüfungsthema), dass eine ausführliche Aufbereitung durch rhetorische Stilmittel nicht notwendig ist. Ob und wie viel Wert Sie auf die rhetorische Ausformulierung legen sollten, richtet sich nach dem *genus* Ihres Referatethemas:

Genus Obscurum (kompliziertes Referatethema)

Wenn Sie ein sehr schwieriges oder kompliziertes Referatsthema übernommen haben[40], das nicht nur für Sie, sondern auch für die Kommilitonen schwer zu verstehen ist, dann sollten Sie eine rhetorische Überarbeitung einplanen. Überlegen Sie, wann welche Worte verwendet werden, wo Fachbegriffe vorkommen (sollten), wann Definitionen

vorgestellt werden und wie kurz Sätze sein sollten, damit Ihnen die
Zuhörer folgen können.[41]

Genus Turpe (schockierendes Referatethema)

Wirklich schockierende Referatethemen werden in der Regel selten
vergeben. Aber es kann durchaus der Fall sein, dass Sie in Ihren Ausführungen gegen übliche Vorstellungen verstoßen (gegen die Lehrmeinung, gegen bisherige Empirie u.Ä.) oder Ihr Thema selber so zuspitzen, dass es provozierend wirkt (z.B. um mehr Aufmerksamkeit zu
erlangen). Möglich ist auch, dass Sie in Ihrem Vortrag gegen die Lehrmeinung der Seminarleitung argumentieren und diese aus diese Weise
direkt oder indirekt kritisieren. Hier werden alle Ohren aufmerksam
sein und Sie müssen sich über den rhetorischen Spannungsaufbau
Ihres mündlichen Vortrags wenig Sorgen machen. Schon eher über die
Abschlussnote, falls Sie nur schwache Argumente und kaum Quellen
zum Beleg Ihrer Thesen haben …

Genus Dubium (offenes Referatethema)

Bei manchen erarbeiteten Themen kann man nicht ganz sicher sein, ob
die Inhalte auch auf Zustimmung von Seminarleitung und Zuhörer
stoßen. Sie zweifeln, ob Ihre Thesen gut ankommen. In einem solchen
Fall sollten Sie eine rhetorische Überarbeitung vornehmen und vor
allem mit Fragen arbeiten. Stellen Sie zur Disposition und formulieren
Sie für alle augenscheinlich ein wenig überspitzt, um eine Reaktion
herauszufordern. Die meisten Lehrenden sind begeistert, wenn ein
Referat Anlass zu Widerspruch und Diskussion gibt. Das alles gilt
selbstverständlich nur unter der Voraussetzung einer vorherigen sehr
gründlichen Erarbeitung des Themas. Denn Sie sollten als Referent an
der Spitze der Diskussion stehen, diese moderieren und steuern.

Genus Humile (belangloses Referatethema)

Viele Referatsthemen sind belanglos und für Ihre Kollegen uninteres-
sant. Grundsätzlich sollten Sie sich ein solches Thema nicht heraussuchen, wenn Sie die freie Wahl haben. Denn hier ist zusätzlich zur Erarbeitung des inhaltlichen Teils noch eine gründliche Elocutio (lateinisch
für Stil, Ausdrucksweise, also das Einkleiden der Gedanken in wirkungsvolle Worte und Sätze) notwendig, um einen guten Vortrag

abzuliefern. Alle Kunst des Spannungsaufbaus und jegliche nur anwendbare rhetorische Stilfigur sollten Sie hier versuchen. Üben Sie die Actio vorher ein, zeigen Sie Mimik, Gestik und eine interessante Power-Point-Präsentation. Je langweiliger Ihr Thema für die Zuhörer, desto eher dürfen Sie auch etwas Flash in Ihre Präsentation bringen. Sonst sollten Sie mit Animationen eher sparsam umgehen, denn bei einem interessanten Thema lenkt es von den Inhalten ab. Bei einem langweiligen macht es dieses erträglich.

Genus Honestum (spannendes Referatethema)

Das perfekte Referatethema schlechthin ist für alle spannend: Referent, Zuhörer und bestenfalls auch für den Dozenten. Die Hörer sind eigenmotiviert (zum Beispiel weil das Thema prüfungsrelevant ist), werden aber mit Sicherheit nachfragen. Hier können Sie die Elocutio zugunsten der intensiven inhaltlichen Aufbereitung vernachlässigen.

Beachten Sie: Während der Zeit des Referierens stehen Sie im Mittelpunkt – eine rhetorische Chance. Nutzen Sie diese. Selten erhalten Sie so viel Aufmerksamkeit vom Dozenten wie in diesem Zeitraum. Worum Sie sich sonst bemühen müssen, bekommen Sie hier quasi umsonst. Planen Sie also, wie Sie sich selber präsentieren. Augenscheinlich geht es um das Referieren des Inhalts, in Wirklichkeit aber stets um Ihre Person, denn *Sie* werden bewertet und erhalten die Credit-Points oder den Schein für diese Leistung[42]. Die Wahl Ihrer Sprache ist dabei von hoher Bedeutung. Verwenden Sie Alltagssprache, dann geben Sie sich als Außenstehender zu erkennen, zeigen, dass Sie nicht vom Fach sind. Das muss nicht sein, weil Sie, anders als bei mündlichen Anmerkungen in der Veranstaltung, beim Referat länger Zeit haben, um sich fachsprachlich vorzubereiten. Einer guten Bewertung darf nicht mangelnde Ausdrucksweise entgegenstehen, so wie hier:

Referent in einem BWL-Proseminar: »Als Nächstes hab ich jetzt einfach den outlaw genannt, auf jeden Fall, also jetzt zeig ich den mal, hier sehen wir eben den Mann, der in der Natur sitzt und so, und man weiß ja auch, dass viele das so wollen und deswegen kaufen sie die Zigaretten.«

Drücken Sie sich exakt aus, präzise und genau und überlegen sich die Worte, die Sie verwenden, um Sachverhalte darzustellen.

Gleiches Seminar, Referent einer sehr guten Präsentation: »Wenn Archetypen für die Vermarktung eines Produkts genutzt werden, können sie aufgrund der universellen Verwurzelung eine Vermarktung steigern (denn darum geht es im Marketing, um Produktvermarktung!)«.

Wie nun wird »gut« formuliert? Zum einen sind Fachtermini notwendig. Halten Sie Ihre Lehrbücher bereit und kaufen Sie sich zusätzlich ein Fachlexikon, denn nicht jedem Lehrbuch ist ein Glossar mit Begriffserläuterungen angefügt. Zunächst arbeiten Sie den inhaltlichen Part Ihres Referates aus. Power-Point-Präsentationen sind inzwischen üblich. Deswegen überraschen Sie damit alleine keinen mehr. Wenn Sie dennoch Aufmerksamkeit erregen möchten, dann tun Sie es nicht mit Flash-Animationen, denn bewegtes Bild ist nett, aber auch nicht mehr außergewöhnlich.

Wenn Ihnen Zeit bleibt oder Sie aus strategischen Gründen mehr Zeit in dieses Referat investieren, dann könnten Sie mit Links etwas Neues erreichen, zum Beispiel wenn Sie sich im Vorfeld darum kümmern, zugleich auch online zu sein. Vermeiden sollten Sie es aber zu erwähnen, dass Sie dies gerne getan hätten, aber einfach nicht (mehr) geschafft haben[43]. Erwartungen wecken, nur um sie anschließend zu enttäuschen, ist ein ungeschickter Schachzug.

Nachdem Sie Ihr Referat inhaltlich wie auch präsentationstechnisch (Folien, Handouts und/oder Power-Point-Präsentation) fertig gestellt haben, begeben Sie sich an die *Memoria*. In der klassischen Antike bedeutete dieser Part, wie schon erwähnt, das Auswendiglernen der Rede. Für Sie bedeutet Memoria glücklicherweise »nur« das gründliche Verstehen sämtlicher Inhalte, gespickt mit einigen gezielten rhetorischen Stilmitteln und unterstützt durch Spickzettel (Karteikarten, Folien, Handouts …). Üben Sie zu Hause[44] laut und deutlich ein[45] und achten darauf, dass Sie nicht reden, wie Ihnen der Schnabel gewachsen ist, sondern so, wie es der Dozent tun würde[46]. Übersetzen Sie dabei einfache Worte oder Wendungen in fachinterne exakte Ausdrucksweisen (ggf. unter Zuhilfenahme von Lexika). Das schafft Kompetenz und lässt Lehrende aufhorchen. Verwenden Sie Fachbegriffe, unbesorgt auch längere Sätze, drücken sich exakt und auch mit Fremdwörtern aus. Gehen Sie aber auf Nummer sicher und bringen nur diejenigen Begrifflichkeiten ins Spiel, die Sie wirklich vorher nachgeschlagen haben. Denn Sie provozieren Nachfragen und der eine oder andere wird die Chance wahrnehmen, Genaueres wissen zu wollen.

Sie sollten sich nicht besonders darum bemühen, mit Ihren Ausführungen keine Fragen zu provozieren. Sie halten ein Referat und ersetzen nicht den Pädagogen. Erklären Sie also Ihre Ausführungen nicht, warum auch? Bleiben Sie bei »Internetwerbung zeichnet sich durch eine größere Varianz aus.« Und fügen nicht ungefragt eine »Übersetzung« derart hinzu: »Damit meine ich, dass es viel mehr verschiedene Werbung gibt ...« Lassen Sie sich ruhig dazu auffordern, den anderen zu erklären, was Sie meinen!

In Präsentationen und Referaten geht es darum, sich als wissenschaftlich Denkender darzustellen. Ähnlich wie beim Emotionsbeitrag, sollten Sie auch in der Referatesituation das ungesteuerte Zugeben von Persönlichem vermeiden. Aufgrund ihrer Aufregung und Redeangst versuchen viele Referenten, diese niedrig zu halten, indem sie sich darum bemühen, einen persönlichen Kontakt zum »Publikum« (Kollegen und Dozenten) herzustellen. Solange sich dies auf technische Aspekte bezieht und vor dem Beginn des eigentlichen Vortrags stattfindet, schadet es nicht: »Oje, hoffentlich klappt auch die Stromversorgung, sonst fällt die gesamte Präsentation flach« (und Ähnliches).

Mit dem Startschuss für Ihren Vortrag wechseln Sie jedoch die Rolle. Nun ist erforderlich, dass Sie aus der Rolle der Studentin hinaustreten und in die einer möglichst objektiven Denkerin schlüpfen, aus der des aufgeregten Studenten in die des inhaltlich involvierten Fachmanns. Wenn Motivationen genannt werden, zum Beispiel im Einleitungsteil Ihres Referates, dann unter Ausschluss jeglicher persönlicher Gründe. Es ist unangebracht zu erwähnen, dass man in seiner Freizeit viel mit Musik zu tun hat und selber Klarinette spielt. Es interessiert in dieser akademischen Situation niemanden, dass Sie deswegen das Angebot, über die Schwingungswellen bei Blasinstrumenten zu referieren, gerne angenommen haben. Aber es interessiert (Ihre Kollegen), dass Schwingungswellen Prüfungsthema sind und dass es gut an die Ausführungen der letzten Stunde (als die schwingende Luftsäulen besprochen wurden) anknüpft (Dozent).

Es mag im ersten Augenblick distanziert klingen und es fällt nicht leicht, zwischen persönlichen Kontakten zu Kommilitonen und einer fachlichen Präsentation von einem Augenblick zum anderen zu wechseln. Aber selbst wenn Dozenten sich in ihren Lehrveranstaltungen bewusst um ein persönliches Umfeld bemühen, wenn Sie sich gar duzen oder Persönliches übereinander wissen, nur selten sind Sie als Mensch interessant und Sie sind nur dann (für die Lehre oder Forschung) nützlich, wenn Sie auch in die akademischen Rollen, in die des Fachmann oder der Fachfrau, schlüpfen können.

Wie moderiert man eine anschließende Diskussion?
Der Erfolg eines mündlich vorgetragenen Referats bemisst sich auch an den Reaktionen der Zuhörer. Je intensiver auf Grundlage Ihrer Ausführungen und im Anschluss daran inhaltlich diskutiert wird, desto erfolgreicher war Ihre Präsentation. Manchmal übernimmt die Seminarleitung die Moderation der Diskussion. Sehr häufig ziehen sich Dozenten aber auch komplett aus dem Geschehen zurück und überlassen diese Aufgabe den jeweiligen Referenten.

Eine Moderation unterscheidet sich sehr von einem Vortrag. Jetzt treten Sie zurück, um die Redezeit an die Teilnehmer abzugeben. Dabei verschwinden Sie aber nicht aus dem Geschehen, sondern wechseln in die Position des Moderators. Als Moderator beginnen Sie damit, eine Diskussionsfrage (die Sie zu Hause vorbereitet haben) vorzustellen, und bitten um Meldungen. Nachdem die Teilnehmer aufzeigen, legen Sie eine Reihenfolge der Wortmeldungen fest: »Ja, zuerst Julia, dann Christian und dann Mira – wolltest du auch etwas sagen? Okay, und dann Mira«, und halten daraufhin den Blickkontakt zu dem oder der sich Äußernden.

Anschließend geben Sie einen kurzen Kommentar zu der Bemerkung ab (»Dieser Ansatz, den du eben genannt hast, findet man auch bei …«). Sie können dabei Parallelen zu Ihren Ausführungen ziehen (»Das finde ich auch, deswegen habe ich darauf hingewiesen, dass …«) oder eine Idee bewerten (»Oh, diese Idee ist neu und wirft ein anderes Licht auf …«), weiterführen (»Wenn man das, was Thomas sagt, weiterdenkt, dann wäre die Konsequenz, dass …«) oder einschränken (»Guter Gedanke, aber meiner Ansicht nach führt es zu weit anzunehmen, dass….«). Sie sollten als Moderator ein zurückhaltendes Mittelmaß haben, sich selber nicht in den Vordergrund rücken, aber auch nicht ins Abseits drängen lassen. Kommentieren Sie nicht jeden Beitrag, sondern wählen einige davon aus. Am geschicktesten die, die der positiven Bewertung Ihres Vortrag förderlich sind.

Wenn Sie möchten, können Sie bestimmte Inhalte stichwortartig an die Tafel schreiben und auf diese Weise Wichtiges und Merkenswertes hervorzuheben. Je nach dem, was üblich ist oder wie Sie entschieden haben, Teilnehmer mit einzubinden, können Sie diese auffordern, nach vorne zu kommen, um etwas Bestimmtes zu demonstrieren. Wer will, kann gegen Ende der Diskussion die Beiträge zusammenfassen: »Ich finde, dass in dieser Diskussion alle Positionen zu dem Thema genannt worden sind. Claudia hat darauf hingewiesen, dass... und Tim hat darauf aufmerksam gemacht, dass ... und Nora hat die Perspektive des ... eingenommen.« Sehr gut, wenn Sie es schaffen, am Ende der Stunde wieder den Bogen zu Ihrem Referat zu schlagen, zum Beispiel: »Alle genannten Positionen findet man auch in der Literatur, die These von A, die Claudia genannt hat, geht in die Richtung von Meier und Coburg, der 1982 ... Tim, mit dem Aspekt des B ähnelt der Entscheidung von Krusfeld, der ... Und die Perspektive C von Nora letztlich ist Ergebnis der Studie von Müller-Schmitzental.« Wie erreicht man das? Durch ein wenig unauffällige Lenkung.

Greifen Sie unauffällig lenkend ein unter Verwendung von *»steuernden« Fragen*, um Ihre Diskutanten in die von Ihnen beabsichtigte Richtung zu führen. Wenn Sie mutig sind, beginnen Sie mit einer offenen Frage, (noch) ganz ohne Beeinflussungstendenz, zum Beispiel: »Was meint ihr zu dem Problem des...?« Falls daraufhin einer seine Ansichten dazu begründet, paraphrasieren Sie diesen Beitrag mit einer leichten Verschiebung in Ihre Richtung. Dafür picken Sie sich einen Aspekt heraus, heben diesen in Ihren Paraphrasen hervor, bewerten ihn positiv und schreiben ihn gegebenenfalls auf das Flip-Chart oder an die Tafel. So verfahren Sie mit den anderen Beiträgen auch, bis Sie alle Punkte zusammenhaben, auf die Sie von Anfang an hinauswollten. Beiträge, die nicht in Ihr Konzept passen, paraphrasieren Sie nicht bzw. nur kurz, kommentieren mit »interessant« oder »auch eine gute Idee« und belassen es dabei.

Seien Sie sehr höflich, um niemanden zu kränken, und geben Sie sich offen für alles Neues und rufen jeden, der sich zu Wort meldet, auch auf. Versichern Sie sich, dass jeder Einzelne auch ausreichend Gelegenheit hatte, sich zu äußern, denn damit verschleiern Sie ein wenig, dass Sie manipulierend agieren, um am Ende ein perfektes Präsentationsergebnis abliefern zu können. Wenn Sie merken, dass die Diskussion ins Stocken gerät, dann stellen Sie *stimulierende Fragen*, die Sie ein wenig provozierend formulieren, um die Aktivität der Teilnehmenden zu wecken: »Habt Ihr auch eine Meinung zu den … Im Endergebnis führen sie ja zu der Konsequenz, dass die Rentenzahlungen gleich ausbleiben könnten…« Wenn gar keiner mitarbeiten will, dann sprechen Sie für sich selber, wiederholen die Essenz Ihres Vortrags … – und meistens meldet sich dann doch der eine oder andere noch zu Wort.

Beenden Sie jede Moderation mit einem Dankeschön fürs Zuhören und die Diskussionsbeiträge. Hetzen Sie dann nicht gleich davon, sondern nehmen freundlich den Applaus entgegen, bevor Sie ruhig wieder auf Ihren Platz gehen oder sich zurücksetzen, um das Feedback von Dozent und Teilnehmenden abzuwarten. Nur der Form halber: Feedback bedeutet, dass die anderen sagen, wie diese Ihre Präsentation fanden, gut oder weniger gut. Sie selber schweigen. Geben Sie sich keine Blöße und rechtfertigen sich, das haben Sie nicht nötig. Was Sie gemacht haben, haben Sie gemacht. Wenn Ihr Vortrag weniger gut war, dann ändern Sie es das nächste Mal und verlieren keine Zeit damit, den anderen zu erklären, wieso Sie Fehler gemacht haben. Damit verstärken Sie Negatives, bauschen es auf und bleiben als mit Mängeln behaftet über Gebühr lange in Erinnerung. Wenn Sie lediglich nicken und schweigen, bleiben Fehler kleiner und das nächste Mal werden Sie sie einfach nicht mehr machen. That's it.

Redeangst überwinden

Ob du denkst, du kannst es oder du kannst es nicht: Du wirst auf jeden Fall
Recht behalten. (Henry Ford, Großindustrieller)

Es gibt unterschiedliche Erklärungen dafür, wieso »studentische
Redeangst« existiert. Viele lassen sich davon so beeinträchtigen, dass
sie ihr Studium zum Abschluss bringen, ohne sich jemals in einer
Lehrveranstaltung zu Wort gemeldet zu haben – sie trauten sich einfach nicht. Vor allem sensible Menschen oder Studienanfänger fühlen
sich gehemmt. Im Folgenden einige Tipps für all diejenigen, die sich
selber als redeängstlich einstufen. Es geht darin vor allem darum, vorhandene Redeangst zu vermindern (nicht zu eliminieren, denn dieses
Ziel ist unrealistisch) und in Rede- und Prüfungssituationen der
Bewertungsangst entgegensteuern zu können.

Tipps zur Überlistung von Bewertungsängsten

Als Erstes sollten sie ein Selbstwertgefühl entwickeln, das nicht von
erbrachter oder nicht erbrachter Leistung abhängig ist. Wofür mag
man Sie? Was macht Sie als Mensch wertvoll? Vernachlässigen Sie Ihr
soziales Umfeld nicht, sondern wenden sich verstärkt Freunden zu,
Vereinen oder sonstigen Tätigkeiten, die weit weg vom Studium sind.
Sie spüren auch dann Ihren Selbstwert, wenn Sie zum Beispiel in
Ihrem Nebenjob, einem Praktikum oder im musikalisch, künstlerisch,
sportlichen Bereich erfolgreich sind. Studium ist ja nur ein einziger
Teilbereich in Ihrem Leben.

Suchen Sie, wenn möglich, das Gespräch mit Ihren Eltern, denn
diese üben häufig (noch) einen starken Einfluss aus. Akzeptieren Ihre
Eltern Sie auch, wenn Sie, schlimmstenfalls, das Studium nicht
abschließen? Wenn ja, dann beruhigt das. Wenn nein, dann machen Sie
sich klar, dass auch Eltern Fehler machen, die diese erst Jahre später als
solche begreifen werden. Sowohl im Studium als auch im späteren
Beruf geht es nicht darum, jemand anderem eine Freude zu bereiten,
sondern allein um die Gestaltung Ihres Lebens. Orientieren Sie sich an
eigenen Maßstäben, nicht an den Emotionen anderer.

Vermeiden Sie Katastrophendenken bei Misserfolgen. Wenn etwas
schief geht, dann geht es eben schief, *shit happens*. Ein herausragendes

Merkmal von erfolgreichen Managern ist es, dass sie Misserfolge wegstecken, als seien diese das Natürlichste auf der Welt. Haken Sie ein missratenes Referat ab, werfen Sie eine misslungene mündliche Anmerkung bildlich gesprochen hinter sich und schütteln höchstens kurz den Kopf über den Quatsch, den Sie eben verzapft haben. Vorbildhaft ist in diesem Zusammenhang der Leiter einer psychiatrischen Abteilung in Mecklenburg, der an einer norddeutschen Universität Vorlesungen zur Forensik hält. Selbstzweifel an eigenen didaktischen Fähigkeiten werden nicht zugelassen. So erzählt er während eines Seminars von einer zurückliegenden Veranstaltung für angehende Richter, in der er die Overhead-Folien so übervoll gestaltet und so viel und schnell ohne Unterbrechung geredet habe, dass die Teilnehmer nach zwei bis drei Stunden nur noch dumpf aus dem Fenster starrten. Diese klaren Fehler didaktischen Vorgehens hindern ihn aber nicht daran, auch weiterhin ein positives Selbstbild von sich aufrechtzuerhalten: »Also die hab ich erschlagen mit meinen vollen Folien. Ich hab die so mit Infos vollgeredet, dass die ganz erschlagen waren und mich nach zwei, drei Stunden *so* angesehen haben.« Er macht die Geste eines dumpfen Gesichtsausdrucks, lacht und setzt seinen Lehrvortrag fort. Es ist tatsächlich akademisch erfolgreich, selbst bei Fehlern noch das Positive in sich zu betonen. Was Sie in einer stillen Stunde machen, ob Sie dann doch Selbstzweifel zulassen, bleibt bei Ihnen. Verschieben Sie selbstkritisch-depressive Momente aber auf jeden Fall auf *nach* der Prüfung, *nach* der Präsentation, *nach* dem mündlichen Beitrag!

Konzentrieren Sie sich während der mündlichen Stresssituation (Prüfungsgespräch, Referatesituation) voll und ganz auf den Inhalt. Egal, was Ihr Körper macht, ob er nervös mit den Fingern haspelt oder Sie rot anlaufen lässt, alles, was zählt, sind Inhalte!

Thematisieren Sie eventuelle Redeängste nicht. Sie sind da, okay. Weiter sollten Sie darüber nicht nachdenken. Akzeptieren Sie diese wie störende Pickel.

Vermeiden Sie eine perfektionistische Leistungshaltung. »Perfektionist« zu sein ist kein Kompliment, sondern heißt als Korinthenkacker abgestempelt zu werden. Es kommt darauf an in einem vorgegebenen Zeitraum Ergebnisse abzuliefern, das allein ist Gütekriterium. Dass es immer noch besser gegangen wäre, ist klar. Alles kann immer noch besser sein als das, was im Moment vorliegt. Auch im späteren

Berufsleben ist es wichtig, dass Sie brauchbare Ergebnisse liefern, dass Sie die Tätigkeiten vorantreiben und ein Team handlungsfähig halten bzw. selber dazu beitragen. Perfektionisten blockieren und sind in einem sonst reibungslosen Ablauf das Sandkorn.

Analysieren Sie Ihre geistigen Selbstgespräche bei mündlichen Referate- oder Prüfungssituationen. Sagen Sie sich Dinge wie: »Das schaff ich nie!«, oder: »Die anderen haben das so toll gemacht, da kann ich nicht mithalten«, oder: »Vor dem (Dozenten) hab ich echt Angst«, dann verstärken Sie auf diese Weise die eigenen negativen Erwartungen. Lassen Sie das nicht zu. Reden Sie sich stattdessen in eine innerliche positive Erfolgshaltung hinein, wie zum Beispiel mit: »Also, womit fange ich an?«, oder: »Okay, zuerst der Überblick über das Thema, dann Folie 1«, oder: »In genau einer Stunde ist es vorbei, also jetzt an die Inhalte denken!«

Sollten Ihre körperlichen Angstsymptome wirklich sehr ausgeprägt sein, dann können *Atemübungen* helfen. Konzentrieren Sie sich auf Ihre Atmung, die bei Angst regelmäßig verändert ist (zu schnell und zu flach). Verlängern Sie Ihre Ausatmung, atmen Sie also zwei- bis dreimal so lange aus wie ein. Halten Sie dabei die Lippen leicht geschlossen (also ob sie eine 20 cm entfernt stehende Kerze auspusten wollten). Das Einatmen geschieht wie von alleine durch die Nase. Stellen sie sich dabei vor, Ihren Lieblingsgeruch einzuatmen.

Arrangieren Sie sich mit emotionalen Problemen, vor allem kurz vor anstehenden Prüfungen. Emotional stark belastende Konflikte (familiär oder partnerschaftlich) beeinträchtigen die Leistungsfähigkeit. Finden Sie im Falle von Liebeskummer vorläufige Lösungen, damit Sie arbeitsfähig sind. Später fragt Sie keiner mehr danach, wieso Sie eine Prüfung nicht bestanden haben, sondern sieht nur, dass Sie durchgefallen sind. Eine der wenigen weiblichen Manager eines großen Konzerns drückt es so aus: »Es kommt nicht drauf an, wie gut du bist, wenn du gut bist, sondern wie gut, wenn du schlecht bist!«

Falls Sie Angst vor einem Dozenten oder einer Dozentin haben, dann suchen Sie ihn oder sie in der Sprechstunde auf. Verwandeln Sie damit Vermeidungsverhalten in Kontaktsuche. Suchen Sie Situationen, in denen Sie die Person menschlich erleben, achten bewusst darauf, wann er oder sie mal nett und freundlich zu Studierenden ist. Analysieren Sie, wie sich Kommilitonen verhalten, damit diese so zuvorkommend von ihm oder ihr behandelt werden. Wenn Sie wissen, welches Verhalten gut ankommt, dann schätzen Sie die Lage besser ein und gehen beruhigter in Prüfungssituationen.

Einige Dozenten neigen auch dazu, Studierende einzuschüchtern. Denn nicht anders ist es zu erklären, dass es zahlreiche Seminare gibt, in denen alle Anwesenden hemmungslos drauflos diskutieren und leidenschaftlich auf Fragen antworten – ohne eine Spur von Redeangst! Sicher ist der Grund nicht, dass zufällig in dieser Veranstaltung alle zukünftigen Rhetoriker versammelt sind. Es liegt an der Art und Weise des oder der Dozentin, das Seminar zu leiten. Dazu gehört vor allem, dass ein Hochschullehrer jegliche Einschüchterung und alle Hinweise auf Hierarchien unterlässt.

Dozenten im Zaum halten – »The university isn't the right place for you!« (Gastdozent, 16.1.2006, Uni Köln, HS XXV)

In einer Lehrveranstaltung im WS 05/06 an der Uni Köln geschah Folgendes: Während einer bislang anschaulichen Vorlesung über den Realismus in der Kunst unterbricht der amerikanische Gastdozent plötzlich seine Ausführungen und macht seinem Ärger über das Gemurmel der Studierenden Luft: »It's not polite, it's no good!« Dabei macht er deutlich, dass, falls diese nicht »polite« und »quiet« seien, die Universität nicht der richtige Ort für sie sei: »The university isn't the right place for you!«. Es folgten erzieherische Ausführungen: »It's not polite, it's no good« »If you don't find it interesting, I promise, you won't be a successful student!« Es konnotierten unterschwellige Drohungen mit klaren Verhaltensanweisungen.

Die Studierenden blickten sich schweigend und betroffen an. Keiner von ihnen hatte absichtlich stören wollen. Ganz im Gegenteil, bis zu diesem Zeitpunkt war der Vortrag so interessant gewesen, dass die eine oder andere inhaltliche Bemerkung zum Nachbarn geäußert wurde. Solche oder ähnliche Situationen, in denen Lehrende über ihren eigentlichen Lehrauftrag hinauszielen und maßregelnd tätig werden, geschehen nicht selten. Wie sich nun verhalten?

Sie haben mindestens folgende Möglichkeiten: Entweder Sie schweigen und passen sich dem geforderten Verhalten an (vielleicht, weil Sie es richtig finden und dem Dozenten beipflichten). Dann ist die Welt für Sie in Ordnung. Oder aber Sie kontern und setzen dem

Dozenten entgegen, dass leises »Gemurmel« (in einem Raum von etwa 100 Studenten) kaum zu vermeiden sei und darüber hinaus einen didaktischen Zweck hat. Dann erkennt Sie der Dozent als kritische und offensive Persönlichkeit (an). Auf diese Weise haben Sie eine gleichberechtigte Situation geschaffen, die Raum für kritische und reflexive Gedanken lässt. Im ersten Fall ordnen Sie sich den Vorgaben (dieses Dozenten) freiwillig unter. Ihre Ausführungen und Gedanken halten sich dann in vorgesteckten Grenzen. Schweigen Sie, ohne einverstanden zu sein, dann ordnen Sie sich Normen unter, die Sie selber gar nicht vertreten. Widersprechen Sie, verteidigen Sie sich. Übrigens: Starke Studenten lässt man nicht durchfallen. Man fürchtet sie …!

Rhetorik für die mündliche Prüfung

Sobald ich anfing zu reden, konnte ich nicht genug davon kriegen. (Lee Iacocca, Topmanager)

Rhetorik bedeutet, in mündlichen Prüfungen zu wissen, *was gefordert* wird, *wie geprüft* und *wie bewertet* wird. Auf keinen Fall heißt Rhetorik, sich um ein Thema herum zu scharwenzeln, außer, Sie tun es so geschickt, dass Prüfer dies nicht bemerken (schwierig, aber auch dazu einige Tipps am Ende dieses Kapitels). Ohne richtige Vorbereitung lässt sich keine Rede halten und auch keine Prüfung bestehen. Also kommen Sie ums Lernen nicht herum. Verwechseln Sie es aber nicht mit hohem Zeitaufwand. Auch in kurzer Zeit lässt sich durch richtige, also exakte Vorbereitung dessen, was gefordert wird, eine Prüfung bestehen.

»In den mündlichen Prüfungen soll die Kandidatin bzw. der Kandidat nachweisen, dass sie bzw. er die Zusammenhänge des Prüfungsgebiets erkennt und spezielle Fragestellungen in diese Zusammenhänge einzuordnen vermag. Durch die mündlichen Prüfungen soll ferner festgestellt werden, ob die Kandidatin bzw. der Kandidat über breites Grundlagenwissen verfügt.«[47] So oder so ähnlich finden Sie in den meisten Prüfungsordnungen die Anforderungen mündlicher Prüfungen (Bachelor, Master, Diplom, Magister oder Staatsexamen) definiert. Der Umfang variiert, von Kurzprüfungen nicht länger als 10 bis 15 Minuten bis hin zu den mündlichen Prüfungen beim Staatsexamen der Juristen, die sich über fünf Stunden hinziehen. Grundsätzlich kommt es in mündlichen Prüfungen darauf an, zu demonstrieren, dass (1) Zusammenhänge gesehen werden und (2) Inhalte der Lehrveranstaltungen verbunden, dass (3) Brücken zu anderen Wissensgebieten geschlagen werden können bzw. ein (4) Praxistransfer geleistet werden kann. Darüber hinaus ist Grundvoraussetzung jedes Bestehens, dass (5) die Grundlagen des Fachs beherrscht werden.

Grundlagenwissen

Schämen Sie sich nicht, noch im letzten Semester ein Grundlagenwerk zu kaufen und durchzuarbeiten. Durch Semester hindurch haben sich viele auf einzelne Gebiete spezialisiert und dabei nicht selten versäumt, die grundsätzlichen Methoden ihres Fachs parat zu haben. Stellen Sie sich vor, Sie müssten einem fachfremden Laien erklären, was Sie eigentlich studieren, welche Ziele Ihr Studium hat, was man praktisch mit Ihrem Studium anstellen kann, welchen Fragestellungen Ihr Fach nachgeht und mit welchen Methoden man sie zu beantworten versucht. Häufig haben Prüfer gar kein Verständnis dafür, wenn Sie in der Abschlussprüfung noch nicht einmal so etwas Grundsätzliches wie XY verstanden haben. Dabei wissen Sie eine Menge anderes. Aber es kommt zum Bestehen bei Prüfungen auch darauf an, genau das zu wissen, was gefordert wird. Grundlagen gehören auf jeden Fall in jedem Studienfach dazu.

Was wird in mündlichen Prüfungen gefordert?

In einer mündlichen Prüfung wird von Ihnen verlangt, dass Sie sich *bewertbar* machen. Prüfer müssen herausfinden, wie Ihr Leistungsstand ist. Sie versuchen unter Zuhilfenahme von Fragen Ihren Kenntnisstand abzuklopfen. Dabei hat es sowohl Vor- als auch Nachteile, wenn Prüfer Sie aus den Lehrveranstaltungen persönlich kennen. Vorhandene Sympathien und Anitpathien sind da und spielen unbewusst eine Rolle. Kurz vor der mündlichen Prüfung werden Sie diese nicht mehr auf- oder abbauen können. Wer nicht das Glück hat, einen ihm sympathischen Prüfer aussuchen zu können, dem bleiben nur noch kleine Tricks, wie zum Beispiel einen Zeugen in das Prüfungs-Vorgespräch mitzunehmen (Freundin, Studienkollege), damit hinterher nicht andere als die besprochenen Prüfungsinhalte abgefragt werden (bzw. Sie einen besseren Stand in der Beweislage haben). Es hilft dann nur noch eine richtige Vorbereitung und das Vertrauen darauf, dass (sympathischere) Beisitzer ebenfalls in der Prüfung sein werden und dass Antipathien nicht dazu berechtigen, einen Prüfling durchfallen zu lassen. Jedes Durchfallen muss nachgewiesen werden, das heißt, Ihre falschen und unrichtigen Antworten müssen protokolliert sein. Wo diese nicht in ausreichendem Maße zu finden sind, wurde bestanden.

Wie gehen Prüfer in mündlichen Prüfungen vor? Wie soll man sich vorbereiten?

Zahlreiche Möglichkeiten gibt es, wie Prüfer in mündlichen Prüfungssituationen fragen könnten. Feste Vorgehensvorgaben gibt es nicht, aber dafür Erfahrungen, aus denen sich Tendenzen ableiten lassen. Im

Folgenden werden einige grundsätzliche Vorgehensweisen aufgezählt, dargestellt mit entsprechenden Möglichkeiten der Vorbereitung darauf.

Prüfervorgehen 1: Die Prüferin fragt Sie zuerst nach Begriffen und gegebenenfalls danach, was in den von Ihnen vorbereiteten Texten steht. Dann fordert sie Sie auf, Zusammenhänge darzustellen (Ziele nennen, Inhalte vergleichen, Methoden unterscheiden). Anschließend sollen Begründungen geliefert werden, warum etwas so und nicht anders ist: »Könnte es denn anders sein? Nein, warum nicht?« Am Ende sollen Sie kritisch Stellung nehmen: »Was halten Sie denn davon?« Die Prüferin bevorzugt Warum-Fragen (»Warum wird das eigentlich so gemacht?«).

Vorbereitung darauf: Sich Grundlagenwissen zu erarbeiten ist unumgänglich (knapp gefasstes Einführungsbuch durcharbeiten). Danach eine Pause von einigen Tagen einlegen, bis sich das Wissen gesetzt hat. und in einem zweiten Durchgang das Zusatzwissen erarbeiten (abgesprochene Schwerpunktthemen und sonstige Prüfungsschwerpunkte). Währenddessen die Leitfragen im Kopf haben: »Wieso eigentlich so und nicht anders?« Die letzten Tage vor der Prüfung damit verbringen, sich eine eigene wissenschaftliche Position zuzulegen. Welche Theorien, Ansätze, Methoden bevorzugen Sie selber und vor allen Dingen, warum?

Prüfervorgehen 2: Der Prüfer versucht Sie zu bewerten, indem er Querfragen stellt, Sie vom Thema wegführen will und mit Zwischenfragen ablenkt. Er will herausfinden, ob Sie dennoch stringent beim Thema bleiben und sich nicht beirren lassen.

Vorbereitung darauf: Wie oben plus eine besondere mentale Vorbereitung. Nehmen Sie sich das Recht, ein Thema zu Ende zu führen. Dazu gehört Selbstbewusstsein und Beharrlichkeit. Legen Sie den Schwerpunkt auf Zusammenhänge und üben zu sagen: »Ich würde das gerne noch kurz zu Ende führen, bevor ich auf die Frage eingehe.«

Prüfervorgehen 3: Der Prüfer hat setzt Gewohnheitsfragen ein, die in allen Prüfungen wieder gestellt werden. Meist sind es erfahrene Prüfer, die seit Jahren die gleichen Prüfungen abnehmen. Auch sogenannte

Schlüsselfragen werden verwendet, das sind komplizierte bzw. besonders schwierige Fragen, die den Einser- von dem Zweierkandidaten unterscheiden sollen.

Vorbereitung darauf: Um die Schlüsselfragen herauszufinden, suchen Sie ältere Semester, die mit einer Eins abgeschnitten haben. Vielfach hinterlegen diese ihre Erfahrungen mit bestimmten Prüfern samt Prüfungsfragen bei der Fachschaft (wobei ab diesem Zeitpunkt die Wahrscheinlichkeit steigt, dass der Prüfer seine Schlüsselfragen wechselt). Alternativ überlegen Sie sich beim Lernen selber besonders schwierige Fragen, die sowohl Verständnis als auch Überblick und Verstehen beinhalten.

Prüfervorgehen 4: Die Prüfung beginnt damit, dass ein bestimmtes Thema angesprochen wird (ggf. das von Ihnen vorbereitete Einsprechthema). Es werden Fragen dazu gestellt, die mit der Zeit immer mehr in die Tiefe gehen und detailreicher werden. Auf diese Weise versucht der Prüfer, Sie in ein Bewertungsschema einzuordnen: etwa Grundsätzliches gewusst = bestanden, mehr gewusst = besser bestanden und alle Detailfragen beantwortet = sehr gut.

Vorbereitung darauf: Vollständiges Beherrschen der Basics (abgesprochene Themenbereiche und darin das Grundsätzliche gewusst) führt zum Bestehen. Das ist das Wichtigste, ohne Bestehen ist kein »sehr gut« möglich. Also lernen Sie zuerst die Grundlagen und Zusammenhänge, ohne sich in Einzelheiten zu versteigen. Erst wenn Sie die intus haben und noch ausreichend Zeit ist, gehen Sie in die Einzelheiten. Hier gilt auch: Das Wichtigste zuerst (nicht etwa das Interessanteste). Wichtig ist, was mit dem Prüfer vorher abgesprochen wurde, in der Prüfungsordnung steht, Schwerpunkte des Prüfers sind oder nach Hörensagen immer wieder gefragt wird. Greifen Sie mit taktischer Überlegung ein bestimmtes Spezialgebiet heraus. Notieren Sie sich davon ausgehend Fragen, die sowohl ins Einzelne tief hineinführen als auch exemplarisch für das große Ganze sind (methodisches Vorgehen, Verfahrens- und Herangehensweisen, Überblick, Grundsätzliches des Fachs u.Ä.).

Prüfervorgehen 5: Hier wird sehr konkret angefangen, aufgehängt am Beispiel eines Einzelfalls, Detailwissens oder Vorgangs. Daran anknüpfend fragt der Prüfer allgemeine Kenntnisse ab und geht dabei kreuz und quer den Prüfungsstoff durch.

Vorbereitung darauf: Der Prüfungsstoff muss anwendungsbezogen gelernt werden, abstraktes Wissen hilft hier nicht weiter. Simulieren Sie und greifen sich Einzelnes heraus. Welche Fragen könnte der Prüfer stellen, um davon ausgehend Basics zu erfragen?

Prüfervorgehen 6: Hier wird das wissenschaftliche Gespräch gepflegt. Nachdem Grundsätzliches abgefragt wurde, geht es gleich in die Diskussion: »Was halten Sie eigentlich von …?« Der Prüfer stellt ggf. seine eigene Position vor und ist neugierig auf Ihre. Er provoziert ein wenig, um Sie aus der Reserve zu locken, und erwartet einen kompetenten, kritischen Gesprächspartner mit starker eigener Position.

Vorbereitung darauf: Argumentationslinien überlegen: Was sind Gründe, für etwas, was Gründe, gegen etwas zu sein? Ob Sie selber wirklich einer bestimmte Position innerlich zugetan sind, ist sekundär. Vertreten Sie am einfachsten die Position, für die Sie die meisten und besten Begründungen finden.

Prüfervorgehen 7: Es wird der Schwerpunkt auf Grundlagenwissen gelegt. Dabei sollen Sie diese in Umgangssprache beschreiben. Prüfer, die so vorgehen, lassen sich auch gerne mal etwas vorrechnen oder demonstrieren. Meistens geben sie Proseminare und Einführungsveranstaltungen und hängen häufig an Lehrinhalten eines Grundlagenwerks (meist ihr eigenes).

Vorbereitung darauf: Grundlagenwissen ist das Wichtigste, Schlüsselbegriff-Lernen empfehlenswert (nachforschen, welche Schlüsselbegriffe der Prüfer am bedeutsamsten findet, zum Beispiel durch Nachlesen in den Skripten seiner Proseminare oder in den Grundlagenwerken).

Prüfervorgehen 8: Es werden schlicht und einfach schwierige Fragen gestellt. Aber der Prüfer erwartet nicht gleich eine richtige Antwort, sondern will mit Ihnen gemeinsam die Lösung erschließen.

Vorbereitung darauf: Schreiben Sie beim Vorbereiten auf die Prüfung thematische Probleme heraus. Wie würden Sie diese lösen? Versuchen Sie laut vor sich hin zu denken und hangeln sie sich in richtige

Antworten hinein. Weniger Detailwissen lernen zugunsten von Überblickswissen und Zusammenhängen ist sinnvoll. Mut zur Detaillücke zu haben ebenso.

Prüfervorgehen 9: Es wird besonderer Wert auf den Praxistransfer gelegt. Der Prüfer stammt meistens selber aus der Praxis und sieht das Hochschulstudium als Vorbereitung und Eintritt in das (beinah überbewertet wichtige) Berufsleben an.

Vorbereitung darauf: Greifen Sie ein Problem aus der Praxis heraus und erläutern daran anknüpfend den gesamten theoretischen Hintergrund (lautes Deklamieren, mit Skizzen auf Papier verdeutlichen). Alles Theoretische in praktischen Bezügen sehen: Wozu taugt es in der Praxis? Welche Probleme ergeben sich daraus für Praktiker?

Prüfervorgehen 10: Die Prüferin beginnt mit einer Wissensfrage (Was ist A? Wie definiert man B? Was heißt C?). Wenn die Antwort richtig ist, dann folgt eine Verständnisfrage (Warum ist A? Wieso wird B so definiert? Wer hat C so beschrieben und wieso?). In einem dritten Schritt fragt sie nach der Anwendung (Wie würden Sie A anpacken? Wie gehen Sie bei B vor? Welche praktischen Auswirkungen hat C?).

Vorbereitung darauf: Während des Lernens fragen Sie sich immer wieder: Wieso eigentlich? Das heißt: Sie lernen Definitionen nicht nur, sondern hinterfragen diese (Warum wird nicht anders definiert?). Die Antworten müssen nicht immer aufwendig recherchiert werden, es genügen häufig allein das Problembewusstsein und ungefähre Antworten. Reflektieren Sie Theoretisches unter dem Anwendungsaspekt. Theorie ist für die Praxis da und Praxis erfordert Theorie. Diese Wechselwirkungen immer wieder beachten (Merkzettel über den Schreibtisch kleben).

Typische Fragemuster

Sie haben diesen Rat schon häufiger gehört und auch hier finden Sie ihn wieder: Simulieren Sie zur Vorbereitung die Prüfungssituation mit Kommilitonen. Vielleicht regen Sie in Ihrem Fachbereich an, dass sich unter Aufsicht eines Dozenten (wissenschaftliche Mitarbeiter zum Beispiel) regelmäßig Simulationsgruppen zusammenfinden, in denen ältere Semester jüngere unter realen Prüfungsbedingungen (ev. nach den gesammelten Prüfungsfragen, die AStAs oder Fachbereiche zur Verfügung stellen) in einer Art Rollenspiel prüfen. Falls sich Ihnen diese Möglichkeit nicht bietet, üben Sie mit Freunden, gegebenenfalls mit Familienmitgliedern.

Alternativ üben Sie alleine. Stellen Sie sich dafür vor, was Sie die Prüferin fragen könnte. Nehmen Sie Ihre Aufzeichnungen aus dem Prüfungsvorgespräch zur Hand, die gesammelten Prüfungsfragen der letzten Jahre, die Infos über Eigenheiten und Schwerpunkte der Prüferin. Legen Sie Ihre Mitschriften neben sich und beginnen, sich laut selber zu befragen. Keiner hört zu, Sie können sich also nicht blamieren. Wenn Sie keinen Frageansatz finden, nutzen Sie zum Einstieg folgende Fragemuster, die Sie mit den geforderten Prüfungsinhalten ergänzen.

- »Wie würden Sie …?«
- »Erklären Sie doch mal, wie Sie …«
- »Was heißt eigentlich …?«
- »Wie funktioniert denn …?«
- »Was halten Sie von …?«
- »Wie würden Sie begründen, dass …?«
- »Stellen Sie das doch mal im Zusammenhang dar!«
- »Was meint eigentlich A mit C?«
- »Rechnen Sie das doch mal vor!«
- »Wie würden Sie vorgehen, wenn …?«
- »Wie wird denn … angepackt?«
- »Wie sieht die Umsetzung aus?«
- »Wie würden Sie folgendes Problem anpacken …?«
- »Was ist die Idee von …?«
- »Stellen Sie sich vor, Sie befänden sich in der praktischen Situation, dass … Wie würden Sie jetzt vorgehen und warum?«
- »Was halten Sie eigentlich von …?«
- »Jetzt fangen Sie doch einfach mal an!«
- »Sie haben ein Thema vorbereitet. Okay, dann schießen Sie mal los!«
- »Was sagt eigentlich … zu der Theorie, dass …?«
- »Und anders funktioniert das nicht?«
- »Nehmen wir mal folgende Situation an … Wie würden Sie vorgehen?«

- »Weichen wir mal etwas vom Thema ab und gehen zu ...
  Schildern Sie doch mal, wie ...«
- »Das haben Sie richtig beantwortet. Doch nun mal weiter gedacht,
  welche Folgerungen ergeben sich?«
- »Was steht denn in den Texten drin?«
- »Jetzt konzentrieren wir uns mal nur auf den Komplex ...
  Erklären Sie doch mal ganz genau, wie das vor sich geht!«
- »Was ist die Idee, die dahinter steht? Und wie lässt sich diese auf
  ähnliche Fälle übertragen?«

Was wird bewertet?
Es gibt keinen festen Bewertungskatalog bei mündlichen Prüfungen.
Es bleibt Ihnen zunächst nichts weiter übrig, als es zu akzeptieren und
sich zu überlegen, woran Prüfer voraussichtlich festmachen könnten,
ob Sie bestehen und wenn ja, wie gut Sie bestehen. Bewertungskriterien sind häufig folgende Punkte:

1. Wie oft wurde um die Antwort drumherum geredet? Wie oft
   waren die Antworten klar und auf den Punkt gebracht?
2. Wie viel Fachwissen wurde eingebracht?
3. Wurde das Grundlagen- bzw. Basiswissen beherrscht (Minimalvoraussetzung zum Bestehen)? Wurden also die Fragen zum
   Grundlagenwissen richtig beantwortet und vollständig verstanden?
4. Wusste der Prüfling, was in der angegebenen Literatur steht?
5. Konnte er das Fachwissen auch auf neue bzw. unbekannte Gebiete übertragen und ggf. anwenden und beispielhaft demonstrieren?
6. Ist der Prüfling fähig, kritisch zu beleuchten, und hat er eine eigene Position vertreten?
7. Wie breit ist sein Fachwissen (entspricht es den Erfordernissen
   oder geht es darüber hinaus)?
8. Wie präzise hat der Prüfling geantwortet?
9. Wie ist weit ist seine Urteilsfähigkeit ausgebildet?
10. Klebt er an den Texten oder kann er sich auch auf allgemeine
    Fragen einlassen?
11. Ist der Prüfling selbstbewusst oder unsicher?

12. Wie häufig musste der Prüfling zu der Antwort geführt werden und wie häufig benötigte er keine Hilfe, um eine richtige Antwort zu geben?

13. Wie hoch war die Eigeninitiative, wie viel Struktur hat der Prüfling selber für die mündliche Prüfung vorgeschlagen und wie übersichtlich strukturierte er seine Antworten? Wie analytisch konnte er darstellen?

14. Kam der Prüfling mit der Gesamtorganisation der mündlichen Prüfung klar oder nicht?

15. Wie häufig geht der Prüfling in seinen Antworten zielbewusst vor?

16. Denkt der Prüfling richtig oder ist seine Vorgehensweise überhaupt nicht nachvollziehbar?

17. Wie oft hat der Prüfling nur Luftblasen geredet? Wie häufig waren seine Antworten informationslastig?

18. Wie häufig hat der Prüfling wirklich die Frage beantwortet und wie häufig zwar eine Antwort gewusst, die aber nicht exakt den Kern der Frage getroffen hat?

19. Konnte der Prüfling ihm unbekannte Probleme anpacken und lösen?

Wie bereiten sich Prüfer auf die Prüfungssituation vor?

Es ist wahr, einige Prüfer bereiten sich fast wie die Prüflinge selber auf jede einzelne Prüfungssituation intensiv vor. Fast alle kennen zumindest die Texte, die sie mit den Prüflingen verabredet haben. Andere studieren vorher eingereichte Studienunterlagen (Scheine, besuchte Veranstaltungen, Auslandssemester, Praktika, Themen der Hausarbeiten und Referate usw.). Dabei dienen ihnen die Vornoten als wichtiges Kriterium. Sie achten darauf, ob es große Sprünge gibt oder ob Sie kontinuierlich den gleichen Leistungsstand aufweisen. Dann werden Sie »einsortiert«, denn der Prüfer stellt sich auf einen passenden Schwierigkeitsgrad in seinen Fragen ein. Wenn Sie davon in der Prüfung nach oben abweichen, schneiden Sie besser, wenn nach unten, schlechter als in Ihrer bisherigen Durchschnittsnote ab. Wer große Leistungssprünge aufweist, also in einem Semester sehr viele Scheine gemacht hat, dann im anderen ausgesetzt oder gar keine bestanden hat, bei dem wird nachgeforscht, wieso das der Fall sein könnte. Kommt dann heraus, dass Sie zum Beispiel einen Auslandsaufenthalt oder etliche Praktika hatten oder mehrere Sprachen nebenbei erlernt haben, dann wird dies vielfach berücksichtigt.

Um Sie richtig einzuschätzen, weisen Ihnen einige Prüfer besonders schwierige Fragen zu. Damit wird überprüft, wie Sie mit komplizierten Aufgaben umgehen. Häufig ist das korrekte Antwortergebnis nicht so wichtig, wie Sie selber vielleicht meinen. Prüfer wollen wissen, wie Sie sich einpendeln, was Sie tun, ob Sie das Problem angehen, irgendwie, auch ohne spezielles Wissen dazu oder ob Sie mutlos den Kopf sinken lassen und gleich aufgeben. Wenn Letzteres der Fall ist, werden Sie im Anschluss fast nur noch einfache und mittelschwere Fragen hören, die Sie zwar alle beantworten können, aber eine sehr gute Prüfung ist unrealistisch geworden. Ärgerlich vor allem dann, wenn Sie aus Schüchternheit oder Erschrockenheit über die Frage zu vorschnell aufgegeben haben. Versuchen Sie es so: Wenn Sie eine Frage erschreckt und Sie denken, jetzt weiß ich nix, halten Sie inne. Dann sagen Sie *irgendetwas* Inhaltliches dazu und demonstrieren, dass Sie das Problem anpacken (irgendwie!): »Hier könnte man so vorgehen, dass …«, »Eine schwierige Frage. Mögliche Wege wären …«, »Ich würde differenzieren …«

Sehr schwierige Fragen werden auch dann zugewiesen, wenn Prüfer Ihr Leistungsniveau nicht richtig einschätzen können. Wie gesagt, wenn Sie solche Fragen nicht beantworten können, heißt es nicht, dass Sie durchgefallen sind. Vielleicht sind Sie nur von sehr gut auf gut gerutscht. Das wäre ja kein Untergang.

Machen Sie sich bewertbar!

Es gibt kommunikationsschwache, also *schlechte Prüfer*. Das ist allgemein bekannt. Es ist sicher ein großes Unglück, wenn Sie so einen in der Prüfung erwischen. Nur hilft es Ihnen nicht weiter, sich danach zu rechtfertigen und jedermann zu klagen, dass man nur deswegen so schlecht abgeschnitten hätte, weil der Prüfer Dinge gefragt hat, die man nicht wissen konnte, die nicht zum Prüfungsstoff gehörten, die vorher nicht besprochen waren usw. Übrig bleibt die schlechte Note oder das »nicht bestanden«, alles andere interessiert niemanden wirklich. Der oberste Grundsatz, wenn Sie »Schlecht-Frager« erwischt haben, heißt: Das Prüfungsgespräch an sich ziehen und versuchen, dieses in Ihre Richtung zu lenken. Das geschieht durch Drauflosreden, bis Sie gestoppt werden.

Angenommen, Sie sitzen in einer mündlichen Prüfung bei den Juristen. Sie hören die Frage, die Ihnen vom Prüfer gestellt wird und lautet: »Sagen Sie mal, was fällt Ihnen denn so ein, wenn Sie an das Schadensersatzrecht denken?« Das ist eine Frage, die in die Kategorie der »Was halten Sie eigentlich von unserem Schadensersatzrecht?« – oder »Erzählen Sie doch mal was über das Schadensersatzrecht!« – Fragen gehören. Was soll man darauf antworten? Viele schauen betreten und denken, was andere verbalisieren: »Was möchten Sie denn hören?« Besser ist, die Chance zu ergreifen und das Prüfungsgespräch an sich zu ziehen, indem Sie etwa antworten: »Oh, da fällt mir ganz viel zu ein. Zum Beispiel der § 823, der … folgende Problematiken hat, die ich gerne erläutern will …« Sicher kann es Ihnen auch hier passieren, dass der Prüfer Sie stoppt und sagt: »Also das will ich nicht wissen. Erzählen Sie lieber was über…« Aber es ist ebenso wahrscheinlich, dass er Sie reden lässt und anschließend lediglich lenkende Fragen stellt.

Die Wandlung vom Opfer zur selbstbewusst Beprüften sollten Sie schon in der Phase der Prüfungsvorbereitung vollziehen. Wenn Prüfer kommunikationsunfähig sind oder wenn diese Frageschwächen aufweisen (machen Sie sich darauf gefasst, denn das ist nicht ungewöhnlich!), dann benötigen diese Führung und Leitung durch den Prüfling, bis sie wieder ins richtige Fahrwasser kommen: »Ich würde gerne noch etwas sagen über…«, »In diesem Zusammenhang fällt mir ein, dass …«, »Auf den Bereich des … würde ich gerne noch näher eingehen, weil …«, »Es gibt ganz viele Entwicklungen, die spielen sich in den Bereichen A und B ab, die wichtigsten erscheinen mir A zu sein und die würde ich gerne mal ausführen …«

Miese Prüfer …

Neben den kommunikationsschwachen Prüfern gibt es selbstverständlich auch die *miesen*. Dazu zählen solche, die Dinge fragen, die nicht einmal die Beisitzer selber beantworten könnten, und die, wenn ein Prüfling hängt, einfach nicht aufhören nachzubohren und nicht daran denken, einmal einen kleinen Fragenschlenker einzulegen, um das Prüfungsgespräch wieder in Gang zu bringen. Dann stellt sich die unschöne Situationen, dass keiner mehr etwas sagt, der Prüfer auf die Antwort wartet, die von Ihnen nicht kommt (kommen kann). Sie selber wissen sich keinen Rat mehr und haben innerlich die Prüfung als nicht bestanden abgeschrieben.

Bei einigen stellt sich eine Art innerer Trotzhaltung ein, wie »Jetzt sag ich aber gar nichts mehr, ist mir doch egal!«. Eine Horrorvision für jeden, der kurz vor der Prüfung steht. Hier heißt es sich klar zu machen, dass es auch Situationen gibt, in denen Sie selber keinen Einfluss mehr haben. Es ist dann durchaus zu fragen, ob der betreffende Prüfer prüfungsrechtlich zulässig handelt oder nicht. Meist ist das nicht kodifiziert und eine Verpflichtung, wohlwollend auf andere Gebiete umzuschwenken, wenn ein Prüfling hängt, gibt es nicht. Wie aber sollten Sie sich in der Situation selber verhalten?

Die wenigsten versuchen, was durchaus erlaubt ist, die ausweglose Situation anzusprechen: »Ich merke, Sie wollen auf etwas Bestimmtes hinaus. Könnten wir das verschieben und vielleicht zuerst mit ... fortfahren?«, oder: »Auch wenn Sie ... hören wollen, würde ich gerne zuerst etwas sagen über ...«, und gegebenenfalls: »Ich glaube, hier hat es keinen Sinn mehr weiterzumachen. Ist es nicht möglich, auf das Thema des... auszuweichen?« Vor allem, wenn Sie an mitfühlenden Mienen der Beisitzer ablesen können, dass diese auf Ihrer Seite sind, sollten Sie derartige Versuche wagen. Ansonsten verhalten Sie sich so, dass eine Art Balance gehalten wird, und denken sich: »Augen zu und durch.« Nehmen Sie diese Situationen nicht zu ernst, denn solche Momente sind es nicht allein, die darüber entscheiden, ob Sie bestehen oder nicht. Denken Sie daran, dass der Wettkampf erst am Schluss zu Ende ist, und fordern Sie Ihre Chancen ein. Bieten Sie Themen an, zu denen Sie etwas sagen können, selbst auf die Gefahr, dass der Prüfer darüber nichts hören will. Wenn am Ende bleibt, dass Sie eine Vielzahl von prüfungsrelevanten Themen angeboten haben, der Prüfer aber immer wieder nach anderem gefragt hat, das vorher nicht abgesprochen war und auf das Sie sich auch nicht vorbereiten konnten, dann haben Sie gute Chancen, sich dagegen zur Wehr zu setzen. Bis dahin aber gilt: Never give up!

Fragen umdeuten

Viele Prüfer fragen häufig aufs Geratewohl. Sie beginnen mit einem aktuellen Fall, etwas, das sie morgens in der Zeitung gelesen haben, gestern in den Nachrichten gehört, vorige Woche auf einer Tagung besprochen oder in der letzten Lehrveranstaltung als Thema gewählt haben. Nur selten haben Prüfer einen festen Fragenkatalog im Kopf und viele lassen sich von der Situation leiten. Meistens unterscheiden sich Prüfungsfragen von denen im Seminar. Denn nun geht es nicht mehr nur darum nach etwas zu fragen, sondern so zu formulieren, dass man den Prüfling im Anschluss auch bewerten kann. Für Sie als Prüfling ist diese Art und Weise, befragt zu werden, neu und ungewohnt. Deswegen scheuen Sie sich nicht, die Fragen in Ihren eigenen Worten noch einmal wiederzugeben und auf diese Weise in bekanntere Fragemuster umzuformulieren.

Prüfer: »Wie funktioniert denn die sokratische Methode?«

Prüfling: »Sie meinen, das Vorgehen, das Sokrates in seinen Dialogen anwendete?«

Prüferin: »Was meint denn Wiswede dazu?«

Prüfling: »Sie meinen die integrative Lerntheorie? Dann würde ich gerne zuerst etwas über dessen Grundprinzip sagen und anschließend kritisch dazu Stellung nehmen …«

Was tun, wenn man wirklich nichts weiß?

Wenn eine Frage genau auf eine Wissenslücke trifft und Sie vor lauter schlechtem Gewissen, keine Ahnung zu haben (vorschnell), zugeben: »Das weiß ich nicht!«, dann *müssen* sich die Protokollanten ein »Nicht gewusst« notieren und es gibt zwangsläufig Abzüge. Prüfen Sie vorher folgende Möglichkeiten: (1) Ausweichmanöver aufs Spezialgebiet, (2) Aufschieben, (3) Umkreisen.

1. Ausweichmanöver sind bei Prüfern nicht beliebt, aber in der Not frisst der Teufel bekanntlich Fliegen. Versuchen Sie es mit: »Ist es möglich, dass ich vorher kurz noch A beschreibe und dann auf die Frage eingehe?«, oder: »Oh ja, das Thema des A. Vorher würde ich gerne einleiten mit B …«
2. Ähnlich funktioniert das Aufschieben, nur mit dem Unterschied, dass Sie kein eigenes neues Thema vorschlagen, sondern sich auf

eine neue Frage des Prüfers einlassen (wollen): »Könnte ich die Frage später beantworten?«, oder: »Kann ich vielleicht zuerst mit etwas anderem weitermachen?«

3. Beim Umkreisen versuchen Sie, sich so lange hineinzureden, bis Sie immer näher an die Antwort gelangen. Achten Sie auf die Mimik des oder der Prüfer, darin versteckt liegen Hinweise, ob die Richtung, in die Sie sich so hineintasten, richtig ist.

Prüfling: »Die Punischen Kriege, ja. Kriege setzten ja immer mindestens zwei feindliche Lager voraus. (Fällt Ihnen nun was ein? Wenn nicht, weiter). Die Punischen Kriege sind in einem ganz großen historischen Raster in der Zeit zwischen 300 v.Ch. und 300 n.Ch. anzuordnen.... (Fällt Ihnen dann ein genaueres Datum ein? Wenn nicht, dann weiter). Die Punischen Kriege gehören zu den Kriegen, die neben dem Ersten und Zweiten Weltkrieg sowie dem 30-jährigen Krieg immer wieder Gegenstand wissenschaftlicher Untersuchungen sind. Die besondere Bedeutung rührt daher, dass ... (Fällt Ihnen dann was ein?) usw.«

Wenn Ihnen nun immer noch nichts einfällt, Sie sich aber so redlich bemüht haben, dann unterstützen Sie Prüfer meist mit Hinweisen (auch, um Ihren hartnäckigen Umkreisungen als Zuhörer endlich zu entfliehen). Greifen Sie nach jedem Strohhalm und nehmen Sie alles an, was Ihnen angeboten wird. Kämpfen Sie sich durch, reden drum herum, weichen aus, wiederholen Fragen, lassen Prüfer anstatt Ihrer reden – alles, was zählt, ist die Prüfung trotz Wissenslücken (gut) zu bestehen.

Worauf will der Prüfer hinaus?

Prüfer wollen häufig auf einen ganz bestimmten Punkt hinaus. Als Prüfling ist es nicht immer einfach, ins Schwarze zu treffen. Wer nicht die Steckenpferde seines Prüfers kennt oder mit der Art und Weise seines Fragens vertraut ist, kann meist nur raten.

Prüfer: »Wo ist denn der Haken hier?«
Prüfling: »Aehhh, vielleicht die Wirtschaftlichkeit....«
Prüfer: »Nein, nein, das Problem, das, was ich meine, ist gar kein ökonomisches Problem.«
Prüfling: »Vielleicht bei den Familien, die ...«
Prüfer: »Nein, auch kein juristisches Problem ...«
Prüfling: »Na, dann weiß ich nicht ...«

Bevor Ihnen nur noch die Alternative des Ratens bleibt, versuchen Sie es mit einer starken Eigenposition. Antworten Sie mit »*Ich sehe* einen Haken darin, dass ...«, »*Meiner Ansicht nach* stellt sich das Problem des...«, »*Problematisch finde ich* an dieser Stelle die ...« usw.

Prüfer: »Wo ist denn der Haken hier?«
Prüfling: »Ich sehe ein Problem bei den Familien, die ...«
Prüfer: »Okay, das ist zwar nicht das Problem, das ich meinte, aber Sie haben Recht, es ist durchaus auch problematisch, dass ...«

Argumente statt Meinungen

Eine schwierige Situation schafft die Frage nach der persönlichen Meinung: »Was meinen Sie denn ganz persönlich dazu?« Fraglich, ob der Prüfer wirklich an Ihrer persönlichen Ansicht interessiert ist. Meistens will er wissen, wie Sie begründen (Überprüfen des Begründungsverhaltens, Argumentationskompetenz). Also interessieren die Argumente, nicht Ihre Einstellungen. Ein »Finde ich gut« zieht selbstverständlich das unabänderliche »Warum?« nach sich. Es kommt nicht darauf an, dem Prüfer zu beichten, was Sie in Wirklichkeit von einer Sache halten (Ehrlichkeit ergibt in dem Fall keine gute Note), sondern das zu sagen, was Sie am besten begründen können.

Selbst wenn Sie ein Thema persönlich negativ bewerten würden, äußern Sie sich positiv, wenn Sie dafür mehr Gründe parat haben. Natürlich erfreut es den Prüfer meist, wenn Sie dieselbe Meinung teilen. Wenn er für den BGH ist, dann vertreten Sie nicht für die Literaturmeinung, wenn er für Kant ist, dann seien Sie nicht für Schiller, wenn er die Arbeitgeberseite vertritt, dann votieren Sie (zumindest in der Prüfung) nicht für die Arbeitnehmerseite. Aber: alles im richtigen Maße. Falls Ihr Prüfer ein kritikfreudiger Mensch ist, der auch in Prüfungen andere Meinungen stehen lässt und Prüfungsgespräche wie eine wissenschaftliche Diskussionsrunde gestaltet, dann ist es nicht notwendig, sich seiner Meinung anzuschließen. Es kommt stets auf die Person des Prüfers an, wofür Sie sich in diesen Momenten entscheiden.

Anhang

»Hat das experimentelle Spiel mit der Sprache (Poetik) seinen Platz an einer Universität? Kann man im Ministerrat Geschichten erzählen? In einer Kaserne Ansprüche stellen? Die Antworten sind klar: ja, wenn der Rat mit prospektiven Entwürfen arbeitet; ja, wenn die Vorgesetzten Verhandlungen mit den Soldaten akzeptieren. Anders gesagt: Ja, wenn die Grenzen der alten Institution verschoben werden.« (Jean-François Lyotard, Philosoph)

Muster und Beispiele

Tabelle: Vorbereitung auf die Lehrveranstaltung mithilfe der Questiones

Merkfrage-wort	Questiones	Anmerkung
Wer?	Wer ist der Dozent? Was sind seine Forschungsgebiete, wo liegen seine Interessen und Leidenschaften?	Haben Sie schon mal auf seine Homepage gesehen? Die wichtigsten Publikationen ausgeliehen und angelesen? Die Forschungsschwerpunkte herausgefunden? Festgestellt, ob er prüfungsberechtigt ist? Die charakterliche Eignung gecheckt?
Will?	1. Wie ist die Erwartungshaltung des Dozenten bzw. der relevanten Personen? Erwartet der Dozent Mitarbeit? Fragen? Kommentare? Welche Ausdrucksweise setzt er bei Studierenden voraus? 2. Worum soll es in dem Vortrag gehen? Ziele? Verheddert er sich im Vortrag oder geht er stringent vor?	Die Abschätzung, ob Sie der Erwartungshaltung der Dozentin entsprechen sollen/wollen, ist eine Einzelfallentscheidung. Grundsätzlich ist es ratsam, weil Sie Lernender sind. Auf der anderen Seite sollten Sie in respektvollen Grenzen durchaus eine eigene wissenschaftliche Position entwickeln.
Was?	Was sind die Thesen? Was sind die Inhalte des Vortrags? Wie ist die Gliederung? Wo gibt es Lücken? Fehler? Verständnisfragen?	Das Wichtigste mitschreiben, denn durch Mitschriften wird tiefer gelernt und dadurch entwickeln sich gute Fragestellungen, Problemstellungen, Lösungsansätze usw.
Merkfrage-wort	Questiones	Anmerkung
Wodurch?	Wodurch werden Thesen und Inhalte belegt? Wie ist die Argumentation? Wie überzeugend sind die Quellen? Wie überzeugend ist die Beweisführung? Ist die Beweisführung schlüssig? Oder wird nur Faktenwissen dargelegt? Dann wäre eine Anmerkung zur eigenen Meinung des Dozenten sinnvoll.	Distanz halten! Aus einer hinnehmenden Rezeptionshaltung heraus treten, sich zum kritischen Zuhörer und Bewerter entwickeln.

| Wirklich? | Stimmt das überhaupt, was der Dozent erzählt? Haben Sie etwas anderes gelesen? Kennen Sie andere Auffassungen, Meinungen zum Thema? | Die wichtigste Frage! |

Beispiel für eine Mitschrift, Variante 1

Dozent: Prof. Egert Pöhlmann   Datum: 1.9.

Thema: *Fiktion und Realität im Bühnenbild der griechischen Tragödie*

URL: http://www.uni-köln.de/Pöhlmann_GriechischeTragödie.html

Gezeigte Folien/Power-Point-Präsentationen: keine

Wissen ist wichtig für: Wissen gelernt bis:

Zwischenprüfung   1. Februar !!!
nächstes Semester
(vgl. Studienordnung!!!)

Das Wichtigste dieses Vortrags:

der Ödipus des Sophokles hat eine Sonderstellung
Katabasis = Abstieg in die Unterwelt

Eig. Idee:
➜ ganz anders im Christentum, da gibt's ja einen Aufstieg ins Himmelreich
➜ ev. Statement!!!!

Fragen:
Welche Tragödien dieser Zeit hatten noch eine Sonderstellung? Und wer
bestimmt, was eine Sonderstellung ist? Die Literaturgeschichte? Oder die
Literaturwissenschaft?

➜ ev. Fragebeitrag!!!

Beispiel für eine Mitschrift, Variante 2

Titel: Pöhlmann, 2. Vorlesungsstunde, 1.9.06

407 v. Ch: Spartaner im Norden greifen Athen an (diese unterlagen)
→ was war eigentlich noch so los um diese Zeit? Ev. Fragebeitrag!!!

Kultmale (z.B. steinernes Grab) werden den Athenern bekannt gewesen sein
→ wozu eigentlich Grabsteine? Oder waren es Gruften? Wozu dient eigentlich überhaupt ein Grabstein??? Fragebeitrag?

Sophokles in Euminiden (anders als Aischylos) mit Cholorit ausgemalt,
Technik wie in Elektra (wie ist die? Nachlesen!)

Elektra des Euripides, 421-420 v. Ch. Premiere (von Burckhardt festgelegt)
Pöhlmann: Nähe zum bürgerlichen Trauerspiel
??? Warum? ? Fragebeitrag?

Menade: Dyskolos
→ Zunahme topographischer Details
→ Bühnenhaus in Funktion eines Bauernhauses

Zusammenfassung:
verschiedene Techniken der griechischen Dichter
Poetische Topographie erfunden und/oder aus realen Elementen zusammengesetzt, Einbildungskraft der Zuschauer war Voraussetzung

Eig. Idee: ist ja ganz anders bei Brecht!! ? Wissensbeitrag?

vgl. Neuzeit: vorwiegend visuell / Antike: vorwiegend hören, Tragödien
waren in erster Linie Sprechkunstwerke

→ hat das unterschiedliche Auswirkungen auf die Gesellschaft?
   Verknüpfungsbeitrag!!!??

33 Tragödien, 15 Komödien sind erhalten → welche? Gibt's eine
Sammelausgabe? Ev. in griech./deutsch?

Sammlung: Typische Worte und Wendungen der Wissenschaftssprache

Verben:
Analysieren, arbeiten an, argumentieren, abhandeln, Bild entwerfen, bestätigen, die Auffassung vertreten, dass; befassen mit, bedenken, berichten; beschäftigen mit; das Problem behandeln, betreffen; darlegen, darstellen, deutlich machen, demonstrieren, diskutieren; bejahen, ein Bild (er)geben; erörtern, erwägen, exponieren, Frage aufwerfen, Frage stellen, Frage nachgehen; herausarbeiten, herausstellen, hervorheben, hinweisen, Hypothese aufstellen, dass; Hypothese entwickeln, dass; kritisieren, Kritik äußern, nachweisen, nachzuweisen versuchen, nachgehen, problematisieren, schildern, sich auseinander setzen mit, sich beschäftigen mit, sich befassen mit, suchen nach, untersuchen, verdeutlichen; zeigen, zur Diskussion stellen, prüfen, verneinen, Voraussetzungen prüfen, wiedergeben, sich richten nach, ausrichten, banalisieren, vervollständigen, sich ergänzen, zufügen, hinzusetzen, nachtragen, integrieren, nachliefern, subsumieren, einordnen, sich erschließen, explizieren, exemplifizieren, rekonstruieren, definieren, abgrenzen von, aufzeigen, dass, veranschaulichen, beleuchten, auf den Grund gehen, Voraussetzungen schaffen, eingehen auf, widerlegen, entkräften, ad absurdum führen, dagegenhalten, bestreiten, generieren, hinterfragen, klassifizieren, entwerfen, kontrastieren, bezeichnen, konform gehen, kongruieren, überprüfen, anregen, initiieren, zur Folge haben, aufweisen, aufzeigen und so weiter ...

Adjektive:
Überschaubar, übersichtlich, gegliedert, untergliedert, einleuchtend, verständlich, kompliziert, problematisch, eingängig, unkritisch, kritisch, angemessen, korrespondierend, übereinstimmend, widersprechend, entstehend, theoretisch, praktisch, empirisch, unzutreffend, unhaltbar, haltbar, sinnwidrig, inkonsequent, gängig, vorherrschend, landläufig, üblich, widersprüchlich, konträr, komplementär, reziprok, systematisiert, systematisch, klassifiziert, methodisch, gegliedert, gedanklich, materiell, kontrovers, zutreffend, unzutreffend, kompatibel, stichhaltig, stringent und so weiter ...

Substantive:
Entsprechung, Beispiel, Muster, Vorgehensweise, Idee, Grundgedanke, Variable, Konstante, Grundlage, Ausgangspunkt, Resultat, Feststellung, Beweis, Gegenbeweis, Folgen, Voraussetzungen, Ausführungen, Einführung, Auslegung, Bezeichnung, Begriffe, Abgrenzung, Definition, Ergebnis, Analyse, Untersuchung, Zerlegung, Konstruktion, System, Regelhaftigkeit, Vorgehensweise, Modell, Methodik, Denkmodell, Zusammenhang, Differenz, Kennzeichen, Funktion, Beschreibung, Wiedergabe, Darlegung, Illustrierung, Visualisierung, Dekonstruktion, Interpretation, Erörterung, Kritik, Ausführung, Darstellung, Darlegung, Aufsatz, Text, Textelemente, Passagen, Textpassagen, Autoren, Urheber, Auseinandersetzung, Hypothese, These, Ausrichtung, Gesichtspunkt, Perspektive, Synthese, Funktion, Untersuchung, Fundierung, Element, Ursache, Kausalität, Gesetzmäßigkeit, Anwendung, Theorie, theoretische Ausführungen, praktische Anwendung, Erweiterung, Erschließung, Sachverhalt, Studie und so weiter ...

Umfrage zur mündlichen studentischen Mitarbeit

Hier finden Sie die wörtlichen Antworten von 51 Hochschullehrern
unterschiedlichster Fachbereiche zur mündlichen studentischen Mitarbeit (Onlinebefragung). Nicht jeder hat sich zu jedem Punkt gleich
ausführlich geäußert, manche ließen Fragen offen, andere ergänzten
ausführlich. Die Antworten wurden ungefiltert übernommen, lediglich die Anzahl mancher Antworten ausgezählt und diese Anzahl in
Klammern dahinter gesetzt, damit Sie sich Ihr eigenes Bild machen
können. Überprüfen Sie, inwieweit Sie den Anforderungen genügen.

Frage 1: »Welchem Fachbereich gehören Sie an?«
Philosophie/Soziologie/ Pädagogik (13), Rechtswissenschaft (9), Biologie bzw.
Biowissenschaften (8), Physik/Astronomie (4), Sportwissenschaften (4),
Germanistik/Romanistik (4), Geowissenschaften (2), Ägyptologie (2), Medizin
(2), Chemie (1), evangelische Theologie (1), Geschichte (1)

**Frage 2: »Für wie bedeutsam erachten Sie mündliche Mitarbeit von
Studierenden in Ihren Lehrveranstaltungen?«**

51 ■■■■■■■■■■■■■■■■■■■■■■■■■■■■■■■■■■■■■■■ wichtig
 0 unwichtig

**Frage 3: »Hat sich durch den Wechsel der bisherigen Diplom- und
Magisterstudiengänge in Bachelor- und Masterstudiengänge eine Veränderung
der Anforderungen an die mündliche Mitarbeit ergeben?«**

37 ■■■■■■■■■■■■■■■■■■■■■■■■■ nein
 6 ■■■■■ ja
 8 ⬜ unbeantwortet

**Frage 4: »Wie wichtig ist es Ihnen, dass ein Student Ihre Fragen im Seminar
›richtig‹ beantwortet?«**
Wichtig: (12) Unwichtig, Hauptsache es wird mitgearbeitet! (35) (unbeantwortet, bzw. nur Ergänzungen angegeben: 4)

12 ■■■■■■■ wichtig
35 ■■■■■■■■■■■■■■■■■ Hauptsache,
                    es wird mitgearbeitet
 4 ⬜ unbeantwortet

Frage 5: »Worauf legen Sie besonderen Wert, wenn Studierende sich in der Lehrveranstaltung mündlich äußern?« (maximal 3 Antworten)

1 Dass Fragen gestellt werden (37)
2 Dass kritisch beleuchtet wird und wenn nötig andere Positionen eingenommen werden (38)
3 Dass dadurch Kommilitonen ebenfalls profitieren (37)
4 Dass sich prägnant und exakt geäußert wird (16)
5 Dass man Interesse für das Thema heraushört (16)
6 Dass ich auf Fehler aufmerksam gemacht werde (11)
7 Dass sich Zeit für ausführliche Anmerkungen genommen wird (7)
8 Dass sie laut und deutlich sprechen (4)
9 Dass Fachbegriffe verwendet werden (3)
10 Dass die Anmerkung humorvoll ist (0)

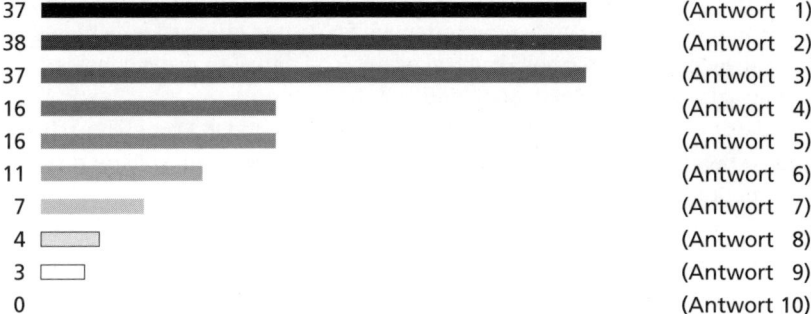

37	(Antwort 1)
38	(Antwort 2)
37	(Antwort 3)
16	(Antwort 4)
16	(Antwort 5)
11	(Antwort 6)
7	(Antwort 7)
4	(Antwort 8)
3	(Antwort 9)
0	(Antwort 10)

Frage 6: »Meinen Sie, dass es in Ihrem Fachbereich neben dem fachlichen Können auch auf die (mündliche) Präsentation des Wissens ankommt?«

50 ja
1 ☐ nein

Frage 7: »Welche Tipps für die mündliche Mitarbeit in den Lehrveranstaltungen geben Sie Studierenden mit auf den Weg?«
→ »Fragen vorbereiten oder vor dem Formulieren aufschreiben.«
→ »Man muss bereit sein, sein Unwissen durch das Stellen von Verständnisfragen öffentlich zu machen. Wer diese Barriere nicht überwindet, beeinträchtigt sein Lerntempo enorm. Mögliche (meist nur eingebildete) Nachteile durch dieses ›Bekanntwerden der eigenen Dummheit‹ sind im Vergleich zu diesem Tempoverlust vernachlässigbar.«
→ »Es gibt einen Leitfaden für mündliche Präsentationen.«

→ »Dass teilweise auch anderen Perspektiven auf ein Thema genommen werden, dass Beiträge sich nicht darauf beschränken sollen, Kritik zu äußern,
sondern dass es immer um eine Lösung beziehungsweise eine Integration
des mündlichen Beitrags in dem Gesamtzusammenhang gehen muss.«

→ »Fragen, wenn etwas nicht verstanden worden ist.«

→ »Man muss Vertrauen in die eigene Position und in die eigenen Gedanken
entwickeln, man sollte sich auf die Lehrveranstaltungen vorbereiten, Möglichkeiten nutzen, mit anderen Studierenden den Stoff zu diskutieren.«

→ »In meiner Arbeitsgemeinschaft habe ich keine Probleme mit fehlenden
mündlichen Beiträgen. Grundsätzlich empfehle ich den Studenten, keine
Angst vor falschen Antworten zu haben oder davor, dass sie sich blamieren,
sondern einfach zu reden. In der Regel gibt es immer noch mindestens einen
anderen, der dieselbe Frage hatte. Gerade in den Vorlesungen kann die aktive Teilnahme einen positiven Eindruck beim Professor hinterlassen, der sich
dann später leichter an den betreffenden Studenten erinnert. Außerdem
sind viele Dozenten schon dankbar, wenn sich überhaupt jemand meldet, so
dass jede Form der Beteiligung positiv auffällt.«

→ »Dass es überhaupt wichtig ist, zu diskutieren, Ermutigung zum Mitmachen.«

→ »Vorbereitende Lektüre, Mitdenken, auf Fragen antworten, konkret die
Situation nachvollziehen.«

→ »Sich aktiv zu beteiligen, wenn Fragen auftauchen, nachhaken, ruhig auch
mal eine E-Mail schicken, das Studium nicht als Konsumenten zu verbringen,
sich gut vorbereiten – erst dann tauchen interessante Fragen auf!«

→ »Zuhören, Fragen stellen und mitarbeiten. Das Gehörte mit dem Gelesenen
und Gewussten vergleichen und bei Unstimmigkeiten nachhaken.«

→ »Fragen stellen, vor allem, wenn man etwas nicht verstanden hat.«

→ »Diskussion ist der einzige Weg, etwas richtig zu verstehen.«

→ »Nicht zu schüchtern zu sein, sich gut auf die Veranstaltung vorzubereiten,
denn nur dann kann man die Fragen stellen, aus denen man wirklich etwas
mitnimmt. Den Dozenten auch nach der Veranstaltung löchern, wenn's ausführlicher werden soll.«

→ »Ich weise darauf hin, dass eine aktive Mitarbeit das eigene Lernen beför-
dert und die Veranstaltung befruchtet, dass Fragen gestellt werden können
und Fehler gemacht werden dürfen.«

→ »Vor dem Reden ausatmen und entspannen, es gibt keine dummen Fragen,
sich Problembereiche vorstellen (innere Bilder).«

→ »Vorbereiten, Nachbereiten des Stoffs, hinterfragen, Fragen stellen, ›mutig
sein‹.«

→ »Fragen stellen, Fragen beantworten, daraus folgt: Gehirn ist aktiv. Probleme werden erkannt. Nicht erst bei der Nachbearbeitung.«

- »Fragen stellen, kritische Betrachtungen vornehmen, entsprechende wissenschaftliche Perspektive einnehmen (zum Beispiel soziologische, trainingswissenschaftliche ...).«
- »Präzise fragen, den Gegenstand genau nennen, auch Ergänzungen, nicht nur Fragen stellen.«
- »Sie dürfen in meinem Unterricht die Stunden moderieren. Die Studierenden halten Referate und binden die Kommilitonen interaktiv ein, übernehmen also in einigen Teilen quasi die Rolle des Dozenten. Sie dürfen dabei nach ihren Vorstellungen gestalten. Zudem werden sie auf formale, technische und inhaltliche Vorgaben hingewiesen und diesbezüglich geschult.«
- »Meine Veranstaltung gibt den Studierenden die Gelegenheit, sich vor anderen Personen zu äußern und mündliche Argumentation zu üben.«
- »Keine Kommentare um des Kommentars willen, das fällt unangenehm auf. Studierende sollen sich trauen auch nachzufragen oder um Erläuterung bitten (Vorlesung), in Übungen sind auch eigenständige Kommentare gewünscht.«
- »Interessante Fragen stellen und rege mitarbeiten.«
- »Rhetorikkurse, Arbeitsgruppen, um den sich Stoff gegenseitig vorzustellen.«
- »Viele Referate, Schreiben von Abstracts, um Sachverhalte beziehungsweise Texte pointiert darstellen zu können.«
- »Ständige Überprüfung der Notwendigkeit, warum ein Seminar belegt wurde, und wie es sich in das Lernprofil einordnet, damit die Themen sich in einen gesamten Lehrplan der Erziehungswissenschaft integriert.«
- »Viel lesen, aktuelle Diskussionen verfolgen, Argumente sammeln.«
- »Keine Scheu, es gibt keine dummen Fragen.«
- »Klare Strukturierung, präzise, tolerant, kritisch.«
- »Bitte unbedingt alles fragen, was unklar ist. Es gibt keine peinlichen Fragen.«
- »Bitte Lehrveranstaltung so vorbereiten, dass Grundlagen-Hintergrundwissen zum behandelten Thema aufgefrischt ist.«
- »Fragen vorbereiten oder vor dem Formulieren aufschreiben.«
- »Keine, außer: Habe Mut, auch gegebenenfalls etwas Falsches zu sagen, denn durch Schweigen wird ein Studium motivationslos.«
- »Wichtig ist, präsent zu sein, sich überhaupt zu beteiligen. Abweichende Meinungen sind in der Regel (zumindest bei mir) absolut erwünscht. Seien Sie mutig!«
- »Wenn es geht, die Lektüre während des Semesters lesen und nicht erst in den Semesterferien zur Prüfungsvorbereitung. Dann ist die mündliche Mitarbeit eigentlich kein Problem. Auch Fachfragen zu stellen ist in meinen Augen eine sehr positive mündliche Mitarbeit.«
- »Fragen stellen!«

→ »Üben, vor anderen zu sprechen!«

→ »Bei Referaten: sich als Lehrer fühlen. Den Zuhörern den Stoff wirklich vermitteln wollen.«

→ »Zuhören und nach Möglichkeit die Chancen zu einer Vorbereitung auch
nutzen.«

→ »Mut, Gewusstes zu äußern, keine Angst vor falschen Antworten.«

→ »Fragen stellen – wenn für das Auditorium bedeutsam, in der Vorlesung,
sonst nach der Vorlesung.«

→ »Sie sollen gleich Fragen stellen, wenn sie etwas nicht verstanden haben. Sie
sollen sprechen, wenn sie die Sache etwas anders sehen.«

→ »Mitarbeit. Hinterfragen und Widersprüchliches ansprechen.«

→ »Wer fragt, ist ein Narr für fünf Minuten. Wer nicht fragt, bleibt ein Narr
sein Leben lang (chinesisches Sprichwort).«

→ »Keine Angst vor Verständnisfragen haben! Keine Angst vor vermeintlichem
eigenen Unwissen haben! Keine Angst vor der Äußerung der eigenen
Ansichten haben! Keine Angst vor den Reaktionen der Kommilitonen
haben!«

→ »Mut entwickeln, Selbstwertgefühl finden, sich selbst einschätzen lernen.«

→ »Bitte bereiten Sie sich vor, damit Sie etwas zu sagen haben. Äußern Sie sich
auch, wenn Sie sich nicht sicher sind, da Sie ja etwas lernen sollen. Spotten
Sie niemals über die Äußerungen Ihrer Kommilitonen.«

→ »Das ist typenabhängig. Studentischem ›Prototyp 1‹ würde ich raten, mehr
Vertrauen zu entwickeln: Unverständnis resultiert nicht unbedingt aus man-
gelnder Verständnisfähigkeit, sondern kann auch das Resultat unpassender
Vermittlung sein. Wenn man selbst etwas nicht verstanden hat, gilt das
daher häufig auch für andere. Wer nachfragt, bringt damit nicht nur sich
selbst, sondern häufig auch die Kommilitonen weiter. Studentischem ›Prototyp 2‹ würde ich raten, vor dem Stellen von Fragen den eigenen Verständnis-
hintergrund zu prüfen. Eine mangelnde Vorbereitung sollte nicht auf Kosten
des Plenums ausgeglichen werden.«

→ »Sie sollen sich angesprochen fühlen von den Problemen, die behandelt werden, textnah argumentieren und sich, Vorbereitung vorausgesetzt, nicht
scheuen, Verständnisfragen aller Art zu stellen; sie sollen den behandelten
Texten hermeneutisches Wohlwollen entgegenbringen.«

→ »Keine.«

→ »Mehr fragen, wenn Sachverhalte nicht verstanden werden. Fragen nicht
aggressiv formulieren und akzeptieren, wenn die Dozentin nicht allwissend
ist. Bereitschaft zur Übernahme von Recherchen zu unbeantworteten Fragen.«

→ »Trau dich!«

Frage 8: »Empfinden Sie Verständnisfragen von Studierenden in einer
Lehrveranstaltung als störend?«

4 ▆▆▆▆ ja
47 ▭▭▭▭▭▭▭▭▭▭▭▭▭▭▭▭▭▭▭▭▭▭▭▭▭▭▭▭▭▭▭ nein

Frage 9: »Welche Sprechweise wünschen Sie sich von Ihren Studenten?«

35 ▆▆▆▆▆▆▆▆▆▆▆▆▆▆▆▆▆▆▆▆▆▆▆▆▆ exakt und präzise
2 ▆▆ umgangssprachlich
14 ▭▭▭▭▭▭▭▭▭ fachsprachlich

Frage 10: »Wodurch zeichnen sich Studenten aus, die Ihnen positiv in
Erinnerung bleiben?«

→ »Klare Fragen oder Aussagen, die den Kern des Problems treffen.«
→ »Mitdenken und Mitarbeiten (was ein sorgfältiges Nacharbeiten von Vorle-
  sungen voraussetzt), mir meine Fehler und unpräzisen Formulierungen und
  so weiter nachweisen, Querverbindungen sehen und sich nach und nach ein
  eigenes Gesamtbild des Stoffes schaffen.«
→ »Studenten, die mich kritisiert haben oder die hervorragenden fachlichen
  Input gebracht haben oder sich sehr humorvoll eingebracht haben.«
→ »Unter anderem auch durch eine rege mündliche Mitarbeit in meinen Veran-
  staltungen, durch gute schriftliche Leistungen, zum Beispiel im Rahmen von
  Protokollen oder Hausarbeiten.«
→ »Seminar: gute, klar strukturierte Präsentation und kritische Fragen bei den
  Präsentationen anderer Studenten. Praktika: gut vorbereitet, sorgfältiges
  Arbeiten und übersichtliche klar strukturierte Protokolle.«
→ »Sie stellen Fragen, die zeigen, dass sie mitdenken. Sie beteiligen sich am
  Unterrichtsgespräch in einer Art, die erkennen lässt, dass sie sich für das
  Thema interessieren.«
→ »Stetige Mitarbeit und gute eigene Ansätze, ohne ein Querulant zu sein.«
→ »Aufgeweckt, kritisch, engagiert.«
→ »Gut informierte Antworten, selbstständige Benutzung der Literaturvorga-
  ben, eigenes Nachdenken, Selbstständigkeit des Urteils, stilistische Sicherheit
  in der Darlegung der schriftlichen Arbeit, Beherrschung der ›technischen‹
  Seite einer historischen Untersuchung (zum Beispiel im Verhältnis von Text
  der Untersuchung und den Nachweisen in den Anmerkungen).«
→ »Aktive Mitarbeit, intelligente Fragen, eventuell Fragen nach mehr Literatur,
  Eigeninitiative!«
→ »Aktive Mitarbeit.«
→ »Großes fachliches Interesse, auffallende praktische und theoretische Fähig-
  keiten, aufgeschlossenes Verhalten.«

→ »›Kluge‹ Fragen stellen, also Fragen, die eine Diskussion in Gang bringen, oder gezielte Verständnisfragen.«

→ »Eigeninitiative, Neugier, schnelle Auffassungsgabe, aus dem Gelernten etwas Neues folgern.«

→ »Durch Mitarbeit oder Fragen nach der Sitzung. Dabei kommt es nicht zwingend darauf an, dass sie immer richtige Antworten gegeben haben, sondern darauf, dass man merkt: der denkt mit!«

→ »Sie sind gut vorbereitet.«

→ »Studierende, die in der Lage sind, Querverbindungen zu ziehen, Themen hinterfragen, Theorien auf Grundlage von Praxiserfahrungen befragen und umgekehrt.«

→ »Humorvoll, konzentriert, teamfähig.«

→ »Engagiert, aktive Beteiligung, nachfragen, hinterfragen, sich einbringen.«

→ »Aktive Mitarbeit.«

→ »Interesse, Engagement, Interesse an einer Lehrstuhlmitarbeit, Nachfragen nach möglichen Diplomarbeiten.«

→ »Fragen stellen und engagiertes Einbringen, gute Hausarbeiten und freundliches Auftreten.«

→ »Viele Fragen, auch außerhalb der Lehrveranstaltungen.«

→ »Durch besonderes Engagement, Interesse und kritisches Denken.«

→ »Durch gute Mitarbeit in der Veranstaltung.«

→ »Durch selbstständiges, eigenständiges Denken und gute Ideen.«

→ »Engagement zum Thema, Versuch, die Denkweise zu einem Thema auch sprachlich auszudrücken, Präsenz, der Eindruck regelmäßiger Vorbereitung zum Seminar, die Fähigkeit ist erkennbar, dem Seminarverlaufsplan zu folgen, Lesen über den Stoff aus dem Seminar hinaus.«

→ »Dass sie selbstständig denken können, aber auch die geistige Verarbeitung des Stoffes erkennen lassen.«

→ »Durch regelmäßige, nicht zu sehr durch Geltungssucht geprägte aktive Teilnahme.«

→ »Interessiert am Thema.«

→ »Interesse, Offenheit, Klarheit, Kritikbewusstsein.«

→ »Aufmerksam und frage-/diskussionsfreudig. Sorgfältig in ihrer Vorbereitung.«

→ »Klare Fragen oder Aussagen, die den Kern des Problems treffen.«

→ »Durch Persönlichkeit, durch spezifisches Interesse, durch gute schriftliche oder herausragende mündliche Beiträge.«

→ »Interesse, eigene Meinung, gute Vorbereitung.«

→ »Stellen (Verständnis-)Fragen, arbeiten an Gruppenarbeit mit und sind bereit, Ergebnisse vor der Gruppe zu präsentieren, äußern Kritik am vorgetragenen Sachverhalt.«

→ »Zeigen Begeisterung, stellen ihre Fragen, haben eigene Ideen, aus denen großer Sachverstand erkennbar wird.«

→ »Motivation und Mitdenken.«

→ »Interesse, Begeisterung für das Fach.«

→ »Mut, Fragen zu stellen, auch wenn sie kritisch sind, und das dann noch in einem Ton, der zeigt, dass dieser Mut weder Aggression noch Selbstüberwindung bedeutet, sondern als selbstverständlich erkannt wird.«

→ »Interesse und Motivation.«

→ »Durch gute Mitarbeit in der Veranstaltung.«

→ »Aufmerksamkeit, durch Mitarbeit dokumentiertes Interesse.«

→ »Aktive, interessierte, selbst- und zielbewusste Studenten und Studentinnen.«

→ »Durch Fragen, die Interesse und Denkvermögen zeigen.«

→ »Sie ›kämpfen mit dem Stoff‹, bis sie ihn verstanden haben, und man merkt ihnen ihr genuines Interesse an der Sache an.«

→ »Diejenigen, die sich nicht lange bitten lassen müssen, bevor sie sich äußern; diejenigen, die weiter denken, als die Frage reicht; diejenigen, die nicht nur reagieren, sondern durch eigene kreative Gedankenarbeit den Kursverlauf mitbestimmen.«

→ »Interesse, Engagement, Beteiligung am Unterricht, Originalität der Beiträge.«

→ »Sie besuchen Lehrveranstaltungen nicht als Konsumenten, sondern als Gestalter: Sie sind vorbereitet und können thematische Grenzen gewinnbringend überschreiten. Sie bringen durch ihre Beiträge neue Aspekte und Perspektiven in die Plenumsdiskussion ein.«

→ »Wachheit, Intelligenz, Selbstständigkeit.«

→ »Engagement, Interesse, Fach- und Kommunikationskompetenz, Wissen und Bildung, Partnerzentriertheit, Schreib- und Artikulationsfähigkeit.«

→ »Aktive und kooperative Mitarbeit, konzentriert, vorbereitet, intelligent, interessiert, motiviert, persönliches Verhältnis zum Gegenstand.«

→ »Am ehesten die, mit denen man einen Streit hatte, den man sinnvoll beizulegen verstand; Studenten, die soziales Mitverantwortungsgefühl haben (vor allem bei Exkursionen spürbar); Leute, die sich in der Interessenvertretung engagieren, die sich nicht von einer kleinen Kritik ein für alle Mal entmutigen lassen.«

Frage 11: »Wie muss sich ein Student verhalten, damit er bei Ihnen einen negativen Eindruck hinterlässt?«

-» »Viel reden, was nicht zum Thema gehört.«

-» »Passiv.«

-» »Indem er gegen die gemeinsam erarbeiteten Regeln der Zusammenarbeit verstößt.«

-» »Es ist schwer prospektiv zu beurteilen, welche Verhaltensweisen dazu führen würden, dass ein Student bei mir negativ in Erinnerung bleibt. Aus der Vergangenheit würde ich jedoch sagen, dass insbesondere regelmäßige Störungen der Seminare, zum Beispiel durch Gespräche mit Nachbarn, die aus privaten Gründen geführt werden, dazu führen, dass mir jemand negativ auffällt.«

-» »Seminar: gelangweilter Ausdruck, keine Mitarbeit, keine Antworten, wenn gefragt. Praktika: unvorbereitet, besserwisserisch, aber dann die Experimente falsch durchführen, schlampig.«

-» »Der Student unterhält sich laufend und wiederholt mit seinen Nachbarn über stofffremde Themen und reagiert auf direkte Fragen/Ansprechen in einer solchen Situation schamlos. Oder er zeigt auf andere Weise, dass er kein Interesse und keinen Respekt für das Thema oder die Sprechenden hat.«

-» »Insgesamt negativ auffallen, durch Handyklingeln, häufiges Zuspätkommen oder Frühergehen. Außerdem fällt es negativ auf, wenn Studenten häufig Fragen stellen, die mit dem besprochenen Thema nichts zu tun haben und nur dazu dienen, eigenes Wissen zu demonstrieren.«

-» »Schweigen, reden ohne zu denken, nachplappern, was andere gerade gesagt haben, keine eigene Denkleistung.«

-» »Verweigerung des Mitdenkens, mangelnde Mitarbeit, Informationslücken bei Vorbereitungen, unpräzise Begriffsbildungen, mit anderen Worten: ›Dünnbrettbohrer‹.«

-» »Desinteressiert, passiv, eventuell auch vorlaut (wenn gleichzeitig nicht vorbereitet), schlecht vorbereitet, der ›Wissens-Konsument‹.«

-» »Den Unterricht durch den Aufbau einer undurchdringbaren Geräuschkulisse stören.«

-» »Offensichtliches Desinteresse, wenn er die Veranstaltung bewusst stört, mangelnde Pünktlichkeit, schlechtes Protokoll beziehungsweise Vortrag.«

-» »Desinteresse zeigen.«

-» »Ignorant, schulisches Denken.«

-» »Die meisten hinterlassen aufgrund der hohen Studentenzahlen überhaupt keinen Eindruck. Ein Student muss schon permanent seltsame Fragen stellen oder sich unhöflich verhalten, damit ihm das gelingt.«

-» »Störend, desinteressiert, gelangweilt.«

⇢ »Jemand, der nie etwas sagt und unvorbereitet in die Sitzungen kommt.«
⇢ »Gelangweilt, unkonzentriert, unsozial.«
⇢ »Nicht engagiert, keine Beteiligung, kein Nachfragen, kein Hinterfragen, kein Sicheinbringen.«
⇢ »Inaktiv sein.«
⇢ »Aktiv in einer Vorlesung stören, Übungszettel nicht abgeben beziehungsweise Übungszettel abschreiben, am Gruppenunterricht unregelmäßig teilnehmen, Gruppenunterricht stören.«
⇢ »Anzügliches Verhalten, ›Geschwafel‹, Störungen im Kurs.«
⇢ »Kein Interesse zeigen, unentschuldigt fernbleiben, während der Veranstaltung etwas anderes machen, essen oder trinken (es sei denn, es handelt sich um eine vierstündige Veranstaltung, Praktikum), nicht grüßen.«
⇢ »Desinteressiert oder störend.«
⇢ »Missachtung allgemeiner Verhaltensregeln, zum Beispiel wiederholtes Handyklingeln während der Veranstaltung.«
⇢ »Während der Vorlesung/Übung reden, Zeitung lesen, essen und nicht zum Thema gehörende Fragen stellen beziehungsweise schlafen.«
⇢ »Durch dumme Fragen störend oder übertrieben gescheit.«
⇢ »a) Er fehlt häufig. b) Er bereitet sich nicht vor. c) Er stellt Fragen zum Text, den er offenbar nicht gelesen hat. d) Er stört das Seminar. e) Wirkt teilnahmslos. f) Kann keine Beziehung zum Thema entwickeln. g) Versucht in Beiträgen die geringe Tragweite des Themas zu beweisen. h) Lässt sich durch Argumente nicht von seinem Standpunkt abbringen.«
⇢ »Desinteressierte Konsumentenhaltung; ausschließliches Interesse, das Nötigste zum Bestehen der Prüfung mitzunehmen.«
⇢ »Wie ein Schüler, der nur macht, was er muss.«
⇢ »Desinteressiert, nicht vorbereitet.«
⇢ »Völlig passiv oder offensichtlich desorientiert bezüglich absoluten Grundlagenwissens.«
⇢ »Viel reden, was nicht zum Thema gehört.«
⇢ »Unregelmäßig kommen; flapsige ungenaue Sprache; Unzuverlässigkeit; häufiges Zuspätkommen; viele Privatgespräche während des Seminars.«
⇢ »Kann ich nicht pauschal sagen.«
⇢ »Jedes Mal frühzeitig aus dem Seminar gehen, keine Auseinandersetzung mit dem Thema (häufiges Schwätzen mit dem Nachbarn, bei Ansprache keine fachliche Antwort, keine Fachbegriffe präsent).«
⇢ »Sagt, wenn ich ihn anspreche, immer: Oh, jetzt hab ich grad nicht zugehört (oder noch schlimmer: sagt gar nichts).«
⇢ »Unmotiviert und schlecht vorbereitet.«
⇢ »Desinteressiert.«

→ »Da muss schon viel passieren. Am ehesten gelingt es mit patzigen Bemerkungen, die Mangel an Souveränität zeigen, dicht gefolgt von Unterwürfigkeit.«

→ »Permanentes ›Schlafen‹ und geistige Abwesenheit.«

→ »Missachtung allgemeiner Verhaltensregeln (zum Beispiel wiederholtes
Handyklingeln während der Veranstaltung).«

→ »Fehlende ›Sozialkompetenz‹, also: störendes Kommen und Gehen während
der Vorlesung, störende Privatunterhaltungen, fehlendes Mindestmaß an
Umgangsformen wie zum Beispiel Aufbehalten von Baseballkappen in der
Vorlesung und anderes mehr.«

→ »Zeitung oder Ähnliches lesen, mit anderen schwätzen.«

→ »Desinteresse.«

→ »Er kommt regelmäßig zu spät, sitzt teilnahmslos in der Vorlesung, äußert
sich abwertend über das Thema oder sein Fach und erweckt den Eindruck,
sein eigenes Studienfach langweile ihn grässlich.«

→ »Sich immer nur auf namentliches Aufrufen zu äußern; unvorbereitet zu
sein; uninteressiert und gelangweilt zu wirken; Privatgespräche zu führen.«

→ »Missgünstig gegenüber den anderen, hochmütig, stur auf angelesener Meinung beharrend, unfähig eine Frage so zu verstehen, wie man sie gestellt
hat.«

→ »Ich erwarte in meinen Lehrveranstaltungen nicht durchweg hochmotivierte
Studierende. Die Breite an Inhalten legt es nahe, dass mache Themen einen
persönlich mehr, andere Themen dagegen weniger ansprechen, so dass in
letztgenanntem Fall der Veranstaltungserfolg mit einem Minimum an not-
wendigem Einsatz angestrebt wird. Dennoch, auch ›ökonomisches‹ Arbeiten
setzt einen Mindesteinsatz voraus. Wenn dieser fehlt und/oder beispielsweise in Arbeitsgruppen durch die Kommilitonen auszugleichen versucht wird,
lassen sich bei mir nicht gerade Pluspunkte sammeln.«

→ »Er muss darauf verzichtet haben, sich für die Sitzung – und sei es durch
Besorgung des Seminartextes – vorzubereiten, und grenzenloses Vertrauen
in seine Improvisation setzen. Selbstdarstellung, nicht Arbeit am Problem
steht im Vordergrund mündlicher Beiträge, aggressives Austesten der Kompetenz der Dozentin.«

→ »Unwissend, unpünktlich, unzuverlässig, egoistisch, unkonzentriert, unvorbereitet, gleichgültig, unfähig, größere Zusammenhänge zu erfassen, imper-
tinent sein.«

Frage 12: »Begrüßen Sie es, wenn Studenten Fachtagungen besuchen?«

49 ████████████████████████████ ja

0 nein

2 ☐ unbeantwortet

Frage 13: »Woran mangelt es heutigen Studenten Ihrer Ansicht nach?«

→ »An nichts.« (2)

→ »Teilweise etwas zu unkritisch und zu sehr nur am Konsum von Informationen interessiert.«

→ »Es fällt mir schwer zu beurteilen, ob es den Studierenden von heute an Dingen mangelt, an denen es früher nicht mangelte. So eine Beurteilung hängt zum einen von den Erwartungen der Dozierenden ab, zum anderen auch von strukturierenden Umständen, wie eine neue Studien- und Prüfungsordnung, neue Umstände des Studierens und so weiter. Was mir gelegentlich selber auffällt, ist die Tatsache, dass das Studium heute mehr zur Form ›verkommt‹, das heißt, dass Studierende versuchen, innerhalb einer möglichst kurzen Zeit ihren Abschluss zu machen, so dass für eine längere Auseinandersetzung mit den Inhalten kaum Zeit verbleibt. Aber wie eben oben angemerkt, ist es ja nicht eine Eigenschaft der Studierenden, sondern eigentlich das Ergebnis des Systems, das heißt der Studienbedingungen, die auf die Studierenden von heute zukommen.«

→ »Selbst aktiv zu werden, Interesse am Thema zu zeigen.«

→ »Fleiß und bei denen, die sich vorbereitet haben, häufig Vertrauen in das eigene Wissen.«

→ »Einsatzbereitschaft und die Bereitschaft selbst tätig zu werden. Häufig ist eine Art von ›Konsumhaltung‹ anzutreffen, die einer eigenen Leistung entgegensteht. Teilweise wird erwartet, dass der Gegenstand der Klausuren bereits vorher bekannt gegeben wird. Gerade Jura ist ein Studienfach, das sich nicht dafür eignet, sich nur berieseln zu lassen, sondern es erforderlich macht, selbst aktiv zu werden.«

→ »Courage, sind zu brav.«

→ »Generell ist das nicht zu beantworten, da es vorzügliche Studenten immer gibt und gegeben hat. Vielleicht fehlt oft die Geduld, das ›Bohren harter Bretter mit Leidenschaft‹, das hartnäckige Engagement im eigenen Fach.«

→ »Kann nicht generell beantwortet werden, aber tendenziell: Eigeninitiative, aktives Erarbeiten des Stoffs, leider auch an Eigenverantwortlichkeit für das Studium, Mut zur Leistung.«

→ »Eigene Zielsetzung, wohin das Studium führen soll.«

→ »Häufig am wirklichen Einsatz und Interesse.«

→ »Die Fähigkeit, selbstständig zu arbeiten.«

➙ »Zeit und an guter Lehrausstattung an den Unis.«

➙ »An Allgemeinbildung, an der Fähigkeit zu selbstständigem Arbeiten, am Willen, sich auch gegen Widerstände durchzubeißen.«

➙ »Motivation, Interesse, Fleiß.«

➙ »Bewusstsein, dass nicht alle Informationen ergoogelt werden können, Bereitschaft, auch mühsam Texten in Bibliotheken eigenständig auf die Spur zu kommen. Bevorzugt werden Skripte oder eindeutige Literaturvorgaben, die eigenständige und auch kritische Recherche steht weniger im Mittelpunkt.«

➙ »Zielorientierung, innere Ruhe, ›personale Kompetenz‹.«

➙ »Interesse, Engagement.«

➙ »Zeit und Engagement für eine bestimmte Sache, oft zu viel Anforderungen (zeitlich, weniger inhaltlich).«

➙ »Gute Deutsch- und Rechenkenntnisse, Brief- und E-Mail-Stil.«

➙ »An guter Grundausbildung in den Schulen, an Reflexion über die eigenen Leistungen und die umsetzbaren Möglichkeiten im Berufsleben.«

➙ »An der Disziplin und Selbstständigkeit, an der Ausdrucksweise.«

➙ »Es gibt eine sehr gute Minderheit, an der ich keinerlei Kritik äußern kann. Ich fürchte allerdings, dass es viele Studenten gibt, die sich nicht ausreichend klar machen, dass nur sie allein und ganz persönlich die Verantwortung für das von ihnen Gelernte tragen. Das impliziert eigenständige harte Arbeit an Übungsaufgaben, eine effiziente und kompromisslose Zeiteinteilung (die meisten Abende sind zum Nacharbeiten und Rechnen) sowie das konsequente Zu-Ende-Denken von Ideen und Andeutungen aus Büchern und Vorlesungen. Ich glaube, selbst die besten Vorlesungen und Übungen können kein ›Wissen vermitteln‹, sondern nur beim (aktiven!) Lernen helfen.«

➙ »Allgemeinbildung, Weitblick, Lernen durch Miteinander.«

➙ »a) An Zeit. Vor allem, um sich ausführlich mit einem Thema zu beschäftigen und wichtigen Lesestoff zu bewältigen. b) An guter Literatur, die gerade im Grundstudium den Studierenden Themen näher bringt. Gute Literatur ist einerseits fachlich überzeugend, aber auch didaktisch klug. c) An der Bereitschaft, Universität als einen Ort zu verstehen, sich neue Wissensformen anzueignen. Vielfach wird die Universität als Zwischenstation zum Zertifikatserwerb gesehen, die Inhalte der Seminare werden als befremdlich empfunden. d) Es mangelt an einer fachdisziplinären Bindung. Studierende mehr in den Wissenschaftsbetrieb einzubinden wäre sehr bildend für sie. e) An persönlicher Betreuung, die ihnen hilft, einen produktiven Weg durchs Studium zu finden.«

➙ »Inhaltliches Interesse fehlt nicht selten.«

➙ »Konzentration, sprachliche Fähigkeiten, ebenso Selbstständigkeit.«

➙ »Eigeninitiative, Zeitmanagement, Einsatzbereitschaft.«

→ »An (Vorbereitungs-)Zeit und Gründlichkeit. Zu viel Schlagworte und oberflächliches Wissen.«

→ »An der Fähigkeit, zu kombinieren und sich zu helfen zu wissen, wenn es nach Schema F nicht geht. Und: an Selbstdisziplin, Durchhaltevermögen und Belastbarkeit.«

→ »An guter Lehre.«

→ »Zeit, sich intensiv mit der Lektüre auseinander zu setzen. Aufgrund des Leistungsdrucks (viele Credit-Points in kürzester Zeit sammeln) kommt es des Öfteren zu einer Mentalität, von vielem ›mal gehört‹ zu haben. Es fehlt bei Nachfragen aber häufig an fundiertem (Theorie-)Wissen. Eine Anwendung gelernten Wissens ist den Studierenden häufig nicht möglich.«

→ »Grundkenntnisse der Schule und Ehrgeiz, alles verstehen zu wollen.«

→ »Begeisterung, Motivation, Neugier.«

→ »Politisches Bewusstsein und Interesse. Wer als Jurist gesellschaftliche und politische Hintergründe des Rechts nicht hinterfragt und keine eigenen Positionen vertritt, wird zum Rechtshandwerker. Heute lesen Studenten zu wenig Tageszeitungen, unterwerfen sich unreflektiert Autoritäten und halten das dann leider auch noch für erforderliche Anpassung an die Verhältnisse.«

→ »Häufig wird aus einer Angst oder Zurückhaltung heraus nicht geantwortet, selbst wenn man erkennt, dass die Antwort richtig ist.«

→ »Sprachliches Ausdrucksvermögen, Allgemeinbildung (häufig), persönliches Engagement, Zusammenhänge erkennen und herausbringen wollen.«

→ »An Hingabe, die eine Berufung für das Streben nach Wissen erkennen lässt.«

→ »An der Bereitschaft, sich zu engagieren und Leidenschaft zu zeigen (ob für ihr Fach oder anderes), obwohl hier einiges besser wird.«

→ »Mut zur eigenen, fundierten Meinung; allgemeines kulturhistorisches Fundamentalwissen (Mythologie, Bibel, Geschichte), an Arbeitsmotivation.«

→ »Die Frage ist mir unverständlich.«

→ »Häufig Interesse und Engagement für das Fach bei gleichzeitiger Gelassenheit gegenüber ihren Zensuren (ist aber nicht allein ihre Schuld).«

→ »Konzentration, Aufmerksamkeit, Ausdauer, Engagement.«

→ »Bereitschaft sich aktiv Wissen anzueignen, Dissonanz zwischen eigener Wissbegierde und dem aktuellen Stand der Forschung auszuhalten oder daraus produktive Fragestellungen zu entwickeln.«

→ »Konzentration, deduktives Denken, Ausdauer, Selbstdisziplin, Zielstrebigkeit, allgemeines/enzyklopädisches Wissen, Neugier auf Zusammenhänge.«

→ »Zeit.«

→ »Geld, Selbstvertrauen, Unterstützung der Älteren, Überblickswissen; Beharrlichkeit; Sprachfähigkeit (Grammatik, Orthographie, Einschätzung der Sprachhöhe).«

Frage 14: »Worin bestehen Ihrer Erfahrung nach die häufigsten Fehler bei mündlichen Beiträgen in der Lehrveranstaltung?«

→ »Zu gehemmt oder eine falsche Einschätzung der eigenen Kompetenz.«

→ »Sie nicht zu leisten. :).«

→ »Nicht genügend reflektierte Beiträge, Botschaft des mündlichen Beitrags ist unklar, zu wenig fachlich.«

→ »Wesentliche Fehler können bei mündlichen Beiträgen kaum gemacht werden. Ein Seminar an sich stellt einen längeren Lernprozess dar, in dessen Rahmen auch Fachsprache verbessert werden kann. Als einen wesentlichen Fehler würde ich lediglich jene mündlichen Beiträge betrachten, die gar nicht zum Thema sind, oder jene, in denen eine Person lediglich das Ziel verfolgt, sich selbst darzustellen und keinen inhaltlichen Beitrag zu leisten. Dies passiert jedoch eher selten.«

→ »Sich nicht trauen, zu leise sprechen.«

→ »Dass sie oft unverständlich sind, kein Satzbau, zu leise oder destruktiv.«

→ »Wenn, dann Verunsicherung durch die anderen Anwesenden und dadurch zu undurchdachte und schlecht formulierte Antworten.«

→ »Dass der Beitrag so gar nicht zum Thema der Stunde passt. Fehler oder inhaltliche Ungenauigkeiten sind nicht so schlimm.«

→ »Es wird zu viel einfach wiedergegeben, nicht kritisch betrachtet.«

→ »Bei Referaten mangelnde Vorbereitung, Verfehlen der richtigen Literatur, ungenaues Nachdenken, schlechte Quellenkenntnis, Berücksichtigung der ›hilfswissenschaftlichen‹ Grundlagen, naives Überspringen des zeitlichen Abstands zur historischen Situation.«

→ »Unpräzise Formulierungen, mangelnde Genauigkeit, Abschweifen von der Fragestellung, das gerade/bereits Gehörte nicht mit einzubeziehen.«

→ »Auf das bisher Gesagte wird nicht eingegangen.«

→ »Bei Vorträgen häufig zu viele Power-Point-Spielereien, wenig Inhalt.«

→ »Seminare zeigen, dass die Reduktion auf das Wesentliche oft nicht gelingt.«

→ So viele Fehler kann man da doch gar nicht machen ...«

→ »Falsche Aussagen aufgrund schlechter Vor- beziehungsweise Nachbereitung des Seminars.«

→ »Pauschale Urteile, zum Beispiel vor dem Hintergrund subjektiver Erfahrungen in der Lernbiografie.«

→ »Sie sind langatmig und konzentrieren sich nicht auf das Wesentliche.«

→ »Nicht vorbereitet sein, Hausaufgaben nicht gemacht, mit Nachbarn gequatscht und nicht zugehört.«

→ »Mangelnde Sachkenntnis.«

→ »Behauptungen werden häufig ohne Argumente vorgetragen.«

- »Mündliche Beiträge können in meiner Veranstaltung zumeist nur inhaltlich fehlerhaft sein und sind oft Ausgangspunkt für Erläuterungen und Diskussionen.«
- »Unselbstständigkeit, heißt sich nicht von Artikeln und Büchern trennen können und eigene Gedanken aufstellen wollen.«
- »Die Ungeübtheit, bestimmte Themen zum Ausdruck zu bringen und pointiert zu formulieren.«
- »Ungenaue Ausdrucksweise.«
- »Unkritische Nutzung des Internets, zu wenig gelesen, Konzeptlosigkeit, mangelndes Engagement.«
- »Missverstehen von (oft englischsprachigen) Originalarbeiten oder Lehrbüchern.«
- »Zu gehemmt oder eine falsche Einschätzung der eigenen Kompetenz.«
- »Zu ungenau gedacht, weil zu ungenau vorbereitet.«
- »Nervosität ist ein häufiges Problem, aber kein Fehler, sondern mangelnde Übung und: sich nicht zu beteiligen. Oder es besteht der Versuch, die eigene Unwissenheit (mangelnde Lektüre) mit Hilfe von Worthülsen zu ›kaschieren‹ und den Seminarleiter in ›Grundsatzdiskussionen‹ zu verstricken, die weitab vom eigentlichen Fachthema führen.«
- »In der Unsicherheit, etwas Falsches zu sagen und sich entsprechend zu ›blamieren‹. Diese Studierenden bekommen oft kein Wort heraus.«
- »(Problem ist eher, dass keine Beiträge kommen.)«
- »Unzureichendes Durchdenken des Stoffes, unverständliche Darstellungsweise.«
- »Keinen mündlichen Beitrag zu machen.«
- »Der häufigste Fehler ist, nichts zu sagen. Das tun zirka 99 Prozent der Hörer.«
- »Darin, dass zu wenig mitgearbeitet wird.«
- »Darin, dass keine Beiträge erfolgen oder dass auf Fragen nicht oder mit ›weiß nicht‹ geantwortet wird – auch bei Nichtwissen sollte versucht werden, das Problem zu formulieren.«
- »Unzureichende Übung oder gar keine Erfahrung im mündlichen Ausdruck, Rhetorik und Diskussion am Gymnasium.«
- »Bei Seminarvorträgen, dass am Anfang nicht gesagt wird, warum man zuhören sollte, und bei Fragen oder Diskussionen, dass zu scheu oder verhalten agiert wird.«
- »Nicht präzise genug, den Inhalt der Frage zu erfassen.«
- »Entweder sie nicht gestellt zu haben oder aber einen unreflektierten Redefluss mit einem Diskussionsbeitrag zu verwechseln.«
- »Zu leise, zu undeutlich, zu wenig auf den größeren Kontext bezogen.«

→ »Einwortäußerungen, keine vollendeten Sätze, schweigen.«

→ »Zu viele Regieanweisungen, zu viele Vor- und Rückverweise, zu wenig Vertrauen, dass man ihnen zuhören will; zu viele Sprachspreizung (mancher rührt im flachen Tümpel seines Geistes, um durch Trübung Tiefe vorzutäuschen). Zu geringe Anschaulichkeit, Neigung zum Formelhaften.«
((In diesem Textfeld Blockdiagramm Frage 15 einbauen!!))

Frage 15: »Stört es Sie, wenn Studierende nach der Stunde inhaltliche Fragen stellen?«

nein,
49 ██ gar nicht
 2 ☐ ja

Abkürzungsverzeichnis

Kürzel	Bedeutung
AStA	Allgemeiner Studentenausschuss
bzw.	beziehungsweise
d.h.	das heißt
Dr.	Doktor(in)
ev.	Eventuell
Prof.	Professor(in)
SWS	Semesterwochenstunden
u.Ä.	und ähnliches
usw.	und so weiter
z.B.	zum Beispiel

Literatur

Redeangst
Baker, R. (1998): Wenn plötzlich die Angst kommt. Panikattacken ver-
    stehen und
überwinden. Wuppertal, Brockhaus.
Morschitzky, H. (1998). Angststörungen. Diagnostik, Erklärungsmo-
    delle, Therapie und Selbsthilfe bei krankhafter Angst. Wien, New
    York: Springer.

Rhetorik und effektives Lernen
Levin, Anne (2005): Lernen durch Fragen. Wirkung von strukturie-
    renden Hilfen auf das Generieren von Studierendenfragen als
    begleitende Lernstrategie. Münster, Waxmann.
Müller, Andreas (2002): Wenn nicht ich, ...? Und weitere unbqueme
    Fragen zum Lernen in Schule und Beruf. Bern, h.e.p.
Pease, Allan / Pease, Barbara (2005): Eine dumme Frage ist besser als
    jede kluge Antwort. Wie man erfolgreich überzeugt. Berlin, Ull-
    stein.
Walther, Jürgen (1985): Logik der Fragen. Berlin, De Gruyter.

Mündliche Prüfungen
Buchholz, B. (1974): Die akademische Prüfung als institutionelles und
    persönliches Problem. Untersuchungen zur Examensneurose. In:
    E. Sperling / J. Jahnke (Hg.): Zwischen Apathie und Protest. Band
    2: Empirische Untersuchungen zur psycho-sozialen Situation der
    Studenten. Bern, Huber. 31-57.
Esser, J. (1978): Angst in Schule und Hochschule. Braunschweig, Wes-
    termann.

Anmerkungen

1 Als Beispiel hier ein Auszug aus der Studien- und Prüfungsordnung für den Baccalaureus-Artium-Studiengang Anglistik/Amerikanistik an der Neuphilologischen Fakultät der Eberhard-Karls-Universität Tübingen vom 14.2.2002 (bzw. 28.3.2003): »Bachelor-These, Klausur und mündliche Prüfung sind dagegen studienbegleitende punktuelle Prüfungsleistungen, die in je einem der geforderten Hauptseminare zusätzlich zu den üblichen Qualifikationserfordernissen (mündliche Mitarbeit, Oral Report usw.) erbracht werden. Zeitpunkt, Art und Umfang der üblichen Qualifikationsanforderungen werden vom Dozenten festgelegt und den Studierenden in der ersten Seminarsitzung bekannt gegeben.«

2 http://mitarbeiter.fh-heilbronn.de/~loeffler/studierende/index_studierende.htm, Link: Bewertungsgrundsätze, Stand: 26.4.2006.

3 Weitere im Anhang unter »Fachsprachliche Wendungen (Beispiele) der Wissenschaftssprache für mündliche Beiträge«.

4 Um das Beispiel inhaltlich aufzulösen: Der polnische Biochemiker Casimir Funk war im Jahre 1911 zwar der Namensgeber von »Vitamine«, aber nicht der Entdecker. Die erste Zufallsbeobachtung gelang bereits dem niederländischen Kolonialarzt Christiaan Eijkman auf Java.

5 Vgl. Geißner, H. (1981): Rhetorik und politische Bildung. Scriptor, Königsstein/Taunus, S. 137

6 So der Sowjetrussischer Sprachpsychologe Wygotski, zitiert in Geißner (Anm. 5), S. 137.

7 Man kann auch mit Clauss/Licher unterscheiden in die Sprache als das »Medium wissenschaftlicher Gedankenarbeit« und als »Medium der Vermittlung gewonnener Erkenntnis« (Claus, E-M. / Licher, L.M. [1997]: Praktische Rhetorik für Studierende. Oldenbourg Verlag, München, S. 38).

8 Z.B. »Wie kann das ein Strömungskanal sein?« (Frageteil) »Weil Sie eben meinten, das sei ein Strömungskanal ...« (Paraphrasenteil)

9 Z.B. »Ich weiß, dass die Sportphysiologie dazu etwas ganz anderes sagt.« (Neuteil) »Oder?« (Frageteil) »Also, weil Sie meinten, dass ...« (Paraphrasenteil) oder »Nein, Goethe lässt Werther im ersten Teil selber sagen, dass...« (Neuteil) »Da kann es nicht richtig sein, wenn interpretiert wird, dass...« (Paraphrasenteil) »Oder nicht?« (Frageteil)

10 Vgl. Umfrage unter Hochschullehrern im Anhang.

11 Örter, Rolf & Dreher, Michael (1995): Entwicklung des Problemlösens. In Örter, Rolf & Montada, Leo (Hrsg.), Entwicklungspsychologie. Weinheim: PVU. Schütz, Tassilo (2000): Problemlösen und Entscheidungsfindung. http:// www.informatik.tu-münchen.de/~schütz/psycho/paper/paper.htm, Stand: 1.1.2006.

12 Harald Wohlrapp (1999): Zur Rolle der Logik im Argumentieren. In: Dialektik, Heft 1, S. 54.

13 Achtung: Behauptungen sind, ähnlich wie Thesen, nicht immer deutlich als solche zu erkennen. Sie können auch versteckt sein oder als Fakten getarnt. Um ein Beispiel aus der Politik aufzugreifen: Wenn Guido Westerwelle am Politischen Aschermittwoch 2006 sagt, dass das durchschnittliche Alter deutscher Berufsanfänger bei 29 Jahren liegt, dann klingt es wie eine Tatsache. Es bleibt aber so lange bloße Behauptung, bis der Redner den Beleg dafür erbringt. Diesen Beleg können Sie im akademischen Bereich jederzeit einfordern.

14 Sie erinnern sich dann vielleicht an *inter esse*, lat. dazwischen sein.

15 Kristeva, J. (1969): Σημειωτική. Recherches pour une sémanalyse. Paris, Seuil, S. 115.

16 Dozentin, Linguistik, Universität Köln, WS 05/06.

17 Nach den Forschungen Piagets (1969) besitzt ein begabtes Kind schon in den Anfangsstadien seiner Entwicklung eine besonders ausgeprägte Wissbegierde. Auffällig ist sein verbales Explorationsverhalten in Form einer Fülle an »Warum-Fragen«, die nach einer Studie von Berlyne und Frommer ([1966]: Some determinants of the incidence and content of children's questions. In: Child Development. 177–189) im Gegensatz zu anderen Fragetypen besonders häufig vorkommen. Als erwachsener Student sollten Sie nicht weniger wissbegierig sein als ein Kind. Schließlich heißt es sich weiter- und nicht zurückzuentwickeln.

18 Aus: Gipper, A. (2002): Wunderbare Wissenschaft. Literarische Strategien naturwissenschaftlicher Vulgarisierung in Frankreich. Fink, München, S. 23.

19 Claus, E-M. / Licher, L.M. (1997): Praktische Rhetorik für Studierende. Oldenbourg Verlag, München, S. 41.

20 Die reine Vorlesung ist inzwischen selten geworden, häufig herrschen Mischformen zwischen Seminar und Vorlesung vor. Deswegen versuchen einige sogar, die traditionelle Form der Vorlesung »zu retten«, weil sie ganz zu verschwinden droht. Jean-Marie Zemb, Professor am Collège de France, zum Beispiel vermisst schon jetzt Vorlesungen und stellt deren Vorzug im Vergleich zum Seminar heraus: »Auch der Hörer findet im größeren Saal mehr kritische Freiheit und ruhige Aufmerksamkeit als um einen Seminartisch herum. Im Seminar fühlt man sich angesprochen, beobachtet, herausgefordert, beinahe geprüft, und das kann sehr peinlich wirken« (Zemb, Jean-Marie [1981]: Ist die Vorlesung noch zu retten? In: T., Bungarten (Hg.): Wissenschaftssprache. Beiträge zur Methodologie, theoretischen Fundierung und Deskription. München, Fink, S. 459).

21 Auch die Umfrage unter Hochschullehrern hat ergeben, dass Studenten, die durch Inaktivität auffallen, negativ im Gedächtnis haften bleiben (dies als

Antwort auf die Frage:»Was muss ein Student tun, um Ihnen negativ aufzufallen?«).
22 Vgl. lat. colloquium = Unterredung, Gespräch von cum (col-) = mit und loqui
= reden, sprechen. Die Unart zur kolloquialen Nötigung ist nicht neu. Studierende vieler Generationen litten darunter. So erzählt Jean-Marie Zemb aus
seiner Studienzeit:»Ich erinnere mich an eine seminarartige Veranstaltung
Heideggers zur Sprache. Der angehende Professor, ein begeisterter Anhänger
der aktiven Methode, brach regelmäßig Sätze ab, ließ seinen Blick den Tisch
umzirkeln wie De Gaulle den Ministerrat an kritischen Tagen, und man konnte sehen, wie ein Kopf nach dem anderen sich in seine Notizen versenkte und
dann gegebenenfalls doch aufschreckte, wenn das Los auf ihn fiel: ›Wie also,
Sie, hätte Heidegger diesen Satz beendet?‹ Heidegger selber hätte es nicht
gewusst! Zemb, Jean-Marie (1981): Ist die Vorlesung noch zu retten? In: T.,
Bungarten (Hg.): Wissenschaftssprache. Beiträge zur Methodologie, theoretischen Fundierung und Deskription. München, Fink, S. 459.
23 Sacher, W. (1995): Meldungen und Aufrufe im Unterrichtsgespräch. Theoretische Grundlagen, Forschungsergebnisse, Trainingselemente und Diagnose-
verfahren. Wißner, Augsburg, S. 10.
24 Übrigens auch back-channel-behavior (Hörer-feedback) genannt.
25 Die Bezeichnung»Fachvortrag« statt»Lehrervortrag« wählt auch Andreas
Alteneder (1996): Der erfolgreiche Fachvortrag. Didaktik, Visualisierung, Rhetorik. Publicis-MCD-Verl., Erlangen.
26 Becker-Mrotzek (1990): Kommunikation und Sprache in Institutionen. Ein
Forschungsbericht zur Analyse institutionalisierter Kommunikation. In: Deutsche Sprache 1990, S. 158–190.
27 Vgl. unter anderem: Shweder, R.A. (1994):»You're Not Sick, You're Just In
Love«. Emotions as an Interpretative System. In: P. Ekman / R. Davidson (Hg.):
The Nature of Emotions – Fundamental Questions. New York, S. 32-44.
28 So die Prüfungsordnung für den Bachelorstudiengang der Philosophischen
Fakultät der Rheinisch-Westfälischen Technischen Hochschule Aachen vom
07.09.2005, aber auch andere.
29 Prüfungsordnung für den Bachelorstudiengang der Philosophischen Fakultät
der Rheinisch-Westfälischen Technischen Hochschule Aachen vom 07.09.2005
30 http://www.ruhr-uni-bochum.de/sbr/kontakte/mitarbeiter/mitarb-isb-mit-
tag.htm sowie http://www.ruhr-uni-bochum.de/sbr/kontakte/mitarbeiter/mit-
tag/Bewertungskatalog-Lehrveranstaltungen.pdf, Stand: 15.5.2006.
31 Und wenn es einmal so weit sein sollte, dass eine Dozentin zu Ihnen sagt:»Na
ja, Sie haben sich ja immerhin viel Mühe gegeben!«, dann wissen Sie: Ein
leichteres Thema hätte weniger Aufwand gekostet, dafür aber einen höheren Erfolg eingebracht.

32 Zuhörer zum Nachbarn: »Bei welchem Punkt sind wir denn jetzt?« »Keine Ahnung, ich les das hier nur durch...«

33 »Wer war noch mal der mit dem guten Thesenpapier gewesen?« ist nicht so gut wie: »Ach ja, Sie mit der hervorragenden Präsentation über XY letztes Semester. Ich erinnere mich!«

34 Fey, Heinrich (1998): Überzeugend und sicher präsentieren. Fit for Business, Düsseldorf.

35 Armstrong, D.F. / Stokoe W.C./ Wilcox, S.E. (1995): Gesture and the Nature of Language. Cambridge.

36 Auch in der antiken Rhetorik wird der stimmliche Vortrag (pronuntiatio) stets gemeinsam mit der Körperberedsamkeit (actio) eingeübt. Demosthenes meinte sogar, die actio sei das Einzige, was zählt!

37 In deutschsprachigen Schriften des 18. Jahrhunderts taucht dieser Begriff häufig auf und wird im Sinne von Merkens-würdig, des Merkens wert verwendet. Heute konnotiert er mit komisch. Machen Sie im Zusammenhang aber deutlich, dass Sie ihn im ersten Sinne verwenden. Vor allem bei sachorientierten Ausführungen im naturwissenschaftlichen Bereich bringt ein Antiquitas lockere Abwechslung für Zuhörer.

38 Ζεῦγμα mit der Bedeutung Zusammengefügtes, hier Worteinsparung.

39 Julius Cäsar: veni, vidi, vici.

40 Wieso eigentlich ein sehr schwieriges? Warum kein mittelschweres? Die Motivationsforschung hat in zahlreichen empirischen Untersuchungen (Überblick bei Heckhausen schon 1963, 114) belegt, dass sich Belohnungswert und Erfolgswahrscheinlichkeit ergänzen. Das heißt, Ihre Motivation ist dann am größten, wenn die Erfolgswahrscheinlichkeit um 50% liegt. Und eine solche entsteht bei Aufgaben mittleren Schwierigkeitsgrads. Machen Sie sich also das Leben nicht schwerer, als es ist. Denn das ist weniger erfolgswahrscheinlich.

41 Die übliche Faustregel besagt, nicht länger als 7 Worte. Aber probieren Sie es aus, es muss schließlich mit Ihrem persönlichen Sprachstil harmonieren und einen gängigen Sprachrhythmus ergeben.

42 Der Sprachwissenschaftler Geißler unterscheidet zwischen Personen- und Sachreden. Erste seien entweder personenorientiert (Ansprache und Anlass-Rede, wozu auch der mündliche Beitrag zählen könnte) oder dominant sachorientiert (Referat, Meinungs- und Agitationsrede). In der Uni-Rhetorik kommt eine solche Unterscheidung nicht zum Tragen, weil Leistungen durch mündliche (oder schriftliche) Formulierungen deutlich gemacht werden müssen. Wer den *academic code* nicht zu beherrschen lernt, wird es schwer haben, Anerkennung für sein Wissen und Können zu ernten.

43 Häufig gehört, zuletzt bei einem Biologie-Referenten: »Wenn ich online wär, könnt ich's zeigen, bin ich aber nicht.« Etwas anderes ist es, wenn Sie mit Aus-

sagen wie dieser zugleich eine Kritik verbinden. Dann aber bitte auch klar und deutlich äußern, zum Beispiel: »Gerne würde ich's online vorführen, aber die Gelder für unseren Fachbereich sind wieder mal gestrichen worden, so dass das jetzt leider nicht möglich ist.« Wer es sich leisten kann, des außerge- wöhnlichen Effekts willen, sollte sich eine WLAN-Karte ins (noch nicht so aus- gestattete) Notebook schieben. In den meisten Unis gibt's ja WLAN-Points, so dass man jederzeit online ist. Wenn das nicht geht, kann man sich Gedanken über den Kauf einer Funk-Flatrate machen. Hier heißt es Kosten mit Nutzen abzuwägen.

44 Vielfach wird geraten, den mündlichen Vortrag auf Video aufzuzeichnen oder vor Freunden zu üben, damit man auf sogenannte Irritationsfaktoren aufmerksam gemacht wird. Sogenannte *double binds* spielen hier eine Rolle, also die Erscheinung, dass zum Beispiel sachlich feststellende Aussagen lächelnd (mimisch) oder mit fahrigen Gesten (gestisch) oder mit fragendem Klang (phonisch) geäußert werden. Das kann für die Hörer irritierend sein und es ist wertvoll, wenn man auf diese Ausdrucksdopplungen hingewiesen wird.

45 *Pronuntiatio* von lat. *pro- nuntiare* mit der Bedeutung verkünden, erzählen, berichten (mündliches Vortragen) im Unterschied zur *actio* von lat. Tätigkeit, Handlung (Vortragen, aber mit der Betonung auf die Gestik).

46 Die meisten Hochschullehrer paraphrasieren während des Seminargesche- hens die umgangssprachlich gehaltenen mündlichen Anmerkungen ihrer Stu- denten, um sie auf diese Weise an die jeweilige Fachsprache bzw. *academic speech* heranzuführen.

47 Prüfungsordnung für den Bachelorstudiengang der Philosophischen Fakultät der Rheinisch-Westfälischen Technischen Hochschule Aachen vom 07.09.2005.

Stichwortverzeichnis

Lassen Sie sich kein X
für ein U vormachen

berufsstrategie

Gloria Beck
Verbotene Rhetorik
Die Kunst
der skrupellosen Manipulation
336 Seiten · geb./SU
€ 22,90 (D) · sFr 39,90 · € 23,60 (A)
ISBN 3-8218-5882-6

Dieses Buch ist nichts für zarte Gemüter: In vielen Bereichen des Lebens sind fragwürdige rhetorische und andere kommunikative Tricks ein legitimes Mittel, um sich durchzusetzen oder seine Position zu stärken. Ob die Konkurrenten dabei auf der Strecke bleiben, ist ganz egal, denn hier gilt: Der Zweck heiligt die Mittel.

Verbotene Rhetorik verrät, wie man seine Ziele erreicht, indem man andere zielgerichtet und ohne Hemmungen manipuliert. Die Kommunikationstrainerin Gloria Beck präsentiert 30 wissenschaftlich fundierte Manipulationstechniken, von der Attraktivitätstechnik über die Sündenbocktechnik bis zur Vernichtungstechnik. Denn nur wer die Methoden seiner Gegner kennt, kann sich im Ernstfall wirksam verteidigen!

- Welche Methode ist für welches Ziel geeignet: Verzeichnis der Techniken nach rhetorischen Zielen
- 30 Manipulationstechniken: Warum sie funktionieren und wie man sie anwendet.
- Mit Skala: »Ethischer Bedenklichkeitswert« jeder Technik

Kaiserstraße 66
60329 Frankfurt/Main
Telefon: 0 69/25 60 03-0
Telefax: 0 69/25 60 03-30
www.eichborn.de